Ulrich Tilgner
Die Logik der Waffen

Ulrich Tilgner

Die Logik der Waffen

Westliche Politik im Orient

orell füssli Verlag

© 2012 Orell Füssli Verlag AG, Zürich
www.ofv.ch
Rechte vorbehalten

Dieses Werk ist urheberrechtlich geschützt. Dadurch begründete Rechte, insbesondere der Übersetzung, des Nachdrucks, des Vortrags, der Entnahme von Abbildungen und Tabellen, der Funksendung, der Mikroverfilmung oder der Vervielfältigung auf andern Wegen und der Speicherung in Datenverarbeitungsanlagen, bleiben, auch bei nur auszugsweiser Verwertung, vorbehalten. Vervielfältigungen des Werkes oder von Teilen des Werkes sind auch im Einzelfall nur in den Grenzen der gesetzlichen Bestimmungen des Urheberrechtsgesetzes in der jeweils geltenden Fassung zulässig. Sie sind grundsätzlich vergütungspflichtig.

Redaktion: Elisabeth Stimming
Umschlaggestaltung: Hauptmann und Kompanie Werbeagentur, Zürich, unter Verwendung von Fotos von © Elisabeth Stimming
Druck: fgb • freiburger graphische betriebe, Freiburg

ISBN 978-3-280-05489-5

Bibliografische Information der Deutschen Nationalbibliothek: Die Deutsche Nationalbibliothek verzeichnet diese Publikation in der Deutschen Nationalbibliografie; detaillierte bibliografische Daten sind im Internet über http://dnb.d-nb.de abrufbar.

Inhaltsverzeichnis

Vorbemerkung 9
Einleitung 13

Krisenregion Mittlerer Osten und Nordafrika	19

Atomkonflikt mit dem Iran 23
    Entschlossener Obama 26
    Schattenkrieg 33
    Irans Atomprogramm 41
    Europäer verhandelten ohne Ergebnis 47
    Versagen der Diplomatie 52
    Zerstörerische Sanktionen 58
    Sinkender Lebensstandard 62
    Machtmonopol ungebrochen 69
    Zerrüttung des Landes 74
Bürgerkrieg in Syrien 76
    Milizen im Zwielicht 79
    Die Mächte im Hintergrund 82
Arabischer Frühling 85
    Aufstände für Brot und Würde 89
    Tunesien – Ägypten – Jemen 91

Elf Jahre US-Kriege im Orient — 95

Sackgasse Krieg — 99
   Afghanistan — 102
      Abzug ohne Katastrophe? — 103
      Drohender Bürgerkrieg — 107
      Spielball der Nachbarstaaten — 112
      Narkostaat — 119
      Rohstoffillusionen — 130
      Entwicklungshindernis Korruption — 133
      Ausländische Soldaten scheitern — 141
      Wirkungslose Hilfe — 145
      Vom Hilfs- zum Kampfeinsatz — 147
      Neue Kampftaktik — 152
      Opfer Zivilbevölkerung — 159
      Unsichere Zukunft — 165
   Irak — 169
      Beginn mit Katstrophen — 171
      Al Kaida kommt — 173
      Der Bürgerkrieg — 175
      Beduinen gegen Al Kaida — 180
      Neue Diktatur? — 184
   Libyen — 191
      Ohnmacht der Opposition — 192
      Luftkrieg gegen Gaddafi — 193
      Neuanfang mit Petrodollar — 195

Machtverschiebungen — 197
   Auszug der Christen — 200
   Saudi-Arabiens neue Rolle — 201
      Steigende Öleinnahmen — 203
      Ölgelder sichern Monarchie — 205

> *Mögliche Bedrohung Israels* 208
> Iran gestärkt 210
>> *US-Kriege nützen Iran* 210
>> *Spannungen mit Saudi-Arabien* 213
>
> Pakistans Doppeltaktik 214
>> *Drohnenkrieg* 214
>> *Pakistans Geheimdienst laviert* 216

Neue Bedrohungen 218
> Militärische Entwicklungen 219
>> *Privatisierung* 221
>> *Fremde Streitkräfte* 225
>> *Neue Formen des Krieges* 227
>
> Aushöhlung des Rechts 231
>> *Rechtsfreie Räume* 232

Nachwort 236

Anhang 241

Danksagung 242
Literatur 244
Register 256

Vorbemerkung

»Change.« Mit dieser Zauberformel hat US-Präsident Barack Obama im Wahlkampf 2008 den großen Wechsel in der Politik beschworen. Nicht nur in den USA und Europa, sondern vor allem im krisen- und kriegsgeplagten Mittleren Osten reagierten die Menschen mit Erleichterung auf seinen Sieg über den republikanischen Konkurrenten John McCain. Doch die Erwartungen im Orient, der neue Mann im Weißen Haus werde der Region Frieden und Würde bringen, erfüllten sich nicht. Zwei Jahre später weckten Aufruhr und Umbruch in Tunesien und Ägypten bei mir erneut Hoffnungen. Der Arabische Frühling begann. Doch der Zuversicht auf ein gutes Ende folgte die Ernüchterung.

Fast scheint es so, als ob den Ländern im Orient die Kraft zur Veränderung fehlte – immer wieder lösen sich die Bemühungen um Frieden und Gerechtigkeit gleich einer Fata Morgana auf. Proteste und Bürgerkriege zeigen, dass die Menschen nicht bereit sind, Willkür und Elend weiter hinzunehmen. Ihr Wunsch nach Demokratie und Lebensformen, die in der westlichen Welt selbstverständlich sind, bleibt vorerst unerfüllt. Illusionen über eine einfache Partnerschaft mit den Staaten des Westens schwinden, ein neuer Realismus über deren Politik macht sich zunehmend breit.

Die westliche Politik hat sich nicht tiefgreifend geändert. Zwar treten die USA in Nordafrika und im Mittleren Osten heute anders auf als zur Amtszeit von Präsident Georg W. Bush. Die eigenen Interessen werden jedoch unverändert rücksichtslos durchgesetzt. Der Härte ist zwar eine neue Geschmeidigkeit gefolgt. Doch hat Obama den Krieg in Afghanistan und die geheimen Drohnenangriffe in verschiedenen Teilen der Welt ausgeweitet. Gegen den Iran begannen die USA nach dem Amtsantritt des Präsidenten sogar einen Cyberkrieg. Dass es unter Obama im Orient keine neuen Bodenkriege geben wird, kann auch nicht beruhigen.

Diese militärischen Veränderungen zu beobachten, ohne dass sie von einem grundsätzlichen Politikwechsel begleitet wurden, war für mich eine herbe Enttäuschung. Obama beließ es bei großen Worten. Seine Ankündigung, das Gefangenenlager in Guantanamo zu schließen, verwirklichte er nicht. Zwar gibt es dort keine neuen Gefangenen, aber in Afghanistan werden Tausende in neue Gefängnisse der US-Streitkräfte eingeliefert. Und schlimmer: Immer mehr Verdächtige werden in Geheimaktionen getötet. So hat sich das Auftreten der USA im Orient zwar gewandelt, aber der Charakter der Politik bleibt weitgehend unverändert.

Der Wandel offenbart ein bedrückendes Muster. Er folgt der Logik der Waffen und der in den Kriegen in Afghanistan und im Irak gesammelten Erfahrungen. Nicht die Logik der Politik verändert das militärische Auftreten. Die Politik der USA im Orient wird vielmehr geprägt durch die Entwicklung der Militärtechnologie und durch das Scheitern der Streitkräfte. Die von Präsident Bush eingesetzte brutale Gewalt wird zunehmend durch geschickt dosierte militärische Einsätze und Machtdemonstrationen ersetzt.

Ich werde versuchen, die Spur des Scheiterns westlicher Politik im Orient aufzuzeigen und auch den Wandel im militärischen Auftreten zu beschreiben. Der von Obama durchgesetzte Truppenrückzug aus dem Irak und der angekündigte Rückzug der Kampftruppen aus Afghanistan zeigen das Scheitern der militärischen Interventionen, an denen sich auch Staaten Westeuropas zunehmend beteiligt haben. Dennoch führen die USA weiterhin Kriege und nehmen an militärischen Eingriffen teil. Die Amtszeit von Präsident Obama wird als eine Periode der Modernisierung der Militärpolitik und der Kriegsführung in die US-Geschichte eingehen.

Die Fehler der vergangenen Jahre und der Charakter der Veränderungen werden zu wenig diskutiert. Dies ist den meisten Politikern nur allzu recht. Sie verdrängen das Scheitern und konzentrieren sich darauf, die Fehler zu verschleiern, die zu diesem Scheitern geführt haben. Leider gehört es zur politischen Kultur, Misserfolge schönzureden, zumal, wenn es um den Krieg gegen sogenannte Terroristen geht. Die Ziele sind zu grundsätzlich und die eingesetzten Mittel zu groß, um Misserfolge zuzugeben. Es gilt das Motto »Too big to fail – Zu groß, um zu scheitern«. Doch die Wirklichkeit vor Ort sieht anders aus. Die Erfolge beim Einsatz von Soldaten im Orient existieren meist nur auf dem Papier. Nimmt man einst formulierte Ziele als Maßstab ihrer Beurteilung, so ist die Bilanz niederschmetternd.

Der Krieg gegen den Terror hat die Welt ähnlich verändert wie der ihn auslösende Terrorschlag in New York am 11. September 2001. Zwar schicken westliche Regierungen heute immer weniger Soldaten in die Kampfgebiete, weil ausländische Soldaten die gewünschten Änderungen nicht erzwingen können. Interne Analysen belegen, dass sich die Verantwortlichen der grundlegenden Fehler sehr wohl bewusst sind, auch wenn Generäle bei Treffen mit Journalisten meist nur über Erfolge reden wollen. Lehren aus der Vergangenheit ziehen die Soldaten allerdings nur, wenn diese ihre Arbeit nicht grundsätzlich infrage stellen. Sie verändern die militärische Taktik und die eingesetzten Waffen, doch der militärische Ansatz zur Lösung von Problemen bleibt bestehen. Generäle scheinen überfordert, ihre eigene Arbeit grundsätzlich zu hinterfragen.

Obamas Neuorientierung der Politik folgt der Logik der Entwicklung und des Einsatzes neuer Waffensysteme. Der Präsident passt Militärausgaben und Kriegsführung den knapper werdenden Haushaltsmitteln an. Ein Teil der militärischen Aufgaben wird den Streitkräften anderer Staaten übertragen. Zwar wird wenig darüber gesprochen, doch sind die USA inzwischen in der einen oder anderen Form am Training oder am Einsatz von Spezialeinheiten in gut hundert Ländern beteiligt (Clinton, 2012). Auch ein Präsident Mitt Romney wird an diesem Muster der amerikanischen Militärstrategie im Grundsatz nur wenig ändern.

Trotz meiner 35-jährigen Berufserfahrung als Journalist in unterschiedlichen Teilen des Mittleren Ostens habe ich nicht erkannt, wie wenig sich für die betroffene Bevölkerung vor Ort geändert hat. Deren anhaltende Kritik hat mir geholfen, Veränderungen in der Politik und im militärischen Vorgehen besser einschätzen zu können. Die Menschen in Krisen- und Kriegsgebieten fallen seltener auf Propagandameldungen herein. Sie spüren die direkten Auswirkungen der Fehler westlicher Politik in ihrem Alltag. Wenn Kinder sterben, weil Arzneimittel und Ärzte fehlen, wenn Verwandte und Bekannte bei Bombenangriffen getötet werden oder wenn auch noch Jahre nach dem Sturz eines Diktators nur selten Strom fließt, gehört die Politik auf den Prüfstand. Eine Bilanz ist überfällig.

Einleitung

Von Kairo bis Kabul kursieren die abenteuerlichsten Geschichten, um politische Entwicklungen zu erklären. »Verwandte von mir haben mit eigenen Augen gesehen, dass US-Hubschrauber Aufständische im Norden abgesetzt haben«, erklärte mir ein Kollege in Kabul. In seinen Augen betreiben die USA ein Doppelspiel. Sie unterstützen und bekämpfen die Taliban gleichzeitig, um ihre Truppen in Afghanistan einsetzen zu können. Die Regierung in Washington werde jeden politischen Trick anwenden, um einen Vorwand für die Stationierung ihrer Truppen in Afghanistan zu finden.

Und in Teheran sind Tausende überzeugt, die islamische Bewegung zum Sturz des Schahs sei von Großbritannien inszeniert worden, um den Iran zu schwächen. In anderen Ländern sehen Menschen israelische Geheimagenten am Werk, wenn es zu Protesten gegen die Regierung kommt.

Mit Legenden sollen politische Ereignisse erklärt werden, deren Folgen die Bevölkerung zu spüren bekommt. Gemeinsam ist vielen dieser Legenden und Gerüchte die Idee von allmächtigen, trickreichen Feinden, die in der Region ihr Unwesen trieben und heute noch treiben. Für mich handelt es sich dabei um Nachwirkungen des Auftretens der Kolonialmächte im Orient vor hundert Jahren. Diese zogen Grenzen, die Stämme und Nationalitäten teilten. Sie setzten in neu gebildeten Staaten Monarchen ein, die nicht einmal aus den Staaten stammten, die sie regieren sollten. Der Orient war im 19. und zu Beginn des 20. Jahrhunderts ein Spielball der Kolonialmächte. Die Europäer taten alles, um sich die Ausbeutung der Rohstoffe der Region langfristig zu sichern.

Mögen Geschichten vom Auftreten allmächtiger ausländischer Staaten vor hundert Jahren Ereignisse erklärt haben, heute besitzen sie nur noch ein Körnchen Wahrheit. Jahrzehntelang war die Geschichte der Entwicklung des Mittleren Ostens und Nordafrikas geprägt von einer Politik des Abschüttelns von ausländischem Einfluss. Noch 1953 verteilten Agenten des US-Geheimdienstes in den Straßen der iranischen Hauptstadt Teheran Dollarnoten an Schläger, die eine demokratisch gewählte Regierung stürzen sollten. Mit Erfolg: Am Ende der Operation von CIA und dem britischen Geheimdienst MI6 stand der Sturz der Regierung Mossadegh, der Schah von Persien kehrte an die Macht zurück. Dieser hob die Verstaatlichung der Ölquellen wieder auf.

Das Ringen um Selbstständigkeit prägt die Geschichte der Staaten im Mittleren Osten und in Nordafrika bis zum heutigen Tag. In Libyen stürzte Oberst Muammar al-Gaddafi mit einigen Mitstreitern 1969 einen pro-westlichen König. Die Diktatoren in Syrien und im Irak standen beide in der Tradition von Regierungen, die die Bodenschätze des Landes verstaatlichten, um sie der Kontrolle ausländischer Konzerne zu entziehen. Wenn westliche Staaten Jahrzehnte später den Sturz dieser Machthaber unterstützen oder sich sogar mit ihren Geheimdienstmitarbeitern direkt daran beteiligen, werden alte Ängste vor imperialer Allmacht wiederbelebt.

Leider fehlt westlichen Politikern das Feingefühl und zu oft auch das geschichtliche Verständnis, um sich vorstellen zu können, wie bestimmte Entscheidungen von den Menschen im Orient aufgenommen werden. Britische Soldaten in Afghanistan und im Irak bewegen sich auf den Spuren ihrer Großväter, und US-Marines treten in der

Tradition europäischer Kolonialarmeen auf. Für den Iran hat die selbstständige Entwicklung eines Atomprogramms eine andere Bedeutung als etwa für Deutschland oder die Schweiz. Der Prozess der Ablösung von den Kolonialmächten und der Zurückweisung imperialer Bevormundung hält bis heute an.

War die Bewegung der Unabhängigkeit zu Beginn von der Bildung selbstständiger Staaten und der Entwicklung einer eigenständigen Politik geprägt, so findet seit zehn Jahren eine wirtschaftliche Emanzipation statt. Ölpreise werden nicht mehr in Telefongesprächen von US-Präsidenten bestimmt. Noch in den Achtzigerjahren des 20. Jahrhunderts waren die Könige Saudi-Arabiens bereit, mit erhöhten Exporten die Weltmarktpreise den US-Interessen anzupassen. Heute erhöhen oder senken sie die Ölexporte eher wegen eigener Interessen und nicht, weil sie Anweisungen aus den USA Folge leisten.

Diese Änderungen erfolgen schleichend und werden kaum wahrgenommen. Dabei sind sie überall zu spüren. Die hohen Ölpreise haben im Orient Wirtschaft und Gesellschaft und damit auch die Politik nachhaltig verändert. Die neue Rolle, die die Staaten der Region spielen, wird die Weltgeschichte beeinflussen. Die USA können den Weltmarkt und die Ölpolitik nicht mehr nach Belieben steuern. Auch deshalb verlieren sie im Orient an Macht und Einfluss. Die ölreichen arabischen Staaten am Persischen Golf entziehen sich zunehmend ihrer Kontrolle.

Dieser Hintergrund verleiht dem Konflikt um das iranische Atomprogramm seine Vielschichtigkeit. Es geht nicht nur um die iranischen Bestrebungen, eine eigenständige Atomindustrie aufzubauen und damit langfristig auch die Fähigkeit zu erwerben, eine Atombombe bauen zu können. Ziel der USA ist es, im Iran die islamische Ordnung zu stürzen und pro-westliche Verhältnisse wiederherzustellen. Darauf weisen auch die Sanktionen hin, die mit immer neuen Begründungen verschärft werden. Wären sie allein gegen das Atomprogramm gerichtet, hätten sie keinen derart umfassenden Ansatz. Die iranische Staatsführung wiederum lässt sich auf keine Einigung im Atomkonflikt ein, weil sie der Überzeugung ist, dass eine Lösung in diesem Konflikt die grundsätzlichen Probleme mit den USA nicht aus der Welt schafft. Damit droht der Region ein neuer klassischer Krieg, der – anders als die Kriege in Afghanistan und im Irak – in der gesamten Golfregion geführt werden dürfte.

Barack Obama versucht, einen solch großen Krieg zu vermeiden, denn dieser würde die gesamte Golfregion völlig destabilisieren, das Weltfinanzsystem weiter zerrütten und die Entwicklung der Weltwirtschaft extrem belasten. Auch deshalb versucht Obama, Israel davon abzuhalten, diesen Krieg durch Angriffe gegen iranische Atomanlagen auszulösen. Er möchte die Staatsführung in Teheran mit verschiedenen Maßnahmen zum Einlenken in der Atomfrage zwingen. Morde und Anschläge im Lande selbst gehören genauso dazu wie der Cyberkrieg, den die USA zusammen mit Israel gegen den Iran führen.

Um den Iran zu schwächen, wird auch der regionale Einfluss des Landes zurückgedrängt. Durch den Sturz Baschar al-Assads und die Schaffung eines neuen Regimes soll die dreißig Jahre existierende politische Achse zwischen Teheran und Damaskus gebrochen werden. Aber selbst wenn es einen Kompromiss in der Atomfrage geben sollte, wird der Mittlere Osten nicht zur Ruhe kommen. Eine seit Jahren systematisch betriebene Aufrüstung dürfte die künftige Entwicklung belasten.

Die Golfregion wird seit Jahren mit Waffengeschäften hochgerüstet, die in der Weltgeschichte in diesen Größenordnungen noch nie da gewesen sind. Vor allem die USA beliefern die arabischen Golfstaaten und auch die nach dem Zerfall der Sowjetunion entstandenen Staaten in Zentralasien mit modernsten Waffensystemen. Mit den Waffenexporten sichern sich die USA einen Teil der Öleinnahmen dieser Staaten. Langfristig handelt es sich um eine überaus gefährliche Politik, denn die heute zur Zurückdrängung des iranischen Einflusses angehäuften Waffenpotenziale können künftig gegen Israel in Stellung gebracht werden. Den USA wird die Macht fehlen, die Politik im Mittleren Osten und Nordafrika auch auf längere Sicht kontrollieren zu können.

Die Prognosen für den Orient sind weiter düster. Präsident Obama hat versucht, die Rückschläge nach dem Scheitern seines Vorgängers Bush durch eine Neuorientierung des militärischen Auftretens auszugleichen. Die Debatte um den Krieg in Afghanistan hat seine Präsidentschaft geprägt. (Woodward, 2011) Er möchte die US-Soldaten auch aus Afghanistan abziehen und Kriege vor allem indirekt und verdeckt führen. Ob die USA langfristig in der Lage sein werden, hierfür Bündnispartner zu gewinnen, wird sich weisen. (Department of Defense, United States of America, 2012) Im Konflikt mit dem Iran geht es erst einmal darum, einen neuen offenen Krieg zu vermeiden. Und dann wartet auf die USA die schwierige Aufgabe, den Kurs der Konfrontation in eine auf Vertrauen und Partnerschaft basierende Politik zu überführen.

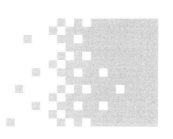

Krisenregion Mittlerer Osten und Nordafrika

Für US-Außenministerin Hillary Clinton handelt es sich um »intelligente Nutzung von Macht« (Clinton, Remarks at the Special Operations Command Gala Dinner, 2012)[1], wenn die USA lernen, ihre Interessen auch indirekt durchzusetzen. Mit der Kombination ziviler und militärischer Mittel und durch die Zusammenarbeit mit anderen Staaten sei die Durchsetzung von Interessen am besten gewährleistet. In den USA koordinieren Außenpolitiker, Entwicklungsspezialisten und Militärs bereits ihr Vorgehen.

Als Erster hat mich der Leiter der IKRK-Delegation in Afghanistan[2], Reto Stocker, im August 2011 bei einem Gespräch in Kabul auf die militärpolitischen Veränderungen aufmerksam gemacht. Seiner Ansicht nach würden »moderne Staaten künftig keine konventionellen Kriege mehr führen, in denen Länder erobert oder gar umgestaltet

---

1 Mit den Worten »we call it smart power« beschreibt Clinton die Neuorientierung der US-Politik des Krieges gegen den Terror. In einer Rede anlässlich eines Abendessens von Teilnehmern an einer Konferenz von Sondereinsatzkommandos aus 96 Ländern beschreibt die Außenministerin, dass die USA nach zehn Jahren schmerzhafter Erfahrungen gelernt hätten, nur in Sonderfällen militärische Alleingänge zu unternehmen.

2 Die IKRK-Delegation hat in den vergangenen Jahren Neutralität bei den Kämpfen zwischen den verschiedenen Kriegsparteien in Afghanistan geübt. Aus diesem Grund werden die Dienste der Hilfsorganisation geschätzt und von allen Afghanen in Anspruch genommen. In vom IKRK unterstützten Krankenhäusern der afghanischen Regierung (z. B. Mirwais-Krankenhaus in Kandahar) werden verletzte Aufständische genauso selbstverständlich behandelt wie verletzte Polizisten. Vor Ort nutzen die Delegierten den Spielraum, um das Elend aller Opfer der Kämpfe zu lindern.

werden«. Damals stand für mich bereits fest, dass die USA und auch europäische Staaten den Krieg gegen die Aufständischen in Afghanistan nicht gewinnen können. Doch welche weitreichenden Konsequenzen das Scheitern der USA in den Kriegen in Afghanistan und im Irak für die Entwicklung des Mittleren Ostens und Nordafrikas haben würde, konnte ich mir nicht vorstellen.

Der schnelle Wechsel der Taktik von der Aufstandsbekämpfung zum reinen Antiterroreinsatz wurde 2011 gerade abgeschlossen. Bei der Aufstandsbekämpfung geht es nicht nur darum, gegen die Aufständischen militärisch zu siegen; man will auch die Unterstützung der Bevölkerung gewinnen und neue staatliche Institutionen aufbauen. Im Antiterrorkampf sollen Gegner oder Menschen, die man für solche hält, ausgeschaltet – also getötet oder gefangen genommen werden. Der Antiterrorkrieg wird vor allem mit Spezialkommandos oder ferngesteuerten Flugzeugen geführt. In dieser neuen Art von Krieg werden keine Bodentruppen mehr eingesetzt. Da die US-Streitkräfte in Pakistan nicht auftreten können, organisiert der US-Geheimdienst CIA die Drohnenangriffe.[3]

Mit dem Cyberkrieg nutzt Präsident Obama eine ganz neue Form der Kriegsführung. Bereits in der Amtszeit von Vorgänger Bush liefen erste Versuche, das Internet für Angriffe gegen andere Staaten einzusetzen. Im Cyberkrieg verschwimmen die traditionellen Grenzen zwischen Krieg und Frieden. (Sanger, 2012) Für die Entwicklung des Iran-Konfliktes hat das geänderte Auftreten weitreichende Konsequenzen. Der von vielen Beobachtern erwartete Angriff Israels oder

---

3   Die enge Zusammenarbeit von Geheimdiensten und Streitkräften in den USA wird auch deutlich, wenn Präsident Obama 2011 CIA-Direktor Leon Panetta zum Verteidigungsminister und General David Petraeus, einen der erfahrensten Generäle der Irak- und Afghanistan-Kriege, als Panetta-Nachfolger im Amt des CIA-Chefs ernennt.

der USA erfolgte nicht, weil die Regierung in Washington andere Mittel nutzt, um den Iran zum Einlenken zu zwingen.

Die geänderte Politik bringt der Region keinen Frieden. In Syrien fordert der Bürgerkrieg Tausende von Toten. Das Land wird nicht erneuert, sondern zerrüttet. Saudi-Arabien nutzt das von den USA hinterlassene Vakuum, um den Arabischen Frühling abzuwürgen. In Bahrain haben saudische Panzer bereits den Schwung friedlicher Demonstranten gestoppt, und im Jemen hielt der saudische König Präsident Ali Abdullah Saleh so lange an der Macht, bis die Kraft der Opposition erlahmte. Auch in Libyen war der Versuch gescheitert, Präsident Gaddafi mit friedlichen Mitteln zu stürzen. Im Aufstand wurden etwa 30 000 überwiegend junge Libyer getötet.

Saudische Geldboten, Militärtrainer aus arabischen Golfstaaten und US-Agenten steuern bewaffnete Gruppen, die im syrischen Bürgerkrieg gegen das Assad-Regime kämpfen. In Jordanien, im Irak und in anderen Staaten verlieren Oppositionsbewegungen an Stärke, weil ihre Proteste nicht unterstützt werden, da sie sich gegen Herrscher und Regierungen richten, die der Westen und Saudi-Arabien unterstützen.

Mit Duldung und Hilfe der USA versuchen die arabischen Golfstaaten den Aufbau moderner Zivilgesellschaften im Orient zu verhindern und den Einfluss des Irans in der Region zurückzudrängen. Unterstützung in Milliardenhöhe zahlt Saudi-Arabien an sunnitische Organisationen, um diese in anderen arabischen Staaten an die Macht zu bringen und sich damit künftige Bündnispartner zu schaffen. Saudi-Arabien will verhindern, dass sich Massenproteste wie 2012 in Tunesien und Ägypten auf die gesamte arabische Welt ausbreiten und sich Anhänger unterschiedlicher Religionsgruppen und Mitglieder der verschiedenen politischen Lager im Protest gegen Diktatoren vereinen. In Syrien zeigt sich der Erfolg saudischer Politik, wenn die

Frontlinien des Bürgerkrieges zwischen verschiedenen Religionsgruppen verlaufen und deren Milizen sogar aufeinander schießen. Das saudische Königshaus will ein Ende des Arabischen Frühlings.

Atomkonflikt mit dem Iran

Immer weniger Iraner interessieren sich für Politik. »Was die Araber heute machen, haben wir doch schon vor 32 Jahren mit dem Sturz des Schahs getan«, erklärt mir ein Freund während eines Essens in größerer Runde zur Begründung. Die Anwesenden stimmen ihm zu. Letztlich habe die Revolution 1979 nichts gebracht. Eine ältere Dame erklärt die Zurückhaltung: »Wir müssen warten, welches Desaster kommen wird.« Sie denkt an Krieg, innenpolitische Unruhen oder wirtschaftlichen Zusammenbruch. Es ist ein typisches Treffen in einem Viertel der Reichen in Nord-Teheran. Allen Anwesenden geht es sehr gut – Ärzte, Kaufleute und kleine Unternehmer. Sie jammern über die Inflation, haben Angst vor einem Angriff Israels oder der USA. Aber diese Probleme werden nicht diskutiert. Stattdessen reden sie über den kommenden Urlaub im Ausland, über Einkaufsmöglichkeiten in Dubai und die Verdoppelung der Preise für importierte Fahrzeuge.

Selbst unter den Studenten hat das Interesse für Politik abgenommen. Die meisten wollen bei den kommenden Präsidentschaftswahlen nicht abstimmen, auch die Wahl eines Reformkandidaten kann sie nicht mehr begeistern. Am liebsten würden sie auswandern, um nicht dabei zu sein, sollte es zur Katastrophe kommen. Aber die wenigsten haben so gute Verbindungen, dass sie Visa und Aufenthaltsgenehmigungen oder Studienplätze im Ausland bekommen.

In den Vorstädten der Mega-City Teheran mit ihren 15 Millionen Einwohnern ist das Desinteresse an Politik genauso verbreitet wie in den Vierteln der Reichen. Nur wenige sind bereit, bei einem Interview gefilmt zu werden. Der Motorradkurier Mohammad Alizadeh hat keine Angst vor irgendwelchen Problemen, wenn er in die Kamera sagt, warum er nicht mehr wählen gehen will: »Ich gehe leer aus, die denken nicht an die Jugend, sondern nur an sich – so einfach ist das.«

Die Zahl der Iraner, die der islamischen Führung nahestehen oder bereit sind, deren Politik aktiv zu unterstützen, nimmt stetig ab. Unter den in Teheran akkreditierten Diplomaten werden unterschiedliche Zahlen über die Regierungsanhänger gehandelt. Zwischen zehn und vierzig Prozent schwanken die Schätzungen. Aber das sind immerhin noch acht bis 32 Millionen Menschen, die bereit wären, für die Führung der Islamischen Republik einzutreten. Welche Regierung in einem westlichen Land kann schon solch eine aktive Anhängerschaft für sich beanspruchen?

Sollte der Iran angegriffen werden, ist die Zahl der Bürger, die bereit sind, für das Land zu kämpfen, noch wesentlich höher. So gesehen gilt die Einschätzung, dass ein Krieg der iranischen Führung sogar nützen würde. Das scheint vielen Politikern in Israel und den USA möglicherweise nicht bewusst zu sein, wenn sie nahezu wöchentlich mit einem Angriff auf die Atomanlagen des Irans drohen. Dieser Krieg der Drohungen hat die iranische Führung bisher nicht zum Einlenken gebracht. Stattdessen bereiten sich die iranischen Streitkräfte auf diesen Krieg vor.

Staatsführer Ayatollah Ali Khamenei geht davon aus, dass der Iran militärisch angegriffen wird. Er hat den Befehl gegeben, im Falle eines Angriffs, wo immer er erfolgt und wie groß er auch sein mag, sofort militärisch zu reagieren. Mehrfach im Jahr testen die iranischen Streitkräfte ihr Raketenarsenal. Die Revolutionswächter behaupten, sie seien in der Lage, 35 US-Militärstützpunkte anzugreifen und innerhalb weniger Minuten nach einem Angriff auf den Iran zu zerstören. Die Raketen des Irans haben eine Reichweite von bis zu 2000 Kilometern und können auch Ziele in Israel erreichen.

Die israelische Regierung muss deshalb, anders als bei früheren Angriffen gegen den Irak und Syrien,[4] mit iranischen Gegenangriffen und einem Krieg rechnen, dessen Entwicklung nicht abschätzbar ist. Unter Offizieren und in Geheimdienstkreisen Israels wächst der Widerstand gegen einen militärischen Angriff auf den Iran. Ministerpräsident Benjamin Netanyahu und Verteidigungsminister Ehud Barak setzen ihren Krieg der Worte dennoch weiter fort. Die beiden Politiker wissen, dass sie mit Angriffsdrohungen gegen den Iran ihren Einfluss auf die Entscheidungen der US-Regierung vergrößern können. Im August 2012 trat Shimon Peres, Israels Staatspräsident, den Andeutungen des Ministerpräsidenten und des Verteidigungsministers entgegen, man werde den Iran allein angreifen: »Es ist für uns klar, dass wir es nicht alleine machen können. ... Es ist klar, dass wir gemeinsam mit den USA handeln müssen«, erklärte er zu seinem 89. Geburtstag. (Reuters, 2012)

---

4   Zweimal haben israelische Kampfflugzeuge in den vergangenen Jahren Atomkomplexe bombardiert, ohne dass die angegriffenen Staaten mit Vergeltungsangriffen reagierten. Am 30. September 1980 zerstörten acht israelische Jagdbomber den im Bau befindlichen irakischen Reaktor (Osirak) in Al Tuwaitha südlich von Bagdad. Die Bombardierung eines ebenfalls im Bau befindlichen Reaktors in Syrien erfolgte am 6. September 2007. Dieser Angriff wurde von der israelischen Regierung nicht bestätigt. In Syrien wurde von einem Angriff auf einen Militärkomplex berichtet. Die internationalen Medien nahmen von dem Vorfall kaum Notiz. Dies half dem syrischen Präsidenten, im eigenen Land sein Gesicht zu wahren.

Neben einer Kritik an Netanyahu dürfte es Peres auch darum gehen, die aufkommende Kritik an Israel abzuschwächen.[5] Denn je stärker die Angriffsdrohungen gegenüber dem Iran werden, desto höher werden die militärischen Risiken für Israel selbst. Öffentliche Angriffsankündigungen stärken die Entschlossenheit der Führung der Islamischen Republik, Israel mit Gegenangriffen möglichst schwer zu treffen. Mit Vorrang wird die Genauigkeit der Raketen verbessert, mit denen Ziele in Israel angegriffen werden können.

Entschlossener Obama

Von der US-Regierung wird ein Krieg gegen den Iran als letztes Mittel genannt, um ein iranisches Atomprogramm zu stoppen. Unter dem politischen Druck Israels hat Präsident Obama bereits die Schwelle für einen Angriff gegen den Iran deutlich gesenkt. Auslöser ist nicht mehr eine direkte Bedrohung der USA durch den Iran, sondern nur noch die Bemühungen des Irans, eine Bombe zu bauen. War es früher das Ziel, den Bau einer iranischen Atombombe zu verhindern, so hat der US-Präsident diese Vorgabe am 20. März 2012 verschärft: Der Iran dürfe nicht in die Lage kommen, Atomwaffen bauen zu können.[6]

---

5 Für arabische Regierungen – wie die von Saudi-Arabien und den Vereinigten Arabischen Emiraten – wird es immer schwieriger, im Atomkonflikt gegen den Iran Stellung zu beziehen. Je mehr der Eindruck entsteht, die US-Regierung gäbe in ihrer Iran-Politik dem Druck Israels nach, desto stärker wird die Tendenz, im Konflikt dieser Staaten eine neutrale Position einzunehmen.

6 In den Medien fand diese weitreichende Veränderung der US-Politik kaum Beachtung. Dabei ist noch nicht einmal geklärt, wo die Schwelle für einen US-Angriff genau liegt. Soll Krieg geführt werden, wenn der Iran eine Bombe baut, oder soll der Angriff bereits erfolgen, damit der Iran keine Bombe bauen kann? US-Präsident Obama hat immer vermieden, auf diesen Unterschied einzugehen. Auch sein Verteidigungsminister Leon Panetta bleibt zweideutig: »Hier geht es darum, unzweideutig

Obama betont, dass es ihm mit einem möglichen Angriff auf den Iran ernst sei, gleichzeitig lässt er aber seine genauen Ziele in der Iran-Politik offen: »Ich laufe auch nicht herum, schon aus Gründen vernünftiger Politik, und kündige unsere genauen Absichten an.« (Goldberg, 2012) Für mich ist bestürzend, dass ein US-Präsident sich vorbehält, über Krieg und Frieden persönlich zu entscheiden, wenn die Sicherheit seines Landes nicht direkt gefährdet ist.

Auch wenn Mitt Romney als republikanischer Herausforderer Obamas schärfere militärische Drohungen gegen den Iran richtete als der Präsident, so bestehen keine bedeutenden Unterschiede in der Iran-Politik der beiden. Im September 2008, also noch zur Amtszeit von Präsident Bush, wurde von Senatoren beider Parteien sowie von verschiedenen Wissenschaftlern ein Konzept für ein Vorgehen gegenüber dem Iran entwickelt. Diplomatische Verhandlungen zur Lösung des Atomkonflikts erhalten darin eine wesentlich größere Bedeutung, zumal sie im Fall des Scheiterns den Vorteil böten, die internationale Gemeinschaft leichter von der Notwendigkeit eines militärischen Vorgehens überzeugen zu können. (Coats et al., 2008)

Präsident Obama setzt mit Erklärungen an das iranische Volk, Briefen an iranische Politiker und der wiederholt geäußerten Absicht, den Atomkonflikt durch Verhandlungen zu lösen, neue Akzente in der Iran-Politik der USA. Gleichzeitig verstärkt Obama aber auch die militärischen Vorbereitungen für einen Krieg gegen den Iran. Zusätzliche Minensuchboote sowie Tarnkappenjäger des Typs F-22 »Raptor« werden in der Golfregion stationiert. Die Flugzeuge können iranische Raketenstellungen oder Atomanlagen angreifen, ohne selbst geortet zu werden.

---

klarzustellen, dass sie niemals in der Lage sein werden, eine Atombombe zu bekommen.« (»This is about making very clear that they are never going to be able to get an atomic weapon.«) (Bumiller & Rudoren, 2012)

Die US-Militär-Planer gehen davon aus, dass der Iran auf einen Angriff mit Sabotageanschlägen, Angriffen mit Schwärmen kleiner Schnellboote, mit der Verminung des Persischen Golfes und Raketenangriffen reagieren wird. Nicht nur an der iranischen Golfküste, sondern auch an den Landgrenzen dürften geheime Raketenstellungen errichtet worden sein.

Die militärische Stärke des Irans ist begrenzt. In einem konventionellen Krieg hat die Islamische Republik den US-Streitkräften wenig entgegenzusetzen. Aber mit derartigen Kommandoaktionen und Sabotageangriffen wollen die iranischen Streitkräfte die USA in einen langen und verlustreichen Krieg verwickeln. Die iranische Führung geht davon aus, dass die Regierung in Washington einen längeren Krieg politisch nicht durchstehen kann. Damit wird es für die USA besonders wichtig, schon zu Beginn der Kämpfe iranische Versuche zu blockieren, den Krieg außerhalb des eigenen Landes zu führen.[7] (Cordesman & Wilner, 2012)

US-Kommandoeinheiten sollen die Aufgabe übernehmen, die iranischen Angriffspotenziale bereits in der Frühphase der Kämpfe zu zerstören. Zwar hat die US-Marine mit der 5. US-Flotte seit 1995 einen eigenen Kampfverband im Persischen Golf stationiert, aber dessen etwa zwanzig Schiffe sind auf diese Art neuen Krieg nicht vorbereitet und werden deshalb laufend umgerüstet. Seit Anfang Juli 2012 kreuzt sogar ein mobiler Truppentransporter im Persischen

---

7 Wie angespannt die militärische Situation ist, zeigte sich am 16. Juli 2012. Vom Tankschiff »Rappahannock« der US-Kriegsmarine wurde vor der Küste der Vereinigten Arabischen Emirate ein Fischerboot beschossen. Dabei wurde ein indisches Besatzungsmitglied getötet, drei weitere wurden verletzt. Nach der Version der US-Streitkräfte habe sich das Fischerboot dem US-Kriegsschiff genähert und habe trotz mehrerer Warnungen nicht abgedreht. Überlebende Besatzungsmitglieder erklärten dem indischen Fernsehen, sie hätten keine Warnungen vom Tankschiff beobachtet.

Golf. Auf dem Riesenschiff »Ponce« können Spezialeinheiten stationiert werden. Damit haben die militärischen Vorbereitungen für einen Krieg seitens der USA einen gewissen Abschluss gefunden. Dass Teheraner Politiker ihre Ankündigung, als Reaktion auf die gegen den Iran gerichteten Öl-Sanktionen die Meerenge von Hormus zu blockieren,[8] immer seltener wiederholen, kann auf diesen zusätzlichen Druck der US-Streitkräfte zurückzuführen sein. Staatsführer Khamenei hat bisher auch noch nicht direkt mit der Blockade gedroht. Der Iran würde sich durch einen solchen Schritt von den letzten, für das Land immer wichtiger werdenden Öleinnahmen abschneiden.[9]

Mit ihrer demonstrativen Aufrüstung in der Golfregion will die US-Regierung nicht nur den militärischen Druck auf den Iran erhöhen, sondern auch bei den arabischen Golfstaaten Vorbehalte gegen einen Iran-Krieg abbauen. Die arabischen Golfstaaten fühlen sich durch das iranische Atomprogramm bedroht. Gleichzeitig fürchten sie aber einen Krieg, da die iranischen Drohungen, einen solchen Krieg außerhalb des eigenen Landes zu führen, Wirkung zeigen. Bereits während des Krieges mit dem Irak (1980–1988) hatte der Iran Tanker im Persi-

---

8   Durch diese Meerenge, auch Straße von Hormus genannt, transportieren Tanker etwa zwanzig Prozent des täglich weltweit gehandelten Rohöls. Auch wenn Saudi-Arabien und die Vereinigten Arabischen Emirate inzwischen Erdölleitungen ans Rote Meer gebaut haben, um nicht mehr auf die Passage durch die Hormus-Enge angewiesen zu sein, würde sich der Ölpreis etwa verdoppeln, sollte die Wasserstraße blockiert werden. Zudem ist mit einer globalen Wirtschaftskrise zu rechnen, laufen doch 75 Prozent der japanischen und 50 Prozent der chinesischen Ölimporte durch die Meerenge.

9   Ein großer Teil der iranischen Bevölkerung lehnt die Blockade der Meerenge als eine Provokation der internationalen Gemeinschaft ab. In den meisten Gesprächen und Interviews, die ich in Teheran geführt habe, waren sich die Menschen in diesem Punkt genauso einig wie in der Ablehnung von US-Kriegsdrohungen gegen den Iran.

schen Golf angegriffen und mehrere Raketen auf unbewohnte Gebiete in Kuwait abgeschossen. In einem Krieg mit den USA werden die iranischen Streitkräfte versuchen, die Ölexporte der arabischen Golfstaaten zu unterbrechen und wichtige Wirtschaftseinrichtungen dieser Staaten mit Raketen zu treffen.

So sehen die Regierungen der arabischen Golfstaaten im iranischen Atomprogramm eine Bedrohung, gleichzeitig haben sie aber auch Angst vor einem Krieg Israels oder der USA gegen den Iran. Mit der Einfuhr moderner Luftabwehrsysteme und der Aufrüstung der Luftwaffen versuchen sie ein militärisches Gegengewicht zu schaffen. Allein die USA haben mit Saudi-Arabien Verträge über die größten Waffenlieferungen der Geschichte geschlossen. In den kommenden 15 Jahren sollen 84 neue Kampfflugzeuge des Typs F-15 geliefert und ältere modernisiert werden. Dazu werden Radaranlagen und lasergelenkte Munition geliefert. Auch die Vereinigten Arabischen Emirate werden von den USA aufgerüstet.

Zudem sind die USA daran interessiert, in den Golfstaaten ein Raketenabwehrsystem zu installieren. US-Außenministerin Clinton hatte seit 2009 wiederholt den Bau eines solchen Raketenschildes in der Golfregion angeregt. Wegen ihrer hohen Ölexporte verfügen die arabischen Golfstaaten über entsprechende Deviseneinnahmen, um dieses teure Verteidigungssystem bezahlen zu können. Bei einem Besuch Saudi-Arabiens im Juli 2012 hatte Frau Clinton darauf gedrängt, dass nun mit der Arbeit an der Aufstellung des Systems begonnen werden solle. An Kuwait wurden seit 2007 bereits 350 Patriot-Raketen geliefert. Die Vereinigten Arabischen Emirate haben seit 2008 für zwölf Milliarden US-Dollar Komponenten für ein Raketenverteidigungssystem erhalten.[10] Zusätzlich verfügen die US-Streit-

---

10 Allein dieser Betrag ist doppelt so hoch wie die jährlichen Verteidigungsausgaben der Schweiz.

kräfte in der Region des Persischen Golfs über einen eigenen Raketenabwehrschild.

Seit 2009 verhandelt die US-Regierung mit den reichen arabischen Golfstaaten sogar über eine mögliche finanzielle Beteiligung dieser Länder an den Kosten eines Iran-Krieges der USA. Auch unter finanziellen Gesichtspunkten dürfte es ausgesprochen wichtig sein, dass die USA und nicht Israel den Krieg gegen den Iran beginnen,[11] denn die Golfstaaten wären nicht bereit, einen finanziellen Beitrag für einen Krieg zu leisten, sollte dieser durch einen israelischen Angriff auf Atomkomplexe im Iran ausgelöst werden. Mit den Verhandlungen hatte Ashton Carter 2009 begonnen, bevor er von US-Präsident Obama 2011 zum stellvertretenden Verteidigungsminister ernannt wurde.[12] Carter war im Pentagon für die Anschaffung neuer Verteidigungssysteme zuständig. Bereits vor dem Amtsantritt Obamas hatte er sich bei der Ausarbeitung der politischen und militärischen Taktik der USA gegenüber dem Iran einen Namen gemacht. Ein Teil des Konzeptes besteht darin, Israel davon abzubringen, die iranischen Atomkomplexe anzugreifen.

---

11 1991 haben diese Staaten einen Teil der Kosten für den Einsatz der US-Streitkräfte im Kuwait-Krieg übernommen, da sie ein Interesse an der Vertreibung der irakischen Truppen aus Kuwait und der Schwächung des Iraks hatten. Gleichzeitig konnten sie sich durch ihre Zahlungen von einer möglichen Beteiligung an dem in der arabischen Welt unpopulären Krieg freikaufen.

12 Bei einem Aufenthalt in Dubai erwähnte ein Gesprächspartner während einer Diskussion über die Haltung der arabischen Golfstaaten in einem möglichen Iran-Krieg der USA, dass die US-Regierung gerade einen Unterhändler geschickt habe, der in Saudi-Arabien über eine finanzielle Beteiligung des Königreichs am Krieg verhandle. Als US-Unterhändler nannte er Ashton Carter.

Wichtigste Standorte der iranischen Atompolitik

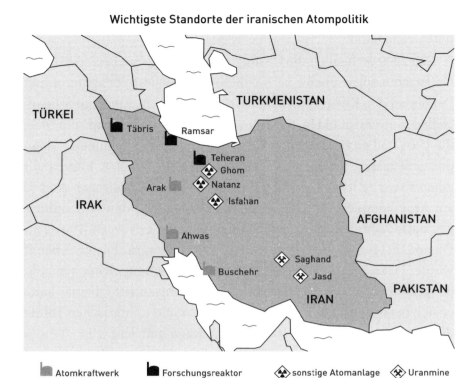

Die Atomanlagen des Irans sind über das gesamte Land verstreut. Die wichtigsten der bekannten Komplexe wurden im Landesinneren gebaut. Es sind die Urananreicherungsbetriebe in Ghom und Natanz sowie die Fabrik in Isfahan zur Erstellung des sogenannten Gelben Kuchens aus Uranerzen. Der Gelbe Kuchen ist ein gelbes, pulverförmiges Gemisch von Uranverbindungen und bildet das Ausgangsmaterial für alle weiteren Arbeiten in der Atomindustrie. Israel kann zwar iranische Atomkomplexe bei Luftangriffen zerstören, ist aber nicht in der Lage, einen langen Krieg gegen den Iran zu führen, während der Iran Ziele in Israel über einen längeren Zeitraum mit Raketen angreifen kann.

Schattenkrieg

Das Jahr 2008 wird als Beginn einer neuen Form des Krieges in die Geschichte eingehen. In einem geheimen Programm waren Spezialisten der Aufklärungsabteilungen der militärischen Geheimdienste der USA und Israels (National Security Agency und Unit 8200) gemeinsam in die Computersysteme des iranischen Atomprogramms eingedrungen. In den USA waren daraufhin Versuche an Zentrifugen gemacht worden, mit denen im Iran Uran angereichert wird. Programme, die die Arbeit der Geräte steuern und kontrollieren, wurden manipuliert, um sie zu zerstören.

Der US-Journalist David Sanger beschreibt in seinem Buch »Confront and Conceal« (Sanger, 2012), wie schwierig es war, dieses Computervirus zu entwickeln und in die Kontrollcomputer der iranischen Anreicherungsanlage in Natanz zu laden. Nur mit Hilfe des israelischen Geheimdienstes gelang es. Das Ergebnis dieses ersten großen Computerangriffs von Militärs ist bekannt. Ein Teil der Zentrifugen in den iranischen Atomanlagen explodierte. Die Anreicherung wurde unterbrochen.[13] Damit hatte das Zeitalter des Cyberkrieges begonnen.

Mit dem Iran wurde im Cyberkrieg ein Land angegriffen, gegen das die USA keinen Krieg führten. Präsident Obama sieht in diesem Vorgehen eine Möglichkeit, einen bewaffneten Konflikt mit dem Iran zu vermeiden und Israel von einem Angriff auf die iranischen Atomanlagen abzuhalten. Obama hatte das »Olympische Spiele« genannte

---

13 Im Iran wurde die Wirkung des Computervirus heruntergespielt. Mit Erfolgsmeldungen berichteten die Medien über die Zerstörung des Computervirus Stuxnet. Wie umfangreich die Schäden in den Atomanlagen waren, wurde verschwiegen. Unerwähnt blieb auch, dass das Virus nur platziert werden konnte, weil ausländische Geheimdienste Einzelheiten des iranischen Programmes kannten.

Programm des Cyberkrieges von Vorgänger Bush übernommen, aber er entschied persönlich, welche Angriffe auf das iranische Atomprogramm ausgeführt wurden. Obama musste das Risiko iranischer Gegenangriffe abwägen. Die Berater des Präsidenten hielten es für unwahrscheinlich, dass der Iran mit der Zerstörung von Computern in den USA reagieren würde.[14] Anschläge auf im Mittleren Osten stationierte Truppen oder die Sabotage von Anlagen der Ölwirtschaft in arabischen Staaten wurden bei den Beratungen im Weißen Haus für möglich gehalten, das Risiko wurde in Kauf genommen.

Die USA begannen den Cyberkrieg, weil sie glaubten, der Iran könne sich als schwächerer Gegner nicht dagegen zur Wehr setzen. US-Präsident Obama nimmt dabei hin, dass die Grenzen zwischen diplomatischer und militärischer Konfrontation verschwimmen. Während offizielle Verhandlungen zur Lösung des Konfliktes laufen, wird der Druck auf die andere Seite nicht nur mit dem Aufbau zusätzlicher militärischer Stärke erhöht, sondern die andere Seite wird auch durch Angriffe über das Internet geschwächt. Nicht bedacht wurde, dass sich das Virus weltweit ausdehnen und eine Gefahr für alle Anlagen darstellen würde, die mit einem ähnlichen Regler oder Steuerteil wie die Zentrifugen in Natanz ausgestattet sind.

Der Erfolg von Stuxnet[15] oder anderer Sabotageviren im Cyberkrieg gegen den Iran darf nicht überschätzt werden. Zwar wurde ein

---

14 Erst im Juni 2012 kündigte Geheimdienstminister Heydar Moslehi an, dass der Iran den Cyberkrieg erwidern und ebenfalls Angriffe im Internet starten werde. Sollte dies geschehen, erfolgt ein weiterer Schritt der Militarisierung des Internets, deren Folgen sich noch nicht absehen lassen. Nach dem Virus Stuxnet wurde zumindest ein weiteres gegen den Iran eingesetzt. Es erhielt den Namen Flame, soll Unternehmen ausspionieren können und wurde im Mai 2012 von der Firma Kaspersky entdeckt. Unklar ist, ob das Virus Duqu ebenfalls als Waffe für den Cyberkrieg entwickelt wurde.

15 Rund 30 000 Computer wurden im Iran vom Virus befallen. Unter ihnen befanden sich auch Rechner im damals noch nicht arbeitenden Atomreaktor in Buschehr, der

Drittel der Zentrifugen in Natanz zerstört oder schwer beschädigt, und das iranische Atomprogramm erlitt einen bedeutenden Rückschlag. Doch der Iran hat seine Urananreicherung fortgesetzt und ist 2012 in der Lage, etwa sechzig Prozent zu erreichen. Selbst diese Höhe spricht nicht dafür, dass das Land mit dem Bau der Bombe beginnt. Dafür muss Uran auf mindestens neunzig Prozent angereichert werden. Nach Aussagen von Admiral Abbas Zamini, dem stellvertretenden Kommandeur der iranischen Kriegsmarine, hat die Islamische Republik mit der Entwicklung von Atom-U-Booten begonnen. (Press TV, Juni 2012) Auch für deren Antrieb mit Atom muss Uran bis auf neunzig Prozent angereichert werden. Somit wäre auch die Anreicherung auf sechzig Prozent kein Beweis dafür, dass der Iran am Bau der Bombe arbeitet.[16]

Für US-Präsident Obama bildet der Cyberkrieg eine Möglichkeit, einen Krieg mit dem Iran hinauszuschieben und damit eventuell auch ganz zu vermeiden. Politisch – insbesondere im Wahlkampf – war es

---

erst 2012 angefahren wurde und seither Strom in das iranische Netz einspeist. Kritiker halten den Einsatz von Stuxnet auch für verantwortungslos, weil er Abläufe in allen Anlagen stören kann, die eine bestimmte Siemens-Steuerung nutzen. Siemens sind weltweit von 15 Kunden Stuxnet-Angriffe gemeldet worden. Allerdings habe sich keine der Anlagen in Westeuropa, den USA oder Asien selbstständig gemacht oder sei durch das Virus stillgelegt worden. Von den betroffenen Kraftwerken, chemischen Fabriken oder industriellen Produktionsanlagen befinden sich fünf in Deutschland. (Süddeutsche Zeitung, 2010)

16 Ab 2005 wurde Uran im Iran auf drei bis fünf Prozent angereichert, wie es für eine Nutzung in Atomreaktoren benötigt wird. In einer weiteren Stufe wurde die Anreicherung auf zwanzig Prozent gesteigert. In diesem Fall soll es für Brennstäbe eines Forschungsreaktors in Teheran genutzt werden. Eine weitere Anreicherung auf mindestens achtzig Prozent würde die Produktion von waffenfähigem Uran bedeuten. Mit der Ankündigung, Unterseeboote und auch Handelsschiffe atomar anzutreiben, liefert der Iran eine Begründung, wie auch höher als zwanzig Prozent angereichertes Uran zivil genutzt werden soll.

für den Präsidenten wichtig, dass seine Iran-Politik mit verdeckten Angriffen und Sanktionen auch bekannt wurde. Mit dem Sanger-Buch wurde genau diese Publizität erreicht. Die beeindruckenden Details, die dem US-Journalisten zugespielt wurden, deuten darauf hin, dass eine Veröffentlichung angestrebt wurde. Präsident Obama hat die Echtheit der Informationen bereits indirekt bestätigt. Als das Präsidententeam in den US-Medien beschuldigt wurde, Staatsgeheimnisse preiszugeben, um dem Amtsinhaber Wahlkampfvorteile zu verschaffen, reagierte Obama. Statt auch nur einen Teil des Buchinhaltes anzuzweifeln, forderte er die Bestrafung von Beamten, die Geheimnisse preisgegeben hatten (Alper, 2012)[17].

Außer mit Computerviren wird der Iran auch mit Mordanschlägen und Sabotageaktionen angegriffen. Israels Geheimdienst Mossad organisierte sechs Mordanschläge auf iranische Atomwissenschaftler, von denen fünf erfolgreich waren. (Raviv & Melman, 2012) Die Vorgehensweise war jeweils ähnlich. An den Fahrzeugen der Iraner wurden Haftminen angebracht. Sobald die Männer eingestiegen waren, wurden die Sprengsätze gezündet. Am 29. November 2010 überlebte Fereydoon Abbasi schwerverletzt den Anschlag, weil er Verdacht geschöpft hatte und kurz vor der Explosion aus seinem Wagen gesprungen war.[18] Majid Shahriari, der ebenfalls an der Märtyrer-

---

17 Um die Vorwürfe zu prüfen, ob das Weiße Haus tatsächlich mit der gezielten Verbreitung von Informationen Wahlkampfhilfe für Obama geleistet hat, beauftragte Generalbundesanwalt Eric Holder zwei Staatsanwälte mit Ermittlungen. Abgeordnete der beiden großen Parteien planen eine Gesetzesvorlage, um geheime Informanten härter bestrafen zu können.

18 Drei Monate nach dem Mordversuch wurde Abbasi von Staatspräsident Mahmoud Ahmadinejad zum Leiter der iranischen Atomenergiebehörde ernannt. Von westlichen Geheimdiensten wird Abbasi für einen Organisator eines geheimen atomaren Waffenprogrammes gehalten. Als Leiter der Atombehörde lehnt er die vom Weltsicherheitsrat geforderte Einschränkung der Urananreicherung ab.

Beheschti-Universität unterrichtete, wurde am selben Tag wenige Minuten später in seinem Fahrzeug ermordet. In den iranischen Medien wurden von Beginn an ausländische Geheimdienste für die Anschläge verantwortlich gemacht.[19] Am 15. Mai 2012 wurde ein Iraner hingerichtet, der wegen eines Anschlags aus dieser Serie zum Tode verurteilt worden war. Der Iran behauptet, im Zusammenhang mit den Morden ein vom israelischen Geheimdienst aufgebautes Netzwerk aufgedeckt zu haben. 15 Iraner und Ausländer seien inhaftiert worden. Einer von ihnen sei der Hingerichtete gewesen; er sei in Israel für den Anschlag geschult worden.[20]

Meir Dagan, der ehemalige Direktor des israelischen Geheimdienstes (2002–2010), hat sich nach seiner Pensionierung wiederholt dagegen ausgesprochen, dass Israel iranische Atomanlagen bombardiert. Da die Mordanschläge in Teheran während seiner Amtszeit erfolgten, scheint er der Ansicht zu sein, dass mit Cyberkrieg, mit der Tötung von am iranischen Atomprogramm Beteiligten und mit Sabotage der Bau einer Atombombe in ähnlicher Weise verzögert werden kann wie durch Angriffe auf die Anlagen. Diese Auffassung wird in Israel von ehemaligen Geheimdienstmitarbeitern und hohen Offizieren unterstützt. In der Öffentlichkeit kann damit den Angriffsdrohungen von

---

19 Für mich als Korrespondent war eine Einschätzung der Anschläge ausgesprochen schwer, weil es keine konkreten Hinweise auf die Täter gab. In der Teheraner Gerüchteküche wurden sogar iranische Geheimdienste für die Tat verantwortlich gemacht. Deren Motiv, so die von Kritikern der islamischen Führung verbreitete Version, sei es, missliebige Wissenschaftler auszuschalten, um zu verhindern, dass sie sich ins Ausland absetzen.

20 Möglicherweise nutzt der israelische Geheimdienst auch Teile eines Netzwerks der iranischen Volksmujaheddin im Iran für seine Anschläge. Dass diese islamische Oppositionsgruppe wiederholt Informationen über das iranische Atomprogramm verbreitet hat, die der Organisation vom israelischen Mossad zugespielt wurden, kann als sicher gelten.

Ministerpräsident Netanyahu und Verteidigungsminister Barak etwas entgegengesetzt werden. Die gewonnene Zeit kann nach Ansicht der Netanyahu-Kritiker genutzt werden, um den Sturz der islamischen Führung in Teheran vorzubereiten. Sollte eine iranische Atombombe nur durch Krieg verhindert werden können, so müssten ihn die USA und nicht Israel führen.

An der Zerstörung eines Raketenkomplexes westlich von Teheran wurde das Ausmaß des verdeckten Krieges deutlich. Unter ungeklärten Umständen verwüsteten gewaltige Explosionen das bei Bidganeh gelegene Versuchsgelände und töteten die wichtigsten für das Raketenprogramm der Revolutionswächter verantwortlichen Offiziere. (New York Times, 2011) Unter ihnen befand sich auch General Hassan Moghaddam, der für das Feststoffraketenprogramm verantwortlich war. Staatsführer Ali Hosseini Khamenei hat an den Trauerfeierlichkeiten für Moghaddam teilgenommen und damit dessen Wichtigkeit verdeutlicht. Mit Feststoffraketen kann der Iran wesentlich schneller auf Angriffe reagieren, da diese Raketen bei Ausbruch eines Krieges sofort gestartet werden und bis zu 2000 Kilometer entfernte Ziele, zum Beispiel in Israel, treffen können.[21]

Während im Iran die im Lande verübten Attentate und Sabotageakte heruntergespielt werden, häufen sich in anderen Staaten Anschläge von Unbekannten auf israelische Diplomaten und einfache Staatsbürger Israels. In Georgien und Indien explodierten gegen Diplomaten gerichtete Magnetbomben und im bulgarischen Burgos wurden fünf israelische Touristen und deren Busfahrer von einem Selbstmordatten-

---

21 In Teheran waren zwei große Explosionen zu hören, und in verschiedenen Stadtteilen wackelten Fenster und Türen. Mehrere Personen haben mir von den gewaltigen Detonationen berichtet. »Ich dachte, ein Krieg habe begonnen«, erklärte mir eine Ausländerin.

täter ermordet. Israels Ministerpräsident Netanyahu macht den Iran für die Anschläge verantwortlich. Zudem beschuldigt die US-Regierung den Iran, die Ermordung des saudischen Botschafters in Washington geplant zu haben.

Auch wenn Beweise fehlen, deuten die Attentate darauf hin, dass der Iran Vergeltung in dem sich verschärfenden Schattenkrieg übt. Mehrere der Anschläge scheiterten, weil sie nicht professionell vorbereitet wurden. Anfangs glaubte ich wegen der amateurhaften Ausführung, der Iran sei gar nicht beteiligt, sondern werde für die Anschläge nur verantwortlich gemacht. Doch in Teheran vertreten unterschiedlichste Bekannte die Auffassung, es handle sich tatsächlich um iranische Versuche, Vergeltung für die Ermordung der iranischen Atomspezialisten zu üben. General Ghassem Sulaimani, der Kommandeur der im Ausland operierenden Kommandogruppen der Revolutionswächter, soll die Verantwortung tragen.

So effektiv das vom General im Irak und in Afghanistan aufgebaute Netzwerk von Agenten und Attentätern auch sein mag, außerhalb des iranischen Einflussbereichs häufen sich Misserfolge. Dies dürfte auf die fehlenden Erfahrungen der Revolutionswächter in ihnen unbekannter Umgebung zurückzuführen sein. In Zukunft dürfte es weitere Anschläge geben, die vom Iran selbst oder von mit dem Iran verbündeten Organisationen ausgeübt werden. Die Eskalation in diesem Schattenkrieg kommt nicht überraschend, denn die USA und Israel auf der einen und der Iran auf der anderen Seite führen bereits seit Jahrzehnten eine geheime Auseinandersetzung. (Christ, 2012)

Für den Kommandeur der Revolutionswächter Mohammad Ali Dschafari befindet sich der Iran in einer sensiblen Phase. Bei einem abendlichen Treffen mit Freiwilligen, die bereit sind, die Islamische Revolution mit dem Einsatz ihres Lebens zu verteidigen, erklärte der General im August 2012: »Wir stehen der größten politischen sanften

Bedrohung gegenüber.« (ISNA-Bericht, 2012) Die iranische Führung unterscheidet sehr genau zwischen dem bereits geführten verdeckten Krieg und möglichen militärischen Angriffen mit Flugzeugen und Raketen, also einem klassischen Krieg.

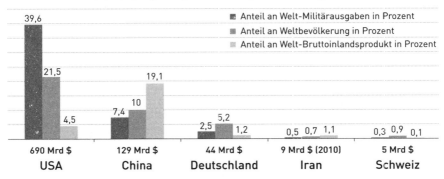

Militärausgaben, Produktion, Bevölkerung 2011

- Anteil an Welt-Militärausgaben in Prozent
- Anteil an Weltbevölkerung in Prozent
- Anteil an Welt-Bruttoinlandsprodukt in Prozent

	USA	China	Deutschland	Iran	Schweiz
Militärausgaben	690 Mrd $	129 Mrd $	44 Mrd $	9 Mrd $ (2010)	5 Mrd $
Anteil an Welt-Militärausgaben in %	39,6	7,4	2,5	0,5	0,3
Anteil an Weltbevölkerung in %	4,5	19,1	1,2	1,1	0,1
Anteil an Welt-BIP in %	21,5	10	5,2	0,7	0,9

Quellen: CIA (The World Factbook 2012); CSIS (Center for Strategic & International Studies); SIPRI (Stockholm International Peace Research Institute)

Sieht man sich den Vergleich der Rüstungsausgaben der beiden Staaten an, so spricht dieser eine deutliche Sprache. Nach den Ermittlungen des Stockholmer internationalen Friedensforschungsinstituts (Stockholm International Peace Research Institute, SIPRI) geben die USA etwa siebzig Mal so viel für militärische Zwecke aus wie der Iran. Dem neuesten SIPRI-Jahrbuch zufolge wandten die USA im Jahr 2011 rund 690 Milliarden US-Dollar für den sogenannten Verteidigungsbereich auf, der Iran gab 2010 mit 9 Milliarden US-Dollar nur etwa 2 Prozent des Betrages der USA aus. Die iranischen Ausgaben liegen bei rund einem Viertel der deutschen und sind nur mit denen der Schweiz vergleichbar, obwohl der Iran zehnmal so viele Einwohner hat.

Die iranischen Luft-, See- und Bodenstreitkräfte sind denen der USA im offenen und direkten Kampf völlig unterlegen. Deshalb bereiten die iranischen Streitkräfte neuartige Kampfformen vor. Sie setzen in einem Krieg auf eine Zermürbungstaktik mit kleinen Angriffen. Dabei dürften Kommandoaktionen von Todesbereiten eine wichtige Rolle spielen. Einzig im Bereich der Raketen hat der Iran den USA und auch Israel ein klassisches Waffensystem entgegenzusetzen. Gleichzeitig wird der Iran im Kriegsfall versuchen, möglichst viele Länder der Region in die Auseinandersetzung einzubeziehen. Die Gefahr der militärischen Eskalation des Atomkonflikts ist so groß, weil sich bei den seit Jahren geführten diplomatischen Verhandlungen keine Einigung abzeichnet.

Irans Atomprogramm

Mehrfach sind sich Staaten des Westens und der Iran bei Verhandlungen in den vergangenen neun Jahren sehr nahe gekommen. In der Rückschau lässt sich erkennen, dass der politische Wille zur Einigung fehlt. Ein Kompromiss im Atomkonflikt ist so schwer zu erzielen, weil die iranische Staatsführung auf dem Recht der friedlichen Nutzung der Atomtechnologie beharrt und die Staaten des Westens auf einem iranischen Verzicht auf die Anreicherung von Uran bestehen. Beide Seiten glauben, ein Abrücken von ihrer Grundsatzposition komme einer Kapitulation gleich und bringe einen zu großen politischen Prestigeverlust mit sich.

Diese diplomatische Unfähigkeit der vergangenen neun Jahre hat dramatische Konsequenzen, weil der Iran die Zeit genutzt hat, die Atomtechnologie systematisch auszubauen. Mittlerweile kann Uran bis auf sechzig Prozent angereichert werden. Damit ist es nur noch eine Frage der Zeit, bis die neunzigprozentige Anreicherung gelingt, die eine Voraussetzung für den Bau der Bombe bildet. Diese Einschätzung ist heute international unstrittig. Viele Gegner und Kritiker des Irans sehen in dieser Entwicklung bereits den Schlüssel zum Verständnis der Verhandlungstaktik der Delegationen aus Teheran. Den Iranern sei es von Anfang an darum gegangen, Zeit zu gewinnen, um vollendete Tatsachen schaffen zu können. Doch wenn der Führung des Irans unterstellt wird, keine diplomatische Einigung anzustreben, um eine Atombombe bauen zu können, ist dies durch die bisherige Entwicklung nicht bestätigt worden.[22]

Auch deshalb betonen die iranischen Politiker immer wieder, die Atomtechnologie nur zivil nutzen zu wollen. Mit der Veröffentlichung von Erfolgen bei der Entwicklung der Anreicherung demonstrieren sie gleichzeitig, dass sie sich von Drohungen aus dem Ausland, die Atomanlagen mit Luft- oder Raketenangriffen zu zerstören, nicht einschüchtern lassen wollen. Beim Ausbau der Atomindustrie wird darauf geachtet, dass neue Produktionsstätten besser geschützt sind. Die Anreicherungsanlage Fordo bei Ghom wurde bereits als unterirdische Produktionsstätte gebaut, um sie gegen Luftangriffe zu sichern.

In den Medien des Landes werden Kritik und Aufforderungen, auf die Atomtechnologie zu verzichten, als Versuche zurückgewiesen, die Entwicklung des Landes zu behindern. Immer wieder nutzen iranische Journalisten Aussagen ausländischer Politiker und Wissen-

---

22 In den iranischen Medien wird seit zehn Jahren ein unveräußerliches Recht auf die zivile Nutzung der Atomtechnologie betont. Diese Position eint die unterschiedlichen innenpolitischen Lager. Die Atmosphäre bei Pressekonferenzen in Teheran deutet darauf hin, dass die führenden Politiker darauf achten, diesen innenpolitischen Konsens auszubauen. Sie wollen ihn im Falle eines Angriffs nutzen, um die Bevölkerung gegen äußere Feinde mobilisieren zu können. Sicherlich gibt es Gruppen in der politischen Elite des Landes, die den Bau einer Atombombe anstreben, nur reichen deren Kräfte bisher nicht aus, für dieses Ziel offen auftreten zu können.

schaftler, um vor einer Einmischung in die inneren Angelegenheiten des Landes zu warnen und solche Aussagen als Propagandaaktionen gegen das eigene Land darzustellen. Dies fiel den iranischen Medien besonders leicht, weil Forschungsinstitute und Politiker (CNN, 2006) in Jahresberichten und Erklärungen seit 2002 mehrfach vorhergesagt haben, der Iran werde innerhalb von zwei Jahren oder sogar eher eine eigene Atombombe bauen.

Mit derartigen Prognosen wurde die Forderung begründet, ein Ende des zivilen Atomprogramms zu erzwingen. Bis heute sehen viele Iraner in diesen falschen Behauptungen einen Beweis, dass es den USA und deren Verbündeten unter den europäischen Staaten nicht um die Verhinderung des Baus von Atombomben gehe, sondern um eine Blockade der technologischen Entwicklung des Landes.[23]

Auch einer der Begründer der iranischen Atomindustrie sieht in den Forderungen, das Atomprogramm zu beenden, ausländische Versuche, den Iran auf dem Weg zur Selbstständigkeit zu stoppen. Während der Herrschaft des Schahs arbeitete Akbar Etemad ab 1965 am Aufbau des iranischen Atomprogramms und entwickelte einen Plan, 15,5 Prozent der im Land benötigten Elektrizität bis zum Jahr 1992 in Atomkraftwerken zu erzeugen. Die USA hatten dem Iran 1959 den ersten Forschungsreaktor geschenkt. 1967 wurde ein zwei-

---

23 Ein iranischer Erzhändler meint, es handle sich um die Wiederholung ausländischer Versuche in den Sechzigerjahren des 20. Jahrhunderts, die Entwicklung einer iranischen Stahlindustrie zu verhindern. Erst nachdem die Sowjetunion in der mitteliranischen Stadt Isfahan ein Stahlwerk gebaut habe, seien weitere Anlagen von westlichen Firmen errichtet worden. Anhänger des Schahs von Persien behaupten bis heute, die Staaten des Westens hätten den Sturz des Monarchen angestrebt und die islamische Bewegung gefördert. Man habe dem Schah nicht verziehen, dass er versucht habe, sich der Kontrolle durch westliche Staaten zu entziehen und eine Politik der Neutralität zu entwickeln.

ter, ebenfalls aus den USA stammender Reaktor in Betrieb genommen. (Fuhrmann, 2012)

Für den Schah bot das zivile Atomprogramm auch die Möglichkeit, ein eigenständiges atomares Militärprogramm zu entwickeln. Akbar Etemad[24] erklärte mir im Juni 2012 in Teheran, der Schah habe keine eigene Atombombe bauen wollen, weil die damalige regionale militärische Situation dies nach Ansicht des Monarchen nicht erforderlich gemacht habe. Im zivilen Atomprogramm habe Reza Pahlawi auch eine Möglichkeit gesehen, die Bombe dann zu bauen, wenn er dies für notwendig erachten sollte. Damit lehnte der Schah laut Etemad den Bau einer eigenen Bombe nicht grundsätzlich ab. Interessant ist, dass die offizielle Politik der Islamischen Republik Iran auch heute darin besteht, eine eigene Atomrüstung abzulehnen, gleichzeitig aber auf ziviler Nutzung zu bestehen.[25]

Dem Schah als traditionellem Bündnispartner der westlichen Welt wurde diese Politik gestattet, der Islamischen Republik wird sie nicht zugestanden. Eine weitere Information von Akbar Etemad hat mich

---

24 Akbar Etemad hat in Lausanne studiert und anschließend eine Forschungsgruppe im Institut für Nukleare Abschirmung am Eidgenössischen Institut für Reaktorforschung im schweizerischen Würenlingen geleitet. Vor seiner Rückkehr in den Iran arbeitete er beim Schweizer Unternehmen BBC in Baden.

25 Die in den letzten Jahren wichtigste Äußerung ist in einer Grußadresse des iranischen Staatsführers Khamenei an die Teilnehmer einer internationalen Konferenz zur atomaren Abrüstung enthalten. Darin werden die Atomforschung und die zivile Nutzung bejaht, der militärische Einsatz wird abgelehnt. Die Erklärung wurde am 17. April 2010 von Khameneis außenpolitischem Berater, dem ehemaligen iranischen Außenminister Ali Akbar Velayati, verlesen. Zu Atombomben heißt es: »Wir erachten den Einsatz dieser Art von Waffen als im Islam verboten (Haraam – verboten nach dem Islam) und glauben, dass es die Pflicht einer jeden Person ist, sich zu bemühen, die Menschheit vor diesem großen Desaster zu schützen.« (»We consider the use of such weapons as haraam and believe that it is everyone's duty to make efforts to secure humanity against this great disaster.«) (Khamenei, 2010) Damit wird nur der Einsatz verboten, aber nicht die Vorbereitungen für den Bau der Waffe.

überrascht: Der Iran habe während der Herrschaft des Schahs keine größere Kooperation mit den USA im Bereich der Entwicklung der Atomtechnologie angestrebt, da in den USA kein verbindlicher Partner gesehen wurde. Zwar seien gute Verträge möglich gewesen, doch die Verantwortlichen im Iran hätten Zweifel gehabt, ob diese Verträge nach Abschluss auch langfristig eingehalten würden.

So beteiligte sich der Iran bereits 1974 mit einer Milliarde US-Dollar an der Eurodif (European Gaseous Diffusion Uranium Enrichment), einer Tochterfirma des französischen Nuklearkonzerns Areva. Der Schah sicherte seinem Land damit das Recht, zehn Prozent des in den Anlagen des Konzerns angereicherten Urans zu kaufen. Der Iran war entschlossen, eine eigenständige Atomindustrie zu entwickeln. Um den zivilen Charakter zu betonen, unterzeichnete das Land 1968 den Atomwaffensperrvertrag und wurde Mitglied der Internationalen Atomenergie-Organisation (IAEO) in Wien. Etemad wurde Mitglied des Gouverneursrats der IAEO. Er verließ Ende 1978 Teheran, als wegen der großen Streiks gegen die Herrschaft des Schahs die Arbeit der iranischen Atomenergiebehörde zusammengebrochen war.

Nach dem Sturz des Schahs wurde Freedoun Sahabi der Nachfolger Etemads als Direktor der iranischen Atomenergieorganisation. Er beaufsichtigte die Stilllegung der Programme, auch die Beendigung der Arbeiten am Atomkraftwerk in Buschehr[26]. Sahabi erzählte mir 1979, nicht nur organisatorische und finanzielle Probleme hätten zu

---

26 Im April 1979 habe ich bei Dreharbeiten die damals verlassene, größte deutsche Auslandsbaustelle besucht. Paul Bourron, der als Kameramann auch für den französischen Filmregisseur Jean-Luc Godard gearbeitet hat, weigerte sich, Aufnahmen zu machen, weil wir keine Menschen auf der verlassenen Baustelle trafen. Damit bestand für ihn kein Motiv. Dass die Fenster der Baracken, in denen die Mitarbeiter der Kraftwerksunion aus Offenbach gewohnt hatten, zugenagelt und der nahezu fertiggestellte Reaktorblock versiegelt waren, hatte für ihn keine Bedeutung.

diesem Schritt geführt. Revolutionsführer Ayatollah Ruhollah Khomeini halte die Atomtechnologie für zu gefährlich. Insbesondere lehne er Atomwaffen ab.

Erst während des Krieges mit dem Irak (1980–1988) wurde das iranische Atomprogramm mit dem Ziel reaktiviert, eine eigene Bombe bauen zu können. Dieser Schritt erfolgte als Reaktion auf die irakische Atomrüstung. Bis heute hat der Iran die Details dieses militärischen Programms gegenüber der IAEO in Wien nicht vollständig aufgedeckt. Das Programm wurde wieder eingestellt. Wenn Kritiker und Gegner des Irans in den USA und in Israel immer wieder behaupten, das Land bereite heimlich weiterhin den Bau einer Bombe vor, gehen sie davon aus, dass dieses frühere Programm weitergeführt wird.

Trotz aller Warnungen vor einer militärischen Nutzung der Atomtechnologie im Iran haben die Einschätzungen im Jahre 2012 eines gemeinsam: Bis zu diesem Zeitpunkt hat der Iran keine Atombombe gebaut, und er arbeitet nicht an deren Herstellung. Auch der Bericht des Nationalen Geheimdienst-Rates (National Intelligence Council) der USA, in dem die Informationen der 16 US-Geheimdienste zusammenlaufen, enthält keinen Hinweis, dass der Iran an der Herstellung einer Bombe arbeitet (Director of National Intelligence, 2012). Selbst Meir Dagan, der ehemalige Direktor des israelischen Geheimdienstes Mossad, erklärte anlässlich seiner Pensionierung, dass der Iran erst frühestens 2015 eine einsatzfähige Bombe herstellen könne. Unstrittig ist, dass dem Land die für eine Bombe benötigte Menge an hoch angereichertem Uran fehlt.

Beteuerungen iranischer Spitzenpolitiker, in der Islamischen Republik existiere kein militärisches Atomprogramm und das Land wolle keine Bombe bauen, werden auch angezweifelt, weil die iranische Führung in den vergangenen Jahren die Öffentlichkeit über das Ausmaß des Atomprogramms mehrfach getäuscht hat. Gleichzeitig hat sich die Debatte darüber, wie ein militärischer Angriff auf den Iran zu begründen sei, verschoben. Er soll nicht mehr erfolgen, um ein militärisches Programm zu zerstören und den Bau einer Bombe zu verhindern. Neues Ziel ist es, durch die Zerstörung von Anlagen der Atomindustrie dem Iran die Fähigkeit zu nehmen, eine Bombe bauen zu können.

Europäer verhandelten ohne Ergebnis

Zur gleichen Zeit werden Verhandlungen geführt, um ein Einlenken des Irans in der Frage der Urananreicherung zu erreichen. Die Führung in Teheran soll sich verpflichten, die Arbeit einzustellen und das bisher angereicherte Uran ins Ausland zu schaffen. Mit den militärischen Drohungen und den verschärften Sanktionen wollen die USA, Großbritannien, Frankreich und Deutschland dieses Einlenken erzwingen.

Die Verhandlungen mit dem Iran über eine Beschränkung des Atomprogramms begannen im Herbst 2003, sechs Monate nach dem Sturz des irakischen Präsidenten Saddam Hussein. Die Islamische Republik stand wegen des Programms bereits unter Verdacht, Beobachtung und verstärktem Druck.[27] Um einen offenen Konflikt mit den

---

27 Obama-Vorgänger Bush hatte am 29. Januar 2002 den Iran in seiner Rede zur Lage der Nation vor dem Kongress noch vor dem Irak und Nordkorea als Teil einer Achse des Bösen bezeichnet (Bush, 2002). Damit hatte er nicht nur im Iran Hoffnungen zerstört, dass die stille Koalition während des Afghanistan-Krieges zu einer Wiederannäherung zwischen den USA und dem Iran oder sogar zu einer Aufnahme diplomatischer Beziehungen führen werde. Viele Beobachter werteten die Rede sogar als eine Art Kriegserklärung, da Bush die USA ja im »Krieg gegen den Terror« sah, den der Präsident nie genau definierte. Obama hat sich von diesem Begriff distanziert und ihn nicht mehr benutzt. Er sprach in den Wochen nach seinem Amtsantritt

Staaten des Westens zu verhindern, versuchte der Iran, das Problem in Zusammenarbeit mit den europäischen Staaten zu lösen. Die Regierung wollte die während des Irakkriegs aufgebrochenen Differenzen zwischen den USA und einigen westeuropäischen Staaten nutzen, um ein internationales Vorgehen gegen die Islamische Republik abzuwenden.

Dass der Iran sein Atomprogramm auch unter dem Eindruck der irakischen Bedrohung weitergeführt hatte, erwähnten die Politiker des Westens nicht. Wahrscheinlich war ihnen nicht einmal bewusst, unter welchem Druck das Land bis zum Sturz Saddam Husseins gestanden hatte. Wenn eine der Begründungen der USA für den Krieg gegen den Irak war, das Land strebe nach einer Atombombe: Welche Bedeutung dürfte eine solche potenzielle Bedrohung dann für den Nachbarstaat Iran gehabt haben?

Die drei Außenminister Großbritanniens, Frankreichs und Deutschlands reisten 2003 nur mit Forderungen nach Teheran, ohne dem Iran durch Gegenleistungen Anreize zu bieten, ihre Forderungen zu erfüllen. Bundesaußenminister Joschka Fischer erklärte mir nach seiner Ankunft in Teheran, die Islamische Republik müsse auf einen geschlossenen Kreislauf atomarer Produktion verzichten, um den Ausbruch einer neuen Krise im Mittleren Osten zu verhindern. Nach stundenlangen Verhandlungen willigte der Iran ein, alle Arbeiten im Zusam-

---

davon, anzuerkennen, »dass wir einen Kampf oder einen Krieg gegen einige terroristische Organisationen führen. ... Worte sind in dieser Situation wichtig, weil einer der Wege, die wir beschreiten, um den Kampf zu gewinnen, der ist, Herz und Geist zu gewinnen.« (Isikoff, 2009) Obama hat die Worte von Bush nicht mehr gebraucht, weil er wusste, dass man keinen Krieg gegen Terror führen kann, da Terror kein Feind ist, sondern der Begriff nur die Taktik des Feindes beschreibt. So spricht Obama von »Kampf« und »Gewinnen des Kampfes« oder er spricht wie Militärs von »verfolgen« (»going after«).

menhang mit Urananreicherung auszusetzen. Auch Hojatoleslam Hassan Rohani, der Leiter der Teheraner Delegation, der während der Verhandlungen immer wieder in direktem Kontakt zu Staatsführer Khamenei gestanden hatte, zeigte sich mit dem Ergebnis zufrieden. Dabei blieb das Hauptproblem ungelöst, da der Iran nicht bereit war, grundsätzlich auf Urananreicherung zu verzichten.

Während die europäische Delegation Wort hielt und im Gouverneursrat der IAEO verhinderte, dass das iranische Atomproblem an den Weltsicherheitsrat verwiesen wurde, erfüllte der Iran seine Zusage nicht, mit der IAEO uneingeschränkt zusammenzuarbeiten. Auch nach der Vereinbarung mit den europäischen Außenministern verheimlichte die Islamische Republik bedeutende Teile ihrer Atomtechnologie. Der Behörde in Wien wurde unter anderem der Besitz von in Pakistan gekauften P2-Zentrifugen nicht gemeldet. Der Schwindel flog auf, weil Libyen die USA und England über Details eines weltweiten geheimen Handelsnetzes für waffenrelevante Atomtechnologie informierte, an dem auch der Iran beteiligt war. Zwar behaupteten die Unterhändler Teherans, die Zentrifugen seien nicht benutzt worden, doch ungeklärt blieb, warum der Kauf verheimlicht worden war und für welchen Einsatz die modernen Zentrifugen vorgesehen waren. Zudem hatte der Iran nur diejenigen Atomanlagen stillgelegt, die wegen technischer Probleme sowieso nicht einsatzbereit waren. In anderen Werken wurde produziert oder die Produktion vorbereitet.

Rohani beschrieb das Dilemma, in dem er die für das Atomprogramm des Irans Verantwortlichen sah: »Wir wussten: Wenn wir keine komplette Übersicht über unseren Atom-Fall abgeben, würde die IAEO sofort erkennen, dass wir nicht bereit sind, mit ihr zusammenzuarbeiten. Schließlich hatten Länder wie China oder Russland, mit denen wir Geschäfte gemacht hatten, der IAEO alles berichtet, während wir das nicht gemeldet hatten. Wir haben nachträglich erfahren, dass die IAEO sogar über geheime Laborversuche informiert war, selbst wenn diese Jahre zurücklagen.« (Rohani, 2005) Der iranische Unterhändler war überrascht, welche Details die IAEO kannte. Die offenen und die geheimen Teile des Programms deuteten darauf hin, dass die Islamische Republik seit mehreren Jahren systematisch die Schwellenfähigkeit einer Atomwaffenproduktion anstrebte.

Der Iran wollte nicht nur einer der führenden Weltrohstofflieferanten werden und seine Stellung als stärkstes Wirtschaftsland der Golfregion ausbauen, sondern zumindest indirekt zum Club der Atommächte aufschließen. Aus einer Position der Stärke sollte die internationale Isolierung durchbrochen und die weltweite Anerkennung erzwungen werden. Diese Politik wurde von allen Fraktionen der iranischen Führung getragen.

Die Delegationen der westlichen Staaten würdigten diese Interessen bei den Verhandlungen nicht. Sie forderten vom Iran einen Verzicht auf Urananreicherung, auf die das Land nach den Regeln der IAEO ein Recht hatte, ohne Gegenleistungen anzubieten, die für den Iran bedeutsam waren. Sie stellten zwar den Transfer von Technologie in Aussicht, aber das Gesamtangebot fiel halbherzig aus. Unter in Teheran akkreditierten Diplomaten galt es als sicher, dass eine Einigung nur erzielt werden konnte, wenn die europäischen Staaten größere Konzessionen machten.[28] Diese Nachbesserungen erfolgten nicht. So

---

28 In Hintergrundgesprächen verteidigen Diplomaten westeuropäischer Länder vor allem im Jahr 2005 diese Taktik als notwendig, um den Anreicherungsverzicht des Irans durchsetzen zu können. Mit meinem Argument, der iranischen Delegation seien Konzessionen gar nicht möglich, wenn sie ihr Einlenken nicht mit großen Vorteilen begründen könnte, ernte ich meist nur Lächeln. Nur selten kritisieren Diplomaten das Auftreten der sogenannten Troika (Delegation der Außenminister Großbritanniens, Frankreichs und Deutschlands). Dabei begeht die Delegation einen

blieben auch alle weiteren Verhandlungsrunden ohne konkrete Ergebnisse.

Der Iran war nicht bereit einzulenken, da führende Politiker des Landes davon ausgingen, dass die Islamische Republik nicht angegriffen würde. Nur in den US-Streitkräften sahen sie eine potenzielle Bedrohung, und die standen ab 2004 im Irak vor immer größeren Problemen. Gleichzeitig war Staatsführer Khamenei davon überzeugt, den USA gehe es bei der Auseinandersetzung mit Teheran um weit mehr als das Atomprogramm. In den seit 32 Jahren laufenden US-Sanktionen, die immer wieder verschärft wurden, sahen die Politiker in Teheran den Versuch der Regierung in Washington, auch im Iran einen Umsturz vorzubereiten. Deshalb sollte die atomare Schwellenfähigkeit auch genutzt werden, diesem Druck etwas entgegenzusetzen.

Die Europäer waren zudem an keiner schnellen Einigung interessiert, weil sie lieber ein Abkommen mit dem neuen Präsidenten schließen wollten, der im Juni 2005 gewählt wurde. Staatspräsident Mohammad Khatami, dem Reformpräsidenten, fehlte in den Augen der westlichen Regierungen die Kraft, ein verbindliches Abkommen in der iranischen Führung durchzusetzen. In Teheran waren die europäischen Diplomaten stolz auf die Idee, mit dem Nachfolger Khatamis das Atomproblem zu lösen. Altpräsident Ali Akbar Hashemi Rafsanjani galt ihnen als Favorit. Und der versprach im Wahlkampf offen und verdeckt, den Iran aus der außenpolitischen Isolierung zu führen. Als ehemaliger Präsident und Oberbefehlshaber der Streit-

---

großen Fehler, weil sie dem Iran keine Vergünstigungen in Aussicht stellt, wenn das Land auf einen Teil der zivilen Atomtechnologie verzichtet. Möglicherweise haben die drei Minister eine falsche Einschätzung hinsichtlich der Konzessionsbereitschaft des Irans gehabt. Aber die Aussicht, nicht bestraft zu werden, stellt für die andere Seite keinen Grund dar, auf Rechte zu verzichten. Der Blick der europäischen Delegation könnte durch ein Gefühl der Überlegenheit getrübt gewesen sein.

kräfte während des Krieges gegen den Irak kannte er auch die atomaren Rüstungsbemühungen des Irans Ende der Achtzigerjahre sehr genau. Und als Mitglied des Nationalen Sicherheitsrates wusste er, welch ein Doppelspiel die Islamische Republik während der Verhandlungen mit den Europäern in den Vorjahren betrieben hatte.

Versagen der Diplomatie

Doch nicht Rafsanjani, sondern Mahmoud Ahmadinejad wurde 2005 neuer Präsident. Er beharrte auf der Anreicherung von Uran und kündigte den Ausbau der gesamten Atomindustrie an. Damit waren die europäischen Versuche, eine diplomatische Einigung mit dem Iran zu erzielen, endgültig fehlgeschlagen. Auch die iranischen Unterhändler aus dem Lager der Reformisten standen vor einem politischen Scherbenhaufen. Die Niederlage bei den Präsidentschaftswahlen offenbarte das Ausmaß ihres Scheiterns und bildete den Endpunkt eines unaufhaltsamen Niederganges. Khatami, der das Präsidentenamt 1997 als Hoffnungsträger der Reformkräfte angetreten hatte, galt Studenten in den letzten Tagen seiner Amtszeit eher als Symbol für das Scheitern der Reformbewegung.

Ahmadinejad kündigte den zügigen Ausbau der Atomtechnologie an. Die Islamische Republik sei ein Atomstaat und könne die Technologie zu hundert Prozent anwenden. Diese solle jedoch ausschließlich für friedliche Zwecke genutzt werden. Auch diese Aussagen des iranischen Präsidenten trugen dazu bei, dass sich eine internationale Front gegen das iranische Atomprogramm bildete. Ohne dies beweisen zu können, wurde dem Iran vorgeworfen, am Bau der Atombombe zu arbeiten. Die Geheimdienste der USA behaupteten in ihrem Jahresbericht an den Kongress, der Iran arbeite an der Herstellung biologischer, chemischer und atomarer Waffen (Deputy Director of National Intelligence, 2005). Die Atomenergie-Organisation in Wien rief den Weltsicherheitsrat wegen des iranischen Atomprogramms an, und der forderte den Iran am 31. Juli 2006 auf, innerhalb eines Monats die Anreicherung von Uran einzustellen.

Nachdem die Islamische Republik die Anreicherungsarbeiten fortsetzte, eskalierte der Konflikt weiter. Im Dezember verhängte der Weltsicherheitsrat erste Sanktionen gegen den Iran. Bankkonten von zehn iranischen Organisationen wurden eingefroren, und gegen zwölf Iraner wurden Reisebeschränkungen verfügt. Im März 2007 verschärfte der Weltsicherheitsrat die Sanktionen und verhängte ein Verbot, an den Iran Waffen zu liefern. Banken und internationale Finanzinstitutionen wurden aufgefordert, dem Land keine Hilfen und Kredite zu gewähren. Damit wurden Versuche des Irans weitgehend blockiert, die Ölindustrie des Landes mit ausländischer Unterstützung zu sanieren. Allein für die Sanierung der Ölfelder bestand ein Investitionsbedarf von bis zu 150 Milliarden US-Dollar. Der Iran war nicht mehr in der Lage, die Ölexporte zu steigern, weil der Inlandsbedarf an Ölprodukten ständig stieg.

Wegen der zunehmenden militärischen Probleme im Irak und in Afghanistan waren die USA jedoch nicht daran interessiert, den Konflikt mit dem Iran schnell eskalieren zu lassen. Zudem fehlte der US-Politik die notwendige Glaubwürdigkeit. Nachdem sich die Behauptungen von US-Politikern, der Irak besitze Massenvernichtungswaffen, als Täuschungen erwiesen hatten, um 2003 den Krieg gegen Saddam Hussein führen zu können, stießen die US-Geheimdienstberichte über die iranischen Waffenprogramme international auf große Skepsis.

Erst im November 2007 korrigierten die USA ihre Einschätzungen. In der Studie des Nationalen Nachrichten-Rates mit dem Titel

»Iran: Nukleare Absichten und Möglichkeiten« heißt es zu einer möglichen Atombewaffnung der Islamischen Republik, iranische Militärstellen hätten bis Herbst 2003 an der Entwicklung von Atomwaffen gearbeitet. Seither gebe es jedoch einen Baustopp. Als Begründung für die Beendigung des Programms wird internationaler Druck angeführt. (Director of National Intelligence, 2007) Auf einen Zusammenhang mit der von den USA behaupteten Atomrüstung des Iraks wird nicht eingegangen. Dabei war die irakische Atomrüstung Auslöser für das iranische militärische Atomprogramm, das nach dem Sturz des Erzfeindes eingestellt werden konnte.[29]

So wurde die internationale Öffentlichkeit drei Jahre von den US-Geheimdiensten getäuscht. Damit entstand eine Atmosphäre, in der dem Iran unterstellt werden konnte, innerhalb weniger Monate eine Atombombe zu besitzen, obwohl diese Aussagen falsch waren. Aber ihre möglicherweise beabsichtigte Wirkung erzielten sie. Der Iran galt in weiten Teilen der Öffentlichkeit bereits als militärische Atommacht. Leider haben sich Medienschaffende zu leicht in diese Kampagne einspannen lassen.

Im Sommer 2008 wurden die Verhandlungen wieder aufgenommen. Diesmal beteiligten sich auch die USA, Russland und China. Ziel war es weiterhin, den Iran zur Einstellung der Anreicherung von Uran zu bewegen, die das Land nach Angaben der IAEO mit 3820 Zentrifu-

---

29 Diesen Zusammenhang nicht darzustellen, deutet auf Vorsatz hin. Im Iran haben Bekannte, die der Opposition angehörten, mit nahezu gleichlautenden Aussagen den USA unterstellt, eine iranische Atomgefahr zu beschwören, um die Islamische Republik international zu isolieren. Für mich steht seit Beginn der Verhandlungen mit dem Iran über das Atomprogramm fest, dass die internationale Gemeinschaft die möglichen Gefährdungen je nach Bedarf anders darstellt und nicht daran interessiert ist, dass die tatsächlichen Probleme und die iranischen Motive bekannt werden. (Tilgner, 2006)

gen in der Anlage von Natanz betrieb.[30] Nach mehreren Gesprächsrunden wurde am 1. Oktober 2009 in Genf zwischen der iranischen Delegation und der IAEO ein Vorgehen abgesprochen. Schwach angereichertes Uran aus dem Iran sollte im Ausland hoch angereichert und zu Brennstäben verarbeitet an den Iran zurückgeliefert werden. Saeed Djalili, der iranische Unterhändler, und auch die USA sowie Russland hatten bereits in Genf ihre Zustimmung signalisiert, doch die politische Führung in Teheran verwarf zwei Wochen später das Abkommen, das auch von Teilen der iranischen Opposition abgelehnt wurde.[31]

Mit dem in Genf abgesprochenen Konzept des Urantausches (höhere Anreicherung iranischen Urans im Ausland) wäre ein erster Schritt zu einer diplomatischen Lösung des Atomkonfliktes möglich gewesen. Die Regierung Ahmadinejad hatte ihre politische Zustimmung signalisiert, doch die innenpolitischen Gegenspieler verhinderten einen Erfolg des Präsidenten. Eine übergroße Mehrheit der Iraner wünschte sich eine Einigung mit den USA. Aber Staatsführer Khamenei war nicht bereit, auf eine Urananreicherung[32] und damit auf eine spätere Fähigkeit zu verzichten, eine Atombombe bauen zu können.

Im Oktober 2009 scheiterte der Einstieg in einen diplomatischen Kompromiss an der iranischen Führung. Im Mai 2010 wies US-Präsi-

---

30 Im Bericht der IAEO vom 15. September 2008 werden die iranischen Vorräte an niedrig angereichertem Uran mit 400 Kilogramm angegeben. (el-Baradei, 2008) Die für den Bau einer Atombombe benötigte Menge wird auf 1700 Kilogramm geschätzt.

31 Am 30. April 2010 bestätigte mir Ramin Mehmanparast, der Sprecher des iranischen Außenministeriums, in Almaty, dass nicht nur die Staatsführung, sondern auch Vertreter der Grünen Bewegung die Absprache von Genf abgelehnt hätten.

32 Bereits vier Monate später kündigte ein Vertreter der Atomenergiebehörde in Teheran an, der Iran werde mit der Anreicherung auf zwanzig Prozent beginnen.

dent Obama ein zwischen Brasilien, der Türkei und dem Iran geschlossenes Abkommen als einen ersten Schritt zur Lösung des Konfliktes zurück. Wieder sollte der Iran im Tausch gegen niedrig angereichertes Uran höher angereichertes aus dem Ausland erhalten. Obwohl US-Präsident Obama seinen beiden Amtskollegen aus Brasilien und der Türkei 27 Tage zuvor die Unterstützung für ein solches Abkommen zugesichert hatte, lehnte er bereits wenige Stunden nach der Teheraner Übereinkunft in Briefen an die beiden das Ergebnis ab; dabei waren die wichtigsten von Obama geforderten Punkte darin erfüllt. (Obama, Brief an Luiz Inácio Lula da Silva, 2010) Bis heute haben sich keine ähnlichen Möglichkeiten für eine diplomatische Lösung des Konfliktes mehr ergeben. (Leverett & Leverett, 2012)

Auch nach den Verhandlungen in Istanbul, Bagdad und Moskau (2012) zeichnet sich zwischen den sogenannten 5+1-Staaten[33] und dem Iran keine Annäherung ab. Zu Beginn der Treffen zeigten sich beide Seiten optimistisch, doch je genauer Einzelheiten besprochen wurden, desto unüberbrückbarer erwiesen sich die Differenzen. In Moskau wurde dann eine Aussetzung der Gespräche vereinbart. Zentraler Streitpunkt blieb wie in den neun Jahren zuvor die Urananreicherung.

Die US-Delegation hatte kein ernsthaftes Interesse, den Konflikt um das Atomprogramm vor den Wahlen im November zu lösen, weil jedes Zugeständnis an den Iran von Romney und den Republikanern als Zurückweichen ausgelegt worden wäre.[34] Damit schwindet die

---

33 Neben den fünf Vetomächten des Weltsicherheitsrates (Frankreich, Russland, Vereinigte Staaten, Volksrepublik China und Vereinigtes Königreich) gehört Deutschland der internationalen Delegation an, die die Verhandlungen mit dem Iran führt.

34 Bereits vor den Gesprächen in Bagdad (23. und 24.5.2012) kursierte unter Delegationsmitgliedern der westlichen Staaten ein Papier, in dem nicht einmal die Rücknahme der Sanktionen für den Fall eines iranischen Einlenkens enthalten war. Auf die Frage, warum man der anderen Seite kein attraktiveres Angebot unterbreitet

Möglichkeit einer Einigung weiter. Mit seiner Politik, israelische Angriffsforderungen zurückzuweisen und gleichzeitig nicht entschlossen zu verhandeln, setzt Obama auf Verzögerung. Er scheint darauf hinzuarbeiten, sein Ziel, das iranische Atomprogramm zu beenden, auch langfristig ohne diplomatischen Kompromiss oder militärischen Angriff erreichen zu wollen.

Die US-Regierung setzt auf die Wirkung der stetig verschärften Sanktionen. Zwar hat sich der Iran während der neunjährigen Verhandlungen zu einer Atommacht entwickelt, die sich der Schwellenfähigkeit nähert, aber die von den USA verhängten und von vielen Staaten übernommenen Sanktionen gefährden auf lange Sicht den Bestand der Islamischen Republik. Die heutigen Sanktionen sind überhaupt nicht mehr mit den Strafmaßnahmen vergleichbar, die bei Obamas Amtsantritt bestanden. Damit zeigt sich, dass das eigentliche Ziel des Präsidenten – wie das seines Vorgängers Bush – ein Wechsel des Regimes im Iran ist (Wright, 2012). Auch wenn Obama nicht wie sein Vorgänger auf Angriffskriege setzt, haben militärische Drohungen und wirtschaftliche Strafmaßnahmen nur noch wenig mit der Art von sanfter Machtausübung zu tun, wie sie von Hillary Clinton als Kombination ziviler und militärischer Mittel (»smart power«) in Abgrenzung zur Gewalt-Politik der Bush-Ära beschworen wurde.[35]

---

habe, antwortete mir der Diplomat eines westlichen Staates, die US-Regierung wolle vor den Wahlen keine Einigung erzielen. Auf meine Zusatzfrage, ob überhaupt noch ein Interesse an einer Einigung bestehe, erhielt ich keine Antwort.

35 Obama steht mit seiner Iran-Politik in der Tradition seines Vorgängers. Während dessen Präsidentschaft hatten die USA im Orient einen großen Teil ihres Einflusses und ihres Ansehens verloren (Nye, 2004). Das bisherige Scheitern aller diplomatischen Lösungsversuche deutet darauf hin, dass diese Politik der »hard power« in einen Krieg mündet.

Zerstörerische Sanktionen

Mit ihren Sanktionen, die weit über den vom Weltsicherheitsrat gesetzten Rahmen hinausgehen, wollen die USA, die EU und weitere Staaten – seit Januar 2011 auch die Schweiz[36] – den Iran zum Einlenken zwingen. Doch diese Politik macht die militärische Eskalation langfristig nur wahrscheinlicher. Die Islamische Republik erzielt wegen der hohen Ölpreise auch bei geringen Exporten genügend Einnahmen, um mit Notprogrammen einen Zusammenbruch des politischen Systems zu verhindern. Der Iran wird bis auf Weiteres auch extremen Sanktionen standhalten. Auf lange Sicht könnte die Wirtschaftsblockade aber katastrophale Auswirkungen für das Land haben.

Seit 2007 versuchen die USA, die Zusammenarbeit iranischer Banken mit dem weltweiten Bankensystem zu unterbinden. Seither wird es für den Iran immer schwieriger, Geld für ins Ausland geliefertes Öl zu erhalten und die Rechnungen für eingeführte Waren zu bezahlen. Ausländische Firmen können den Iran nur noch mit größerem Risiko beliefern, selbst wenn ihre Waren nicht unter Sanktionen fallen. Sie wissen nicht, ob die Rechnungen bezahlt werden. Genau wie der Staat haben auch iranische Privatunternehmen enorme Schwierigkeiten, Geld an Firmen ins Ausland zu bezahlen. Diese Sanktionen im Finanzsektor lähmen die iranische Wirtschaft zunehmend.

---

36 In der Begründung des schweizerischen Bundesrates wird nicht auf ein Fehlverhalten des Irans Bezug genommen. Die Sanktionen werden mit der Notwendigkeit begründet, »die Rechtssicherheit für international tätige Schweizer Firmen« zu erhöhen, da »die Schweiz als Umgehungsort für den Güter- und Dienstleistungshandel hätte genutzt werden können« (Schweizerische Eidgenossenschaft, 2011). Eine etwas umständliche Argumentation, um zu begründen, weshalb sich die Schweiz an den von den USA verhängten Sanktionen beteiligt.

Gleichzeitig existieren aber seit Jahren finanzielle Schlupflöcher, um dennoch Geschäfte abwickeln zu können. Jahrelang konnten Zahlungen über Banken in Dubai abgewickelt werden. Iranische Unternehmen gründeten eigens dafür Niederlassungen in Dubai. Doch Vertreter der US-Botschaft in den Vereinigten Arabischen Emiraten stoppten auch diesen Bankverkehr Schritt für Schritt.

In den Jahren 2010 und 2011 hat der Iran so viele US-Dollar durch Ölverkäufe erzielt wie noch niemals zuvor in der Geschichte des Landes.[37] Doch genau in diesem Zeitraum verstärkte sich ein Problem, das die Regierung in Teheran bis heute nicht lösen kann. Der Iran fand zwar Abnehmer für sein Öl, aber die Regierung konnte nicht über die Einnahmen aus den Ölverkäufen verfügen. Auf Bankkonten in China und Indien wuchsen die Guthaben, doch damit bezahlte der Iran nur Waren, die von den beiden Ländern geliefert werden. Im August 2012 betrugen die Auslandsguthaben des Irans 84 Milliarden US-Dollar[38], über die die Regierung in Teheran nicht verfügen konnte. Deshalb herrscht im Land akuter Devisenmangel, die iranische Wirtschaft befindet sich in einer Art Schockzustand. Seit gut hundert Jahren waren iranische Kaufleute daran gewöhnt, ihre Importe mit Devisen zu bezahlen, die das Land durch Ölverkäufe eingenommen hatte.

---

37 Allein vom 21. März 2010 bis zum 20. März 2011 betrug der Wert der Ölexporte nach Angaben der Zentralbank etwa 120 Milliarden US-Dollar. Insgesamt erzielte das Land während der Präsidentschaft Ahmadinejads (2005–2013) höhere Öleinnahmen als in den hundert Jahren zuvor, in denen Öl verkauft wurde.

38 Ein Ölhändler erklärte mir, dass iranische Unterhändler seit Jahren von jeder Reise nach China mit schlechteren Nachrichten zurückkehrten. Waren die Chinesen anfangs bereit, zwei Drittel der iranischen Guthaben in Dollar auszuzahlen, so sank dieser Geldanteil 2011 auf die Hälfte. Monate später konnte die Regierung in Teheran nur noch über ein Drittel der US-Dollar-Guthaben auf Konten chinesischer Banken verfügen. Seit Juli 2012 ist China nur noch bereit, für die Guthaben Waren zu liefern. Damit fehlen der Regierung in Teheran die Gelder, um die laufenden Ausgaben bezahlen zu können. Die iranischen Guthaben in China sind praktisch eingefroren.

Nur wenn die Importe zu schnell stiegen, gab es nicht genug Devisen, sie zu bezahlen. Dann wurden in den Folgejahren weniger Güter eingeführt, und die alten Rechnungen konnten beglichen werden.

Heute sind iranische Händler gezwungen, Waren in China oder Indien einzukaufen. Für Importe aus anderen Ländern gibt es nur noch ausnahmsweise Geld. Die Zentralbank stellt nur noch für die Einfuhr der wichtigsten Grundnahrungsmittel ausländisches Geld bereit. Dieser Devisenmangel ist nicht nur ein Ergebnis der Sanktionen im Finanzbereich, sondern auch die Folge von Sanktionen gegen die iranischen Ölexporte. Im Januar 2012 hatten die Außenminister der EU-Staaten beschlossen, ab dem 1. Juli kein Öl mehr aus dem Iran zu importieren und die iranische Zentralbank zu boykottieren. Auch die Staaten Südostasiens drosselten ihre Ölimporte aus dem Iran. Zudem dürfen Versicherungen in EU-Staaten seit dem 1. Juli 2012 keine iranischen Öltransporte mehr versichern.

So werden Indien und China, die beiden iranischen Großkunden, fast nur noch mit iranischen Schiffen beliefert. Die iranischen Ölexporte sind im Sommer 2012 auf die Hälfte (800 000 Barrel pro Tag) der Menge des Jahres davor gefallen. Noch folgenreicher ist aber, dass der Iran nur für etwa 300 000 Barrel die dringend benötigten Devisen erhält.

Die Auswirkungen für die Menschen in Teheran sind gewaltig. Der Wert der Währung des Landes bricht zusammen, und die Inflation gerät außer Kontrolle. Die Preise für Importwaren – wie Handys und Computer – haben sich von Januar bis August 2012 etwa verdoppelt. Das Angebot ausländischer Waren[39] im größten Supermarkt von

---

39 Überrascht war ich, dass es im Hyper Star Markt, hinter dem die französische Kette Carrefour steht, im Gegensatz zum März deutlich weniger Sonderangebote gab. Die klassische Formel »Drei für den Preis von zwei« tauchte kaum noch auf. Aber die

Teheran ist nicht mehr annähernd so umfangreich wie früher. Selbst die Besserverdienenden können sich immer weniger ausländische Produkte leisten. Alle Lebensbereiche der iranischen Bevölkerung sind von den Sanktionen betroffen, da wegen der unberechenbaren Inflation keine längerfristigen Planungen mehr möglich sind.

Regierung und Zentralbank wissen nicht, wie sie reagieren sollen. In den Tagen nach dem Beschluss der EU-Außenminister über die Ölsanktionen gab es einen ersten großen Entwertungsschub des Rial. Ein Verbot des freien Geldtauschens wurde nach 14 Tagen bereits wieder aufgehoben. Tausende vor allem junger Männer verloren für diese Zeit ihren Job. Seit Jahren boten sie in der Innenstadt von Teheran US-Dollar zum Tausch an. Wer zur Zeit des Verbots beim Tauschen erwischt wurde, verlor sein Geld. Zudem wurde er zu vierzig Tagen Haft verurteilt und musste obendrein eine Geldstrafe in der Höhe des bei ihm beschlagnahmten Betrages bezahlen.[40]

Der Gewinn der Geldhändler betrug mit 0,3 Prozent gerade einmal zehn Prozent der Handelsspanne von internationalen Banken.[41] In einer Hand hielten die Männer einen Taschenrechner, mit der anderen wedelten sie mit Geldbündeln. In allen großen Städten des

---

Regale waren voll, und bis um 24 Uhr musste man vor einer der fünfzig hochmodernen Kassen im Hyper Star Schlange stehen. Wegen der niedrigen Preise in diesem Supermarkt beträgt der durchschnittliche Wert der Einkäufe etwa fünfzig US-Dollar. Vor allem Gutverdienende fahren hierher, weil die Preise deutlich niedriger sind als in den kleinen Supermärkten der einzelnen Quartiere.

40 Wie Hunderte andere wurde auch ein Bekannter eines meiner Mitarbeiter festgenommen und von der Polizei in einem Minibus ins Gefängnis transportiert. Auf der Fahrt zum Revier warf der 24-Jährige tausend US-Dollar aus dem Fenster des Fahrzeugs. Er wollte verhindern, dass die Polizisten bei ihm ausländisches Geld finden. Zur Freude der Passanten an den Straßenrändern dürfte der Kleinhändler nicht der Einzige gewesen sein, der sich auf diese Weise einer Bestrafung entziehen wollte. Ihm ist das gelungen. Aus Mangel an Beweisen wurde er von der Polizei freigelassen.

41 Nach der Abwertung des Rial 2012 und wegen des gestiegenen Risikos für die kleinen Geldtauscher hat sich die Handelsspanne auf 0,6 Prozent verdoppelt.

Landes boten Geldhändler US-Dollar und Euro an. Zu ihren Kunden zählten kleine Geschäftsleute und Hunderttausende Iraner, die ins Ausland reisen wollten und sich ihre Devisen dafür an einer Straßenecke besorgten.

Die Kurse auf dem freien Geldmarkt im Iran werden seit Jahren von der Zentralbank reguliert. Die Zentralbank versorgt die Händler mit US-Dollar und kann damit den Preis bestimmen. Doch im Februar, nach der Bekanntgabe der Sanktionen durch die EU, brach der Markt zusammen und Händler und Kunden gerieten in Panik. In der Mega-City Teheran sprechen sich bestimmte Nachrichten schnell herum. Bereits Stunden nach dem Ausbruch des Währungschaos stürmten die Menschen die Supermärkte und kauften sie leer.

Sinkender Lebensstandard

Aus Erfahrung wissen die Iraner: Wird der Dollar teurer, steigen die Preise über Nacht. Das war im Iran schon zur Zeit der Herrschaft des Schahs nicht anders. Im Herbst 2012 lässt sich noch nicht absehen, welche Auswirkungen die Sanktionen auf lange Sicht haben werden. Doch alle wissen: Die Hauptlast werden die besser verdienenden Mittelschichten tragen müssen. Sie leiden am meisten unter der gegenüber den Vorjahren sprunghaft angestiegenen Inflation.

Jahrelang hatten gerade Anwälte, Ingenieure und Kleinunternehmer von dem durch die hohen Öleinnahmen ausgelösten Boom der iranischen Wirtschaft profitiert. Teheran entwickelt sich rasant. Die Geschäfte sind gefüllt mit importierten Waren, von Billigspielzeug aus China bis zu hochwertigen elektronischen Gütern. Immer mehr Menschen können sich einen Computer oder ein besseres Handy leisten. Vor allem die junge Generation schwelgt im Konsum. Angebote existieren im Überfluss.

Junge Frauen unterlaufen mit modischer Kleidung die enge Interpretation der islamischen Vorschriften. Sie reagieren auf den Kopftuchzwang mit Variationen fantasievoller Kopfbedeckungen, schminken ihre Gesichter und lassen sich bei Schönheitschirurgen Nasen und Lippen richten.[42] Nur im leeren Geldbeutel findet die Konsumwut ihre Grenzen. Den herrschenden Politikern gefällt diese Lebensart keineswegs. Doch solange der Protest gegen die Macht der Geistlichkeit nur in den Villen oder Wohnungen ausgelebt wird, lässt man die junge Generation gewähren und ist sogar froh, dass sie sich auf Partys austobt, statt in den Straßen zu demonstrieren. Wie diese Gruppen auf den neuen Inflationsschub und die Verschlechterung ihres Lebensstandards reagieren werden, lässt sich noch nicht abschätzen. Die westlich orientierten Schichten der Gesellschaft sind die Hauptopfer. Der Mittelstand verarmt. Erst wenn alle Sanktionen, auch deren Verschärfungen, ihre volle Wirkung entfaltet haben, wird klar sein, welcher finanzielle und wirtschaftliche Spielraum für die iranische Regierung bleibt.

Im US-Finanzministerium ist eine ganze Abteilung für die Sanktionen gegen den Iran und deren Einhaltung zuständig. Staatssekretär David. S. Cohen (Treasury's Under Secretary for Terrorism and Financial Intelligence) besucht seit Jahren Unternehmen in Europa und Asien, um sie von Lieferungen in den Iran abzubringen. Nach geltenden US-Gesetzen dürfen die meisten Firmen, die den Iran beliefern, ihre Waren nicht in den USA verkaufen. Cohen stellt Betriebe vor die Wahl, entweder mit dem Iran oder mit den USA Geschäfte zu machen. In der übergroßen Mehrheit entscheiden sich die Firmen gegen den Iran. Dann erhalten Firmen in der Islamischen Republik keine Pro-

---

42 Die erste Generation der plastischen Chirurgen hatte ihre Erfahrungen im iranisch-irakischen Krieg bei der Operation von Kriegsverletzten gesammelt. Nach Ende der Kämpfe spezialisierten sich viele von ihnen auf Schönheitsoperationen und begründeten eine Zunft, die inzwischen Kunden aus aller Welt anzieht.

dukte mehr von Zulieferern, mit denen sie im Einzelfall jahrzehntelange Geschäftsbeziehungen gepflegt haben.

Auch wenn die US-Regierung direkten Druck auf ausländische Firmen ausübt, den Iran nicht zu beliefern, treiben verschiedene große Firmen der USA weiter Handel mit dem Iran und missachten Gesetze im Heimatland der Mutterfirmen, also den USA. Der politische Einfluss dieser Unternehmen dürfte groß genug sein, um keine Nachteile befürchten zu müssen. Am Beispiel von Cargill, einem großen US-Mischkonzern mit Vertretungen in 65 Ländern, lässt sich dies besonders gut zeigen.

Cargill hat Waren im Wert von Milliarden US-Dollar in den Iran geliefert. Nach der Verschärfung der Sanktionen sollen Zahlungen über einen Ölkonzern abgewickelt werden. Die nationale iranische Ölgesellschaft (NIOC) bat Shell-Direktor Peter R. Voser in zwei Briefen, einen Teil des von Shell an die NIOC zu leistenden Betrages in Höhe von einer Milliarde US-Dollar an Cargill zu zahlen (National Iranian Oil Company, Juni/Juli 2012). Dieser Fall zeigt, dass die US-Regierung mit unterschiedlichen Maßstäben operiert. An diesem Beispiel wird auch deutlich, wie flexibel die Verantwortlichen im Iran bei der Auswahl von Geschäftspartnern sind. Sie haben es während der vergangenen dreißig Jahre gelernt, sich auf Sanktionen einzustellen und diese zu umgehen. In der Regel können blockierte Waren für einen Aufpreis zwischen zehn und dreißig Prozent über Drittländer eingeführt werden. Nachdem Firmen und Banken in Dubai auf Grund des Drucks der USA derartige Dreiecksgeschäfte inzwischen eingestellt haben, springen Händler in anderen Staaten ein (zum Beispiel in Afghanistan oder im Irak). Sie lassen sich die ertragreichen Geschäfte mit Sanktionsgütern nicht entgehen.

Sanktionsbrüche sind so alt wie Sanktionen. Auf die Einhaltung der Maßnahmen gegen den Iran wird zunehmend geachtet. Deshalb ist es gar nicht entscheidend, ob listige Händler irgendwo in der Welt

Mittel und Wege finden, den Iran mit von den USA und den Staaten des Westens sanktionierten Waren zu beliefern. Entscheidend wird sein, ob die iranische Wirtschaft unter Sanktionsbedingungen die Grundversorgung des Landes sicherstellen kann.

Staatsführer Khamenei hat seine Landsleute bereits am 20. März 2012 in einer Neujahrsansprache aufgerufen, mehr einheimische Waren zu kaufen. Durch einen Ausbau der eigenen Wirtschaft werde der Iran die Verschwörung der Feinde überstehen. Zwei bis drei Jahre Zeit bleiben der iranischen Führung, die Wirtschaft des Landes umzustellen.[43] Die iranische Industrie kann nicht sofort auf diese Veränderungen reagieren. Ganze Branchen sind in den vergangenen Jahren zusammengebrochen, weil sie mit den ausländischen Waren nicht konkurrieren konnten. Während der Turbulenzen auf dem Währungsmarkt und der Phase der großen Verunsicherung im ersten Halbjahr 2012 haben weitere Betriebe geschlossen.

Doch auf mittlere Sicht dürften sich Teile der iranischen Wirtschaft von dem Schock erholen und sich auf die Sanktionen einstellen. Ein großer Teil der Nahrungsmittelindustrie profitiert bereits heute von dem Preisanstieg, den es auch bei den im Lande hergestellten Produkten gegeben hat. Weil immer mehr ausländische Waren aus den Regalen der Supermärkte verschwinden, verkaufen sich iranische Produkte wieder leichter.

---

43 Nach Einschätzung eines mir bekannten iranischen Regierungsberaters sind die Devisenreserven des Landes begrenzt. Zusammen mit den Einnahmen aus dem Verkauf von täglich etwa 300 000 Barrel Öl reichten die Devisenreserven nur, um das Land mit einer Art Notprogramm etwa drei Jahre regieren zu können. Danach könnten die zur Aufrechterhaltung der Produktion notwendigen Importe nicht mehr bezahlt werden. Zudem fehle dann das Geld, um die Subventionsprogramme weiterführen zu können. Diese seien jedoch notwendig, um Proteste der Bevölkerung zu verhindern.

Mit Parolen und guten Vorsätzen ist es während 32 Jahren nicht gelungen, eine eigenständige Industrie aufzubauen, die von den Öleinnahmen unabhängig ist. Während des Aufstandes gegen den Schah entwickelte die islamische Bewegung die Idealvorstellung einer Überwindung der Ölabhängigkeit. Doch nach der Revolution folgten nur zaghafte Maßnahmen, dieses Ziel zu verwirklichen. Die beschworenen Veränderungen der Wirtschaft wurden hintangestellt. Die Abhängigkeit des Irans von den Öleinnahmen blieb bestehen und vergrößerte sich während der Präsidentschaft Ahmadinejads weiter. Sollte der iranischen Führung die Umstellung der eigenen Wirtschaft nicht gelingen, dürfte es den von den USA angestrebten Regimewechsel geben.

Ein Politiker, der bis vor wenigen Jahren nacheinander unter vier Präsidenten an der Neuordnung der iranischen Wirtschaft gearbeitet hat, glaubt nicht, dass dem Iran aus freien Stücken die Umstellung der Wirtschaft gelingen kann. Erst als Folge der sanktionsbedingten Ausfälle bei den Öleinnahmen werde die iranische Wirtschaft eine neue Struktur entwickeln. Die Anhänger der islamischen Ordnung setzen auf eine solche Entwicklung. Mit Durchhalteappellen machen sie sich Mut. »Sanktionen gab es immer. Wir werden niemals diesem Druck nachgeben«, ist nicht nur die offizielle Antwort auf die Herausforderungen. Viele Iraner denken so, haben sie doch in den vergangenen 32 Jahren gelernt, mit Problemen zu leben. Bei den Investitionen in der Öl- und Gasindustrie des Landes wurden bereits dramatische Konsequenzen gezogen. Für alle neuen Projekte im Bereich der Ölinvestitionen wurde ein Stopp verhängt.[44]

---

44 Die Langzeitfolgen einer solchen Entscheidung bedeuten, dass der Iran seine Exporte in absehbarer Zeit nicht mehr steigern kann, da der Ertrag der Ölquellen zurückgeht, wenn sie nicht kostenaufwendig (mit moderner Technik) gepflegt werden. In der

Einzig für die Ausweitung der Gasförderung und -verarbeitung wird weiterhin Geld bereitgestellt. Die im Südiran gelegene Industriezone Asaluyeh[45] wird ausgebaut. Insgesamt sollen 53 Raffinerien und petrochemische Anlagen in Betrieb genommen werden, von denen bereits gut die Hälfte fertiggestellt ist. Aber die Betriebe können nicht mit voller Auslastung arbeiten, weil die notwendige Gaszufuhr niedriger ist als geplant. Das Förderziel auf dem nahe gelegenen Gasfeld wird nicht erreicht, weil die Förderplattformen nicht rechtzeitig fertig werden. Es handelt sich um das weltweit größte, sogenannte South Pars/North Dome Feld, dessen Ausbeutung sich Katar und der Iran teilen.

Bei Aufnahmen für einen Beitrag des Schweizer Fernsehens erklärte mir im November 2010 einer der Ingenieure der Gasgesellschaft South Pars (Aliakbar Shabanpoor): »Wir nutzen vor allem inländische Ausrüster. Wir sind wegen der Sanktionen nicht beunruhigt. Wer Sanktionen verhängt, schadet sich selbst. Das nützt doch uns.« Selbst wenn der Iran in Asaluyeh hergestellte petrochemische Produkte nicht mehr auf dem Weltmarkt verkaufen kann, dürften den Sanktionen mit der Belieferung des inneriranischen Marktes ein Teil ihrer Wirkung genommen werden.

    Regel werden Wasser, Gas oder andere Hilfsmittel in die Erde gepumpt, um den Druck in den Öl enthaltenden unterirdischen Schichten zu erhöhen. Diese Methode wird angewandt, um die Ausbeute zu erhöhen oder einem Rückgang der Fördermenge entgegenzuwirken.

45 Seit dem Jahre 2000 wurde an der Küste des Persischen Golfes bei Asaluyeh eine Industriezone errichtet, zu deren Bau zeitweilig bis zu 60 000 Arbeiter eingesetzt waren. Die Investitionen in den ersten zehn Jahren (27 Bauabschnitte auf einem mehrere Kilometer langen Küstenstreifen) dürften bis zu hundert Milliarden US-Dollar betragen haben. Nach Angaben des iranischen Ölministeriums können jährlich Produkte im Wert von mindestens zehn Milliarden US-Dollar verkauft werden.

Eine politische Änderung haben die Sanktionen in den vergangenen Jahren bereits bewirkt. Der Iran orientiert sich wirtschaftlich und politisch ostwärts. Das alte Ideal einer von Ost und West unabhängigen Entwicklung wird nicht mehr beschworen. In der Annäherung an China und Russland sieht die iranische Führung eine Chance, die Überlebensfähigkeit des politischen Systems zu erhöhen. Die westliche Welt verabschiedet sich mit den Sanktionen schrittweise von einem Land, das neben Venezuela, Saudi-Arabien und Russland über die größten Energiereserven der Welt verfügt. Das wirtschaftliche Abgleiten des Irans nach Osten wird an der dramatischen Ausweitung der Handelsbeziehungen mit China deutlich. Auf Industriemessen in Teheran benötigen chinesische Firmen seit 2010 die größten Ausstellungsflächen. China hat Deutschland 2007 als größten Handelspartner des Irans abgelöst.[46] 2011 betrug das Handelsvolumen 45 Milliarden US-Dollar. Es war damit zehn Mal so groß wie das Volumen des deutsch-iranischen Handels. 2012 sollen trotz der Sanktionen Güter im Werte von fünfzig Milliarden US-Dollar zwischen China und dem Iran ausgetauscht werden (Press TV, April 2012).

Praktisch ist die internationale Gemeinschaft heute gespalten. China und Russland versuchen zu verhindern, dass die Staaten des Westens immer größeren Druck auf den Iran ausüben. Beide Länder wollen einen Krieg oder einen Wechsel des Regimes im Iran verhindern. Aber sie profitieren von den Sanktionen. China und Russland treten deshalb auch nicht für deren Aufhebung ein. Beide Staaten haben Interesse an der Verlängerung der derzeitigen Situation. Für Russland entfällt bei Öl- und Gaslieferungen nach Europa mit dem

---

46 Seit 2005 gehen die deutschen Exporte in den Iran kontinuierlich zurück. 2008 hatten die Handelsbeziehungen zwischen beiden Ländern einen Wert von 4,517 Milliarden Euro. 2011 waren es nur noch 3,799 Milliarden Euro. (Auswärtiges Amt, Februar 2012)

Iran unter Sanktionen ein bedeutender Konkurrent. Wie groß das russische Interesse ist, iranische Energielieferungen nach Europa zu verhindern, zeigt sich am Streit um den Bau von Gaspipelines aus dem Orient nach Europa. Mit Konkurrenzprojekten wird verhindert, dass eine Pipeline aus dem Gebiet des Kaspischen Meeres nach Österreich gebaut wird.

China kann einen Teil seines gewaltigen Energiebedarfs mit Lieferungen aus dem Iran decken und den dortigen Markt mit eigenen Produkten beliefern. Sowohl Russland als auch China werden versuchen, eine militärische Eskalation zu verhindern, weil sie davon ausgehen müssen, dass ein Krieg zu einem Regimewechsel im Iran führen wird. In einem solchen Fall droht ihnen der Verlust der Handelsvorteile der vergangenen Jahre. Gleichzeitig haben beide aber auch ein Interesse an einer Fortsetzung der Sanktionen, weil diese den Iran in die Isolation treiben und Russland und China Vorteile bieten. Die größte Gewähr, diese Konstellation aufrechtzuerhalten, besteht für die beiden Staaten darin, das Regime in Teheran zu unterstützen, um die Situation »Sanktionen – aber keinen Krieg« zu verlängern.

Machtmonopol ungebrochen

Im Iran hat Staatsführer Khamenei den verdeckten Machtkampf gegen Staatspräsident Ahmadinejad gewonnen. Als politischer und religiöser Führer ist er auch nach der iranischen Verfassung der mächtigste Politiker der Islamischen Republik. Erfolgreich hat Khamenei wichtige Geistliche gegen den nationalistisch auftretenden Präsidenten mobilisiert, als dessen verdeckte Kritik an den religiösen Würdenträgern heftiger wurde. Leider wurde über diesen Machtkampf erst sehr spät und dann auch unzureichend berichtet.

Ahmadinejad war zu keiner Zeit der starke Mann des Irans, zu dem ihn die Medien in Europa und auch in den USA gemacht haben. Daran wird deutlich, dass es in der Berichterstattung manchmal gar nicht darum geht, die wirklichen Machtverhältnisse in einem Land darzustellen. Wenn Ahmadinejad rief, kamen – bei Gaddafi in Libyen war es ähnlich – Journalisten aus aller Welt zum Interview.[47] Dabei handelte es sich in beiden Fällen um Versuche der Politiker, das eigene Scheitern zu verschleiern.

Im iranischen Parlament haben Abgeordnete mehrfach eine Initiative gestartet, um Präsident Ahmadinejad seines Amtes zu entheben. Doch Ayatollah Khamenei hat entschieden, dass der Präsident so lange im Amt bleibt, bis im Frühjahr 2013 ein Nachfolger gewählt ist. Seit dem Sommer 2012 spricht Staatsführer Khamenei mit den wichtigsten Ministern die Politik ab. Ahmadinejad wird mehr und mehr übergangen. Ihm dürften künftig die im Iran existierenden Probleme angelastet werden.

Gegen Staatsführer Khamenei gibt es im Iran keine mächtige Opposition. Proteste gegen seine Herrschaft sind in naher Zukunft auch nicht zu erwarten. Gegner und Kritiker des Staatsführers blieben mit ihrer Ablehnung des offiziellen Ergebnisses bei den Präsidentschaftswahlen im Juni 2009 erfolglos. Drei Millionen Menschen demonstrierten in Teheran und anderen Großstädten. Mit brutalen Einsätzen von Sondereinheiten der Revolutionswächter, von Polizei

---

47 Nicht die Ausstrahlung im Programm eines deutschen oder US-amerikanischen Fernsehsenders ist für diese skrupellosen Politiker wichtig, sondern die Möglichkeit, das Interview in ihrem Land zu vermarkten. Sie wollen damit die eigene Bedeutung verstärken und sich den Schein der internationalen Anerkennung verschaffen. »Abgehalfterte Politiker rufen, Medienschaffende kommen«: Dieses Muster gilt nicht nur für die Innenpolitik. Der Unterschied bei ausländischen Staatsführern besteht jedoch darin, dass Leser, Zuhörer oder Zuschauer beeindruckt sind, wenn Journalistinnen oder Journalisten es schaffen, einen in der westlichen Welt als »gemieden« gewerteten Politiker zu interviewen.

und Freiwilligen waren Demonstrationen aufgelöst worden. Dutzende von Menschen wurden getötet. Die Gewalt ging von den Sicherheitskräften aus. Doch immer wieder griffen auch Gruppen von Demonstranten die Revolutionswächter und Mitglieder paramilitärischer Organisationen an. Es gab Tote auf beiden Seiten. In den wenigen Tagen der öffentlichen Proteste wurde klar, dass die Staatsführung nicht bereit war, einzulenken. Die übergroße Mehrheit der Regierungsgegner wollte jedoch aus Angst vor einem Bürgerkrieg eine Eskalation der Auseinandersetzungen verhindern. Auch deshalb haben sie ihre Anhänger immer wieder zur Zurückhaltung aufgerufen. Die Atmosphäre bei den Großdemonstrationen in den Tagen nach der Wahl vom 12. Juni 2009 hat mich sehr an die Straßenproteste gegen den Schah Ende 1978 erinnert.[48]

Doch im Gegensatz zu den Unruhen dreißig Jahre zuvor gab es keine Entschlossenheit, das herrschende Regime zu stürzen. In der Ablehnung des offiziellen Wahlergebnisses waren die Demonstranten geeint, aber dem Protest fehlte eine einheitliche Orientierung. Anhänger und Gegner der Islamischen Republik demonstrierten gemeinsam gegen eine Staatsführung, die sie ablehnten. Ihre Auffassungen unterschieden sich jedoch grundsätzlich.

In den Monaten nach den Protesten wurden die Unterschiede offensichtlich. Die Vertreter der Reformbewegung waren nicht bereit, für die Abschaffung der islamischen Staatsform zu demonstrieren, und die entschiedenen Gegner der Islamischen Republik waren nicht in der Lage, öffentliche Proteste zu organisieren. Bei einzelnen Stra-

---

48 Bei straßenkampfähnlichen Auseinandersetzungen im Anschluss an die Demonstrationen vom 16. und 17. Juni 2009 öffneten Anwohner in den Seitengassen der Innenstadt von Teheran die Tore zu ihren kleinen Vorgärten, damit Demonstranten dort Schutz vor den Angriffen der Regierungsanhänger finden konnten. Sobald sich die Situation auf der Straße wieder beruhigt hatte, mussten die Demonstranten die Vorgärten wieder verlassen.

ßenprotesten wurden immer wieder Gegner und Anhänger der Regierung getötet.[49]

Im Sommer 2012 zeichnet sich kein Ende der Schwäche der innenpolitischen Opposition ab. Gleich ein ganzes Bündel von Gründen hält die iranische Bevölkerung davon ab, sich gegen die Herrschaft der wiedererstarkten Geistlichkeit zu organisieren. Die brutale Unterdrückung der Proteste im Anschluss an die Präsidentschaftswahlen gehört genauso dazu wie das Chaos in den Nachbarstaaten Afghanistan und Irak im Anschluss an den Einmarsch der US-Truppen. Auch der Niedergang des Arabischen Frühlings wirkt vor allem auf junge Oppositionelle entmutigend.[50]

Proteste werden im Iran nicht nur auf der Straße im Keim erstickt. Personen, die auf Demonstrationen festgenommen werden oder denen unterstellt wird, Protestaktionen organisiert zu haben oder gegen das Regime zu konspirieren, werden immer wieder gefoltert und zu Gefängnisstrafen verurteilt.[51] Dabei sind die Geheimdienste

---

49 Diese Eskalation der Gewalt schürt die Angst vor einem Bürgerkrieg. In den iranischen Medien werden keine Details veröffentlicht, doch die schnelle Verbreitung von Informationen über Gewalt soll Menschen von einer Beteiligung an den Protesten abhalten. Oppositionelle gehen davon aus, dass selbst Informationen über Folter (z. B. Schlagen oder Vergewaltigen) von den Verantwortlichen verbreitet werden, um eine abschreckende Wirkung zu erzielen.

50 In den iranischen Medien wird über die Unterdrückung von Protesten in den Staaten der Region (Bahrain, Saudi-Arabien oder auch Irak) wesentlich genauer berichtet als in Europa. Damit soll der Eindruck erweckt werden, im Iran gehe es rechtsstaatlicher zu als in anderen Staaten des Mittleren Ostens.

51 Auch psychisch werden Oppositionelle nach ihrer Festnahme gefoltert. So wurde Reformpolitikern während ihrer Haftzeit im Sommer 2009 systematisch der Eindruck vermittelt, nahezu alle Anführer der Proteste hätten sich von den Protesten distanziert. In den Gefängnissen sollen speziell gedruckte Ausgaben von Zeitungen verteilt worden sein. Mit Berichten über Reueerklärungen von Oppositionellen und über eine politische Beruhigung in den Reihen der Gegner der Regierung seien Inhaftierte gebrochen worden.

und die Revolutionswächter in der Lage, die Gewaltmaßnahmen zu dosieren. Bereits in den Tagen vor angekündigten Protesten patrouillieren Bereitschaftspolizisten und Revolutionswächter in den Straßen. Derartige Demonstrationen der Macht reichen im Einzelfall schon aus, dass geplante Protestaktionen gar nicht stattfinden. Junge Menschen in Turnschuhen, die sich auf den Bürgersteigen unbeteiligt geben und nicht auf die Fahrbahnen kommen, deuten darauf hin, dass Abschreckungsmaßnahmen Wirkung erzielen.

Auch die hohen Öleinnahmen ab 2008 haben der iranischen Führung geholfen, einen Teil der bei der eigenen Bevölkerung verloren gegangenen Anerkennung zurückzugewinnen. Ein ausgeklügeltes System von Subventionen führt dazu, dass die unterschiedlichen sozialen Schichten der Gesellschaft unterschiedlich profitieren. Niedrigverbraucher zahlen zum Beispiel bedeutend weniger für Gas als Mittelstandsfamilien, die zudem noch große Wohnungen beheizen. Die durch den Abbau der Subventionen verursachten höheren Ausgaben wurden mit Barzahlungen der Regierung an alle Iraner ausgeglichen.[52] Zwar haben sich die Lebensverhältnisse, insbesondere auch für viele Familien, die unterhalb der Armutsgrenze leben, verschlechtert, aber verhungern muss im Iran niemand.

Innenpolitische Änderungen, also eine Reform der verkrusteten Herrschaftsstrukturen, sind weiterhin möglich, aber kurzfristig nicht wahrscheinlich. Obwohl die Arbeitslosigkeit größer wird und die Inflation zunimmt, revoltiert die iranische Bevölkerung nicht. Die

---

52 Diese betrugen zu Anfang etwa vierzig US-Dollar pro Person und sind wegen der Abwertung des Rial auf zwanzig US-Dollar gefallen. Die Beträge sind eine spürbare Hilfe für größere Familien vor allem in kleinen Städten. Sie fangen einen Teil der durch den Subventionsabbau verursachten Preissteigerungen auf.

iranische Wirtschaft und Gesellschaft erweisen sich als stabiler, als viele Beobachter vermuten.

Gerade außerhalb des Irans wird nicht bedacht, wie stark die dort lebenden Menschen bis heute von den Erfahrungen des Aufstandes gegen den Schah und den Wirren nach dessen Sturz sowie dem Krieg gegen den Irak geprägt sind. Im Iran existiert eine große Angst, die gesellschaftlichen Entwicklungen nach einem Umsturz nicht beeinflussen, geschweige denn kontrollieren zu können. Die Bespiele aus den Ländern der Region mit ihren ungelösten Problemen nach Kriegen und Aufständen bestärken die Iraner in ihrer Vorsicht, Oppositionsbewegungen zu unterstützen. Sie hoffen auf Reformen und warten auf eine politische Situation, in der sie diese verwirklichen können.

Zerrüttung des Landes

Auch das Verhalten der Opposition ist von Kriegsangst mitgeprägt. Gegner des Systems wollen vermeiden, als fünfte Kolonne feindlicher Staaten diffamiert zu werden. Je häufiger Angriffsdrohungen gegen den Iran geäußert werden, desto schwieriger wird die Situation für die Opposition. Ausländische Politiker, die für eine Verschärfung der Sanktionen eintreten, um innere Unruhen auszulösen, unterschätzen den Nationalismus, der die Menschen im Iran bei Druck von außen zusammenrücken lässt.

Damit steigert sich die Fähigkeit der Islamischen Republik, Sanktionen standzuhalten. Auch während des achtjährigen Krieges gegen den Irak war die Bevölkerung bereit, Härten zu ertragen. Nach dem Waffenstillstand dauerte es Jahre, bis die Kriegsfolgen beseitigt waren. Erst 1988 hat Staatsführer Khomeini einem Waffenstillstand zugestimmt. Seine Berater waren der Überzeugung, die Islamische

Republik sei in ihrem Bestand gefährdet. Auch im Falle der Urananreicherung wird Ayatollah Khamenei, der Nachfolger Khomeinis, erst einlenken, wenn er gar keine andere Möglichkeit mehr sieht. Bis dahin wird der Iran versuchen, in einer Art »Grauzone« des Weltmarktes durchzuhalten. Führende Politiker und auch Militärs der Islamischen Republik gehen davon aus, dass den Staaten des Westens langfristig die Macht fehlt, den Iran zu isolieren.[53] Diese Einschätzung führt zur Überzeugung, es sei nur noch eine Frage der Zeit, bis die Staatsverschuldung die Regierung in Washington zwingt, ihre Politik gegenüber dem Iran zu ändern. Bei einem derartigen Denken wird die Schwächung des eigenen Systems in Kauf genommen.

Westliche Politiker täuschen sich, wenn sie glauben, durch immer schärfere Sanktionen den Atomkonflikt mit dem Iran lösen zu können. Ihre Hoffnungen, entweder lenke die Führung in Teheran doch noch ein oder sie werde die Macht verlieren, dürften nicht so schnell in Erfüllung gehen. Zynisch ist es nur, wenn Planer der Iran-Politik auf die Schwächung des Irans setzen, um ihn militärisch leichter schlagen zu können. Ein Krieg wird die langfristigen Probleme nur verschärfen. Das US-Vorgehen gegenüber dem Irak liefert dafür ein Lehrbeispiel. Die USA griffen den Irak erst an, als dieser durch dreizehn Jahre Sanktionen geschwächt war. Präsident George Bush sen. hatte den Kuwait-Krieg nach der Vertreibung der irakischen Truppen aus dem Scheichtum beendet. Er befürchtete langfristige Probleme im Falle einer Eroberung des Iraks, die 1991 militärisch leicht mög-

---

53 Als ich 2007 bei einem Treffen mit einem Regierungsberater in Teheran von der Möglichkeit eines künftigen Krieges zwischen den USA und China sprach, erntete ich nur ein mitleidiges Lächeln. In fünf Jahren wird es die USA doch gar nicht mehr geben, lautete die Antwort. Der Glaube an die künftigen Schwächen der Gegner des Irans und an die eigene langfristige Stärke verleitet iranische Planer zu derartigen Fehleinschätzungen.

lich gewesen wäre. Seinem Sohn Georg W. fehlte diese Weitsicht, als er den US-Truppen 2003 den Befehl gab, den Irak zu besetzen.

Eine Schwächung des Irans durch Boykotte, Sanktionen oder Krieg erschwert die Chancen für den Aufbau neuer politischer Verhältnisse erheblich. Im Gegensatz dazu können diplomatische Bemühungen mit echten Anreizen für ein iranisches Einlenken neue politische Perspektiven eröffnen und verhindern, dass der Iran in eine völlige Isolation gedrängt wird.

Bürgerkrieg in Syrien

Der Albtraum wird Wirklichkeit. Warnungen vor einem Bürgerkrieg gab es im März 2011 genug. Doch die Wirklichkeit übertrifft die schlimmsten Erwartungen. Das syrische Regime setzt Flugzeuge und Panzer im Kampf gegen Aufständische ein. Bombardiert und beschossen werden Wohnviertel, die mit Bodentruppen nicht mehr kontrolliert werden können und in denen sich Aufständische verschanzt haben. Gab es im Frühjahr 2011 noch nahezu täglich Aufstellungen über die Toten, so schweigen Menschenrechtsgruppen und internationale Organisationen ein dreiviertel Jahr später weitgehend, wenn es um eine Schätzung der Gesamtzahl der Opfer geht. Möglicherweise wird diese nicht mehr angegeben, weil die steigende Zahl der Toten die Brutalität des Regimes, aber auch die Art des Kampfes der Aufständischen deutlich macht. Umso dringender stellt sich die Frage, welche Verantwortung für die steigende Brutalität im Land auf die Einmischung des Auslands entfällt.

Im April 2012 erzählte mir ein Politiker in Bagdad, die Tage des syrischen Präsidenten Baschar al-Assad seien gezählt. Mich verwunderte die Sicherheit meines Gegenübers. In den Jahren zuvor hatte er Prognosen nur ungern abgegeben. Doch im Falle der Vorhersage über die Entwicklung der Machtverhältnisse in Syrien stand für ihn der Ausgang fest. Als ich entgegnete, in Bagdad, Manama und Amman hätten sich die Demonstranten nicht gegen die Sicherheitskräfte durchsetzen können, und die Frage hinzufügte, warum dies in Syrien anders sein solle, kam die Antwort ohne jegliches Zögern: Saudi-Arabien sei bereit, die Aufständischen mit mehreren Milliarden US-Dollar zu unterstützen.

Von diesem Moment an betrachtete ich die Entwicklung der Kämpfe in Syrien mit anderen Augen. Die Vielschichtigkeit der Auseinandersetzungen war einfach zu erkennen. Neben dem Kampf zwischen den Kommandos der wiedererstarkten Moslembrüder, deren Aufstand in Hama 1982 von Assads Vater Hafez al-Assad militärisch niedergeschlagen worden war,[54] gab es in allen Teilen des Landes bewaffnete Gruppen, die schnell Zulauf erhielten und erstaunlich gut bewaffnet waren. Die saudische Unterstützung war immer deutlicher zu erkennen. Aufrufe von prominenten Rechtsanwälten und Oppositionellen, die friedlichen Demonstrationen fortzusetzen, wurden Ende März 2011 kaum befolgt.

Statt einer Ausweitung ziviler Proteste gab es in Syrien sofort einen Aufstand. Ähnliches war in anderen Ländern der arabischen Welt nicht zu beobachten. Auch der Aufstand in Libyen ist mit dem

---

54 Im Februar 1982 wurde Hama von Kommandoeinheiten unter dem Befehl von Rifaat al-Assad, einem Bruder des damaligen Präsidenten, erobert. Zuvor war die 350 000 Einwohner zählende Stadt durch Luftangriffe von der Außenwelt abgeschnitten worden. Auf ihrem Vormarsch setzten die Eliteeinheiten schwere Waffen (Artillerie) ein. Mindestens 20 000 Menschen sollen bei den Kämpfen getötet worden sein.

Bürgerkrieg in Syrien nicht vergleichbar. Dort hatte sich wenige Tage nach Ausbruch der Proteste mit der zweitgrößten Stadt Bengasi ein Teil des Landes der Kontrolle des libyschen Diktators Muammar al-Gaddafi entzogen. Damit war das Land geteilt. Die Aufständischen haben dann mit der Unterstützung der NATO den Angriff der Truppen Gaddafis zurückgeschlagen und den von ihm kontrollierten Teil des Landes erobert.

In Syrien waren es nur Provinzstädte, in denen die Proteste nach wenigen Tagen in einen bewaffneten Aufstand mündeten. Das Land ist auch achtzehn Monate nach Beginn des Aufstandes nicht auseinandergebrochen. Die Streitkräfte der Regierung erobern von Milizen kontrollierte Gebiete mit brutalen Einsätzen immer wieder zurück. So findet zwar nach übereinstimmender Einschätzung der Vereinten Nationen (Bakri, 2011) und des Internationalen Komitees vom Roten Kreuz (IKRK) (Nebehay, 2012) ein Bürgerkrieg statt, doch gekämpft wird jeweils nur in einzelnen Teilen des Landes. Damit besteht für das Regime in Damaskus die Möglichkeit, den Aufstand jeweils in verschiedenen Regionen zurückzudrängen. Die Milizen können ihre Zersplitterung dagegen nicht überwinden.

Bisher haben sich die Hoffnungen der Opposition auf ein Aufbrechen des Regimes nicht erfüllt. Auch die Flucht einzelner Politiker konnte den Machtapparat nicht erschüttern. Ein Appell des Ex-Ministerpräsidenten Riad Hidschab, sich den Aufständischen anzuschließen, blieb im August 2012 ohne Wirkung. Die vermutete Flucht des stellvertretenden Staatspräsidenten Farouk al-Sharaa, des langjährigen Außenministers, der sich im August 2012 abgesetzt und im Süden des Landes versteckt haben soll, ändert das Kräfteverhältnis ebenfalls nicht. Die Milizen können mit ihren meist nur leichten Waffen die auf einen Einsatz im Inneren vorbereiteten Streitkräfte nicht besiegen. Auch 18 Monate nach Beginn der Kämpfe zeichnet sich kein Ende des Bürgerkrieges ab. Sicher ist jedoch, dass Oppositionelle, die auf gewaltfreie Proteste gesetzt haben, künftig keine Rolle spielen werden. Dieses Verkümmern des Arabischen Frühlings kann den Herrschern Saudi-Arabiens nur recht sein. Ein Ziel ihres Eingreifens in die innersyrischen Auseinandersetzungen haben sie damit erreicht.

Milizen im Zwielicht

Die bewaffneten Gruppen des Aufstandes werden vor allem von Sunniten gebildet. Insgesamt operieren etwa hundert Gruppen in verschiedenen Landesteilen Syriens. Diese unterschiedlichen Milizen bilden ein Netzwerk, das von den arabischen Golfstaaten finanziert und zunehmend auch aus- und aufgerüstet wird. Die Unruhen gegen die Regierung begannen vor allem in von Sunniten bewohnten Grenzregionen Syriens. In Daraa, nahe der jordanischen Grenze, schossen im März 2011 erstmals Soldaten auf Demonstranten und töteten unbewaffnete Zivilisten. Die Proteste setzten sich in anderen von Sunniten bewohnten Regionen nahe der libanesischen Grenze fort. Im Juli 2011 lieferten sich Aufständische und Sicherheitskräfte der Regierung in Hama die bis dahin schwersten Kämpfe. Der Bürgerkrieg zeichnete sich ab, weil sowohl die Opposition als auch die Regierung nicht bereit waren, miteinander zu verhandeln.

In dieser Phase des Aufstandes gelang es den sunnitischen Gruppen immer wieder, Dörfer und kleine oder sogar mittelgroße Städte zu kontrollieren. Diese Milizen konnten ihre Kampfkraft auch deshalb so schnell steigern, weil Tausende von Sunniten aus der Armee desertierten und sich den Aufständischen anschlossen. Während das Offizierskorps vor allem aus Alawiten besteht, wird die übergroße Mehrheit der Mannschaften von Sunniten gebildet. Den Kampf gegen die

Regierungsgegner führen neben den regulären Einheiten der Streitkräfte auch Elitetruppen und Milizen der Regierung. In den Schabiha-Milizen, die immer wieder Massaker an der Zivilbevölkerung begehen, kämpfen vor allem Alawiten. Sie bilden den Kern des syrischen Machtapparates und stellen mit den Assads seit 1970 die Staatspräsidenten des Landes. Die Alawiten gelten als eine Gruppe der Schiiten. Deswegen hat der Bürgerkrieg in Syrien auch einen stark religiösen Aspekt.

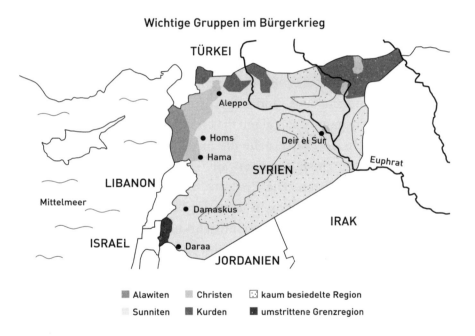

Während die Mehrheit der Sunniten die Staatsführung ablehnt, wird diese von den Christen meist akzeptiert. Zehn Prozent der etwa zwanzig Millionen Syrer gehören unterschiedlichen christlichen Glaubensrichtungen an, die meisten von ihnen sind Mitglieder der syrisch-orthodoxen Kirche. Im politischen Machtkampf unterstützen die Christen eher die Regierung, weil diese bisher die Religionsfreiheit gewährleistet hat. Im Gegensatz zu den Christen werden die Kurden in Syrien unterdrückt. Jahrzehntelang hatten viele von ihnen nicht einmal die syrische Staatsbürgerschaft. Kurdische Parteien sind verboten. 2004 wurden mindestens 36 Kurden bei Unruhen nach einem Fußballspiel von Sicherheitskräften erschossen (Amnesty International, 2005). In der Kurdenregion im Norden des Landes bestehen bereits erste Strukturen einer Selbstverwaltung. Da die Sicherheitskräfte in anderen Teilen Syriens gebunden sind, nutzen die Kurden den neuen politischen Spielraum, um sich auf die Zeit nach dem Sturz des Assad-Regimes vorzubereiten. Die weitere Entwicklung des Bürgerkrieges und dessen Dauer werden auch davon abhängen, ob es den sunnitischen Aufständischen gelingt, zumindest größere Gruppen von Christen und Kurden für eine Beteiligung am Kampf gegen die Regierung in Damaskus zu gewinnen.

Auch 18 Monate nach dem Beginn des Aufstandes stoßen die sunnitischen Milizen auf große Vorbehalte. Zwar nennen sich die Milizen »Freie Syrische Armee«, doch existieren große Unterschiede zwischen ihnen. Einzelne Gruppen stehen sogar Al Kaida nahe. Einige ihrer Kämpfer stammen aus anderen arabischen Staaten. Al Kaida-Sympathisanten versuchen, die syrische Opposition zu unterwandern. Mehrere von ihnen haben im Irak gekämpft. Die starke Zunahme von Autobomben und Selbstmordanschlägen seit Anfang 2012 deutet auf eine Beteiligung von Al Kaida an dem Aufstand hin. Aber der Einfluss von Terroristen auf die Milizen dürfte nicht bedeutsam sein oder werden.

Das Problem der Milizen ist ihre starke Ausrichtung gegen die Alawiten. Für die saudischen Geldgeber ist das nicht weiter problematisch, handelt es sich in ihren Augen bei Schiiten und damit auch bei Alawiten um Abtrünnige, gegen die gekämpft werden darf. Wiederholt haben Angehörige der Milizen bereits Menschenrechtsverletzungen begangen. Sie sollen der Organisation Human Rights Watch zufolge gefangen genommene Mitglieder der Sicherheitskräfte gefoltert haben. Zudem hätten sie Regierungsanhänger entführt und Lösegelder erpressen wollen. Auch im Bericht der Syrienkommission des UN-Menschenrechtsrates werden den Milizen Morde angelastet.

Während es sich bei den Verbrechen der Aufständischen laut Syrienkommission um Einzelfälle handelt, begingen die Sicherheitskräfte der Regierung planmäßig und gezielt Verbrechen gegen die Menschlichkeit. Um die Bevölkerung einzuschüchtern, werde systematisch gefoltert und gemordet, würden Kriegsverbrechen begangen und gegen internationales Recht verstoßen. (Syrienkommission des UN-Menschenrechtsrates, 2012)

Je länger der Bürgerkrieg dauert, desto größer dürfte die Brutalität werden, mit der er geführt wird. Die syrischen Streitkräfte werden ihr Monopol auf schwere Waffen über kurz oder lang verlieren. Sollten die Milizen von Saudi-Arabien oder von den USA mit panzerbrechenden Waffen und Luftabwehrraketen ausgerüstet werden, wird das Regime relativ schnell zusammenbrechen. Damit entscheiden ausländische Kräfte über den Fortgang des Bürgerkrieges in Syrien.

Die Mächte im Hintergrund

Saudisches Geld für die Aufständischen, iranische Hilfe für das Regime. Die Front im syrischen Bürgerkrieg entspricht dem großen Konflikt der Golfregion. Der Iran und Saudi-Arabien stehen sich gegenüber. Langfristig wird die saudische Hilfe für die Aufständischen den Kampf um die Macht in Syrien entscheiden. Auch die Politiker in Teheran wissen, dass ihr Bündnispartner Assad den Krieg nicht mehr gewinnen kann. So wird der Iran den syrischen Diktator nur noch begrenzt unterstützen. Gesicherte Erkenntnisse gibt es nicht, welche Hilfen Assad von der iranischen Regierung erhält. Finanziell kann die Regierung in Teheran kaum noch einspringen. Dazu fehlt das Geld, zumal Zahlungen an die libanesische Hezbollah für wichtiger erachtet werden. Der Iran dürfte der Regierung in Damaskus auch Waffen geliefert und Ausbilder geschickt haben. Diese Militärhilfe dürfte zurückgehen.

Nach den Worten des iranischen Außenministers Ali Akbar Salehi strebt der Iran nach einer Lösung, »die im Interesse eines jeden liegt« (Salehi, 2012). Ziel müsse es sein, einen »abrupten politischen Wechsel« abzuwenden, forderte Salehi Mitte August 2012 in der »Washington Post«. Deutlicher kann ein Abrücken vom syrischen Diktator kaum vorgetragen werden. So wenig Assad künftig auf Hilfe aus Teheran zählen kann, so unklar ist den Aufständischen, was sie von den USA zu erwarten haben. Noch Mitte Juli erklärte mir ein Journalist, der mit den Milizen zusammenarbeitet, Assads Sturz werde sicher vor Ende August 2012 erfolgen. Vier Wochen später änderte er seine Vorhersage mit der Bemerkung, leider kenne man die Absichten der US-Regierung nicht.[55] Deshalb wisse man auch nicht, wie es in naher Zukunft weitergehe.

Der Präsidentschaftswahlkampf strahlt auch auf den Bürgerkrieg in Syrien aus. Zwar wurde Obamas Zurückhaltung, in den Konflikt einzugreifen, von den Republikanern nicht offen kritisiert. Aber Paul Wolfowitz, der stellvertretende Verteidigungsminister während des Irak-Krieges 2003, hatte sich in einem von der »Washington Post«

---

55 Die Ankündigung von US-Präsident Obama am 20. August 2012, die USA werde militärisch in den Bürgerkrieg eingreifen, sollten die syrischen Streitkräfte Giftgas gegen Aufständische einsetzen, hat die syrische Opposition verunsichert. »Wir wissen nicht, was da gekocht wird«, erklärte mir der arabische Kollege am Telefon. Er vermutet, hinter den Kulissen werde an einem Kompromiss zur Beendigung des Krieges gearbeitet.

veröffentlichten Artikel für einen Krieg gegen Syrien ausgesprochen (Wolfowitz & Palmer, 2012) und Obama damit unter einen gewissen Zugzwang gesetzt. Ein Ende des Bürgerkrieges wird jedoch nur möglich, wenn auch Russland Assad die Gunst entzieht. Ein solcher Schritt ist nur vorstellbar, wenn ein militärischer Sieg der Assad-Gegner abgewendet wird.

Eine von den im Hintergrund agierenden Kräften akzeptierte Kompromisslösung bietet sich an, weil die langfristigen Auswirkungen eines Bürgerkrieges in Syrien unkalkulierbare Risiken bergen. Der türkische Ministerpräsident Recep Tayyip Erdogan schließt ein Eingreifen türkischer Streitkräfte nicht aus, sollte sich die Entwicklung im Nachbarland gegen türkische Interessen richten. Das innenpolitische Gleichgewicht im Libanon könnte zusammenbrechen, und eine Machtübernahme radikaler Sunniten liegt auch nicht im Interesse Israels. Die Bedeutung der USA im syrischen Bürgerkrieg bleibt unklar, weil die Regierung in Washington über den Einsatz ihrer Agenten oder gar von Kommandoeinheiten schweigt.[56] (Kamrava, 2012)

Wie stark der Bürgerkrieg die künftige Entwicklung der syrischen Wirtschaft und Gesellschaft beeinträchtigen wird, lässt sich noch nicht absehen. Bereits achtzehn Monate nach dem Beginn des Aufstandes ist die Zerrüttung mit derjenigen des Iraks nach jahrelangen Sanktionen, Besetzung und zweijährigem Bürgerkrieg vergleichbar. Der Aufstand gegen das Assad-Regime führt zu bedeutenden Kräfteverschiebungen im Mittleren Osten. Syrien bleibt langfristig geschwächt, das Bündnis zwischen dem Iran und Syrien wird gebrochen, und der Ara-

---

56 Auch achtzehn Monate nach dem Beginn des Aufstandes gibt es nur Spekulationen über das Eingreifen des US-Geheimdienstes. Unterstützt er zusammen mit Saudi-Arabien Aufständische, wie dies in den Achtzigerjahren des vergangenen Jahrhunderts in Afghanistan geschah? Oder haben die US-Agenten nur Kontakte mit den Aufständischen unterhalten, um diese im Falle eines späteren Eingreifens nutzen zu können?

bische Frühling wird beendet, bevor er Staaten des Golf-Kooperationsrates auf der arabischen Halbinsel erreichen könnte.

Arabischer Frühling

Vergeblich hatte der saudische König Abdullah ibn Abd al-Aziz versucht, den Sturz des ägyptischen Präsidenten Hosni Mubarak[57] zu verhindern. Tunesiens Präsident Zine el-Abidine Ben Ali erhielt von König Abdullah sogar Asyl. Die beiden Diktatoren hatten vor den Proteststürmen vor allem junger Menschen kapituliert. Im Arabischen Frühling brach jahrelang angestauter Unmut auf. Nicht nur die Despoten und ihre Sicherheitsapparate wurden überrascht, die ganze Welt hatte diese Art von Aufruhr nicht erwartet. Es handelte sich nicht nur um eine Antwort auf die Unterdrückung in den jeweiligen Ländern und darauf, dass dort die Interessen der jungen Generation meist übergangen werden. Es waren auch Proteste gegen die Art, wie die Menschen in der Vergangenheit von der internationalen Gemeinschaft behandelt worden waren.

Die Extreme in der Oppositionsbewegung könnten kaum größer sein. Auf dem Freiheitsplatz in Kairo demonstrierten gut bezahlte IT-Spezialisten neben verarmten Landflüchtigen, die als Tagelöhner ihr

---

57 Vier Tage nach Beginn der Demonstrationen hatte der saudische Monarch den US-Präsidenten gewarnt, die Opposition in Ägypten zu unterstützen. In der Londoner »Times« hieß es unter Berufung auf einen Diplomaten, der König habe erklärt, Saudi-Arabien werde nicht zusehen, wenn Mubarak weggeschoben werde. Die US-Regierung hatte von den Machthabern in Kairo verlangt, dem Wunsch der Demonstranten nach einem demokratischen Wandel zu entsprechen. Telefonate zwischen dem Präsidenten und dem saudischen König wurden vom Weißen Haus bestätigt. Die US-Regierung fand wieder freundlichere Worte für Mubarak. (Tomlinson, 2012)

Leben fristen, sowie Industriearbeiter, schlecht bezahlte Beamte und arbeitslose Akademiker. Der Schriftsteller Navid Kermani hat in einem Interview von einer »seltsam ideologiefreien Revolution« (Frank & Schlüter, 2011) in Ägypten und Tunesien gesprochen. Damit beschreibt er die Offenheit, die den Protesten zu Beginn ihren Charakter verlieh. Die Aufstände waren Antworten auf die Lebensumstände von Völkern. Und zu diesen Umständen gehörten nicht nur die Probleme des Alltagslebens, sondern eben auch die internationale Vernachlässigung, mit der diesen Problemen begegnet wurde.

In einer Rede von US-Präsident Barak Obama in Kairo wird dies überdeutlich. (Obama, Juni 2009) Er sei nach Ägypten gekommen, um einen neuen Anfang zwischen den Vereinigten Staaten und den Muslimen in der Welt zu suchen, erklärte er zu Beginn. Selbst in dieser Rede an die Muslime findet Obama kein Wort des Bedauerns über Tausende von unschuldigen Menschen, die in Afghanistan Opfer von Angriffen ausländischer, unter US-Kommando stehender Soldaten wurden. Natürlich waren die Ägypter zunächst beeindruckt von der Rede, in der eine bessere Welt versprochen wurde. Immer wieder wurde der US-Präsident von Beifallsstürmen unterbrochen.[58] Doch aus Sicht der Menschen im Orient reden westliche Politiker nur über Freiheit und Menschenrechte und treten nicht für sie ein. Die Menschen im Orient sehen die politischen Strukturen, gegen die sie revoltieren und demonstrieren, auch als Ergebnisse des Einwirkens kolonialer Mächte und einer jahrzehntelangen Zusammenarbeit arabischer Regime mit den USA und verschiedenen Ländern Europas. Sie wissen genau, dass Tunesien, Ägypten und der Jemen

---

58 Nur wenige Monate später wird deutlich, dass Präsident Obama den vom ihm geforderten Stopp des Baus israelischer Siedlungen in den von Palästinensern verwalteten Gebieten bei der israelischen Regierung nicht durchsetzen konnte. Statt den Krieg in Afghanistan schnell zu beenden, verkündete er ein halbes Jahr später, dass weitere US-Truppen nach Afghanistan verlegt werden sollten, um die Kämpfe auszuweiten.

oder Jordanien große politische, finanzielle und militärische Unterstützung erhalten, weil sie als verlässliche Bündnispartner des Westens gelten.

Probleme gibt es, wenn von der internationalen Gemeinschaft gehätschelte Diktatoren stürzen. So musste Frankreichs Außenministerin Michelle Alliot-Marie im Februar 2011 zurücktreten, weil sie knapp drei Wochen vor dem Sturz Ben Alis mit ihrem Freund und ihren Eltern in einem Privatjet eines tunesischen Geschäftsmannes nach Tunesien geflogen war. Die Ministerin hatte Ben Ali sogar Unterstützung für den Kampf gegen die Opposition angeboten. Frankreichs Premierminister François Fillon ließ sich zur gleichen Zeit von Hosni Mubarak einen Luxusurlaub in Ägypten finanzieren. In Kairo und Tunis kennen die Demonstranten diese Art von Kumpanei zwischen europäischen Politikern und den Diktatoren in Nordafrika.

Allabendlich sehen sie in den Fernsehnachrichten ausländische Politiker, die zu Staatsbesuchen kommen. Von diesen Politikern erwarten sie keine Unterstützung in ihrem Kampf für Freiheit und Demokratie. Die Betroffenen wissen, dass die Herrscher in ihren Ländern Demokratie und Freiheit ablehnen, auch wenn ausländische Gäste ihnen etwas anderes bescheinigen. Sie wissen, dass ihre Staatsoberhäupter Wahlen manipulieren und deren Ergebnisse fälschen. Für die protestierende Bevölkerung steht fest, dass die in ihren Ländern Herrschenden die Zusammenarbeit mit dem Ausland nutzen, um sich zu bereichern.[59]

---

59 Präsidenten und Könige regieren ihre Länder wie Familienunternehmen. Während ihrer Herrschaft ist es schwer, die Veruntreuung von Geldern zu beweisen, zumal diese auf ausländischen Bankkonten oft von Mittelsmännern verwaltet werden und durch das Bankgeheimnis geschützt sind. Meist kann nur ein Teil der geraubten Gelder nach der Entmachtung der Diktatoren sichergestellt werden. In einem der Paläste des gestürzten tunesischen Präsidenten Ben Ali wurde in einem hinter einer Wandtäfelung versteckten Tresor Bargeld verschiedener Währungen in Milliardenhöhe entdeckt.

Die Menschen in den arabischen Staaten zweifeln nicht daran, dass die USA und die Staaten Europas ihr Eintreten für Menschenrechte auch taktisch nutzen, um eigene Interessen durchzusetzen. Gerade Araber aus Nordafrika kennen aus Erfahrung oder aus Erzählungen von Bekannten die zahlreichen Probleme, denen sie als legale oder illegale Einwanderer in den Staaten Westeuropas begegnen.

Möglicherweise kann Obama sich nicht vorstellen, mit welcher Enttäuschung die Entwicklung der US-Kriege im Irak und in Afghanistan beobachtet wird. Denn Intellektuelle und Studenten hatten insgeheim gehofft, dass nach der Beseitigung der Despoten in den beiden Staaten Zivilgesellschaften mit demokratischen Strukturen entstehen würden. Auch die Enttäuschung über das Scheitern westlicher Politik im Orient hat die Entschlossenheit vergrößert, selbst für den Sturz der Diktatoren im eigenen Land auf die Straße zu gehen. Während in der westlichen Welt das Ausmaß des Scheiterns in den Kriegen im Irak und in Afghanistan auf Grund der Berichterstattung der Medien verharmlost wird, haben die Menschen im Orient erkannt, dass ausländische Soldaten ihnen weder Frieden noch Freiheit oder Wohlstand bringen können.

Die Frustration junger Akademiker hat auch zugenommen, weil ihnen immer weniger Arbeitsplätze in den reichen Ölstaaten der arabischen Halbinsel angeboten werden. Dazu wird die Auswanderung nach Westeuropa immer weiter erschwert. Insbesondere aus Frankreich sind junge Araber in ihre Heimatländer zurückgekehrt, weil sie 2008 besonders schwer von der Krise betroffen waren. All diese Erfahrungen tragen dazu bei, dass die jungen Menschen bei den Protesten von Rabat bis Kairo bereit sind, das eigene Leben aufs Spiel zu setzen – auch weil sie wissen, dass sie ihre Interessen nicht durch die Teilnahme an Wahlen durchsetzen können.

Aufstände für Brot und Würde

Auf der einen Seite streitet eine junge Generation für Gleichheit und Demokratie, also für Ideale, für die auch in Europa und in den USA gekämpft wurde. Die Demonstranten protestieren ohne ideologische Scheuklappen, sie sind geprägt von einer globalisierten Internetkultur. Diese Gruppen junger Aktivisten können sehr schnell handeln, weil sie moderne Mobilisierungstechniken des Internets nutzen. (Bergmann, 2012) Auf der anderen Seite fordern auch Anhänger der Moslembrüderschaft den Sturz der Despoten. Sie werden über Untergrundstrukturen mobilisiert, die seit Jahren bestehen. Auch wenn die religiösen Organisationen die Demonstrationen nicht auslösen, so bieten ihnen die Straßenproteste doch eine seit Jahren erhoffte Chance, die Machtfrage zu stellen. Sie verfügen über Einfluss unter den Armen, weil die Moslembrüderschaft mit ihren Wohlfahrtsorganisationen seit Jahren Bedürftige unterstützt.[60]

Neben unterschiedlichen politischen Gründen bildet Armut eine zentrale Triebkraft für die Aufstände. In Ägypten müssen Haushalte nahezu die Hälfte ihres Einkommens für Lebensmittel ausgeben, in Tunesien gut ein Drittel. Bei Familien, die unterhalb der Armutsgrenze leben müssen (Ägypten 20 Prozent), ist die tägliche Ernährung nicht einmal sichergestellt.

---

60 Moslems müssen einen Teil ihrer Einnahmen als Steuern zur Unterstützung der Armen zahlen. Dieses »Zakat« wird insbesondere in Staaten mit hoher Korruption an Geistliche oder religiöse Stiftungen oder religiöse Parteien abgeführt. Die Gläubigen wollen ihr Geld nicht an Verwaltungen abführen, in denen es in die Tasche der Mächtigen umgeleitet wird. Deshalb können die Moslembrüderschaften ihre Sozialprogramme in solch einem großen Stil aufbauen und sogar den Staat herausfordern. Mit einer derartigen Unterstützung der Armen dehnen sie gleichzeitig ihren Einfluss aus. Dieser wird bei Wahlen genutzt, um möglichst viele Stimmen für islamische Kandidaten zu erzielen. In Phasen des politischen Umbruchs sichert er die Unterstützung weiter Teile der Bevölkerung.

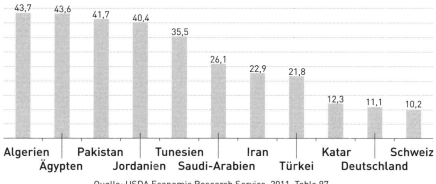

Anteil der Nahrungsmittelausgaben am Einkommen 2011

Algerien 43,7 | Ägypten 43,6 | Pakistan 41,7 | Jordanien 40,4 | Tunesien 35,5 | Saudi-Arabien 26,1 | Iran 22,9 | Türkei 21,8 | Katar 12,3 | Deutschland 11,1 | Schweiz 10,2

Quelle: USDA Economic Research Service, 2011, Table 97

Gerade die Armen werden besonders erniedrigt. Sie sind Beamtenwillkür und Korruption ausgesetzt. Denn Kleinstbeträge, die für Normalverdiener nicht ins Gewicht fallen und nur gezahlt werden, damit Beamte überleben können, sind für Arme oft unbezahlbar. Diese Sehnsucht nach einem Leben mit aufrechtem Gang bildet bei den Armen einen zusätzlichen Antrieb, an den Protesten teilzunehmen. Und bei den Kundgebungen zählte nicht, ob jemand Student oder Kleinhändler war. Jeder Gegner der Regime, die es niederzukämpfen galt, hatte eine Stimme. Den Unrat auf dem Freiheitsplatz in Kairo beseitigten Studenten aus gutem Haus genauso wie demonstrierende Müllmänner, die mit ihren Familien in den Grabstätten des großen Friedhofs Qarafa[61] von Kairo hausen, in dem 300 000 der Ärmsten Unterschlupf gefunden haben. Armut ist gepaart mit Stolz, vor allem bei den Nachfahren von Beduinen, die die Hoffnung auf ein besseres Leben in die Städte getrieben hat.

---

61 Aus Grabstätten wurden Häuser, so dass Qarafa auf Außenstehende wie ein normales Armenviertel Kairos wirkt. Auch andere Friedhöfe der Hauptstadt sind bewohnt.

Tunesien – Ägypten – Jemen

Die Selbstverbrennung eines Straßenhändlers war der Funke im Pulverfass, der die in der arabischen Welt über Jahre aufgestaute Unzufriedenheit zum Ausbruch brachte. In Tunesien und Ägypten stürzten die Diktatoren so schnell, weil sie die Armee nicht gegen die revoltierenden Massen einsetzten. Hinter dem Einsatz der Streitkräfte in Bahrain und im Jemen wurde die Entschlossenheit Saudi-Arabiens sichtbar, weitere Erfolge der Protestbewegungen in der arabischen Welt zu verhindern.

Soldaten vertrieben auf Befehl des Königs von Bahrain am 17. Februar 2011 Demonstranten vom Perlenplatz in der Hauptstadt. Doch die Empörung in dem kleinen Inselstaat war so groß, dass die Truppen wieder abgezogen werden mussten und die Opposition den Platz erneut besetzte. Am 16. März kehrten die Panzer zurück – diesmal unterstützt von saudischen Einheiten. Die Abrechnung mit den Regierungsgegnern war brutal. Ärzte, die Verletzte behandelt und Journalisten über die Zahl der Toten informiert hatten, wurden zu Gefängnisstrafen verurteilt.

Jemens Präsident Ali Abdullah Saleh gab der Opposition nicht nach und zermürbte sie durch Übergriffe bewaffneter Banden und Angriffe von Elitetruppen, auch weil Saudi-Arabien den jemenitischen Diktator unterstützte. Dieser trat erst ein Jahr nach Beginn der Proteste zurück und übergab die Macht an seinen Stellvertreter Abed Rabbo Mansur Hadi, der einen Monat später als einziger Kandidat die Präsidentschaftswahlen gewann. Saleh wurde Straffreiheit und eine Ausreise in die USA zugesichert. Am Beispiel Jemens wird deutlich, wie die USA sich der Politik Saudi-Arabiens zur Niederschlagung der Aufstände in der arabischen Welt angepasst haben. Im Jemen entsprach dies auch der US-Politik, weil die Regierung in Washington in dem arabischen Land einen Drohnenkrieg gegen Al Kaida und deren

Verbündete führt. Ein arabischer Medienunternehmer berichtete mir im Juni 2012, die Politik der USA in der arabischen Welt werde zunehmend von ihren vermeintlichen »Sicherheitsinteressen« bestimmt. So habe Präsident Obama auf Rat seines Antiterror-Beraters John Brennan den jemenitischen Präsidenten Saleh trotz der anhaltenden Proteste nicht fallen lassen, um die Drohneneinsätze nicht zu gefährden.[62]

In Syrien gibt sich der saudische König nicht mehr mit einem Kompromiss zufrieden. Dort wurden durch die Unterstützung der sunnitischen Milizen von Beginn an die Weichen für einen Sieg von Kräften gestellt, die unter dem Einfluss Saudi-Arabiens stehen. Durch die Isolierung der eher weltlich orientierten Oppositionskräfte wird verhindert, dass nach dem Sturz Assads die städtische Intelligenz an der Entwicklung des neuen Syriens beteiligt wird.

In Ägypten und Tunesien gab die Vielschichtigkeit der Demonstranten den Protesten Dynamik und Durchschlagskraft. Nach dem Sturz der Despoten zeigte sich jedoch, wie schwer es ist, diese Koalition unterschiedlicher gesellschaftlicher Gruppierungen und politischer Strömungen aufrechtzuerhalten. Den Übergangsregierungen fehlen die Mittel, in Sofortprogrammen mit der Lösung der wichtigsten Probleme zu beginnen. Nur ein kleiner Teil der von ausländischen

---

62 Brennan beschreibt in einem Auftritt vor dem Rat für Auswärtige Beziehungen in Washington (Council on Foreign Relations) am 8. August 2012 die Bemühungen der US-Regierung, die von Präsident Hadi begonnene Reform des Militärwesens und eine innersyrische Aussöhnung zu unterstützen. Diese Politik sei mit dem Rat der arabischen Golfstaaten ausgehandelt worden, um die Herrschaft Salehs zu beenden. Es gehe darum, die Armut in einem Lande zu beseitigen, in dem nahezu die Hälfte der Bevölkerung hungrig schlafen gehe und jedes fünfte Kind nicht einmal fünf Jahre alt werde. Erfreulich sei, dass die neue jemenitische Führung einen Schwerpunkt auf den Kampf gegen Al Kaida lege. Auch wenn Brennan es nicht erwähnte: Gut die Hälfte der laufenden jährlichen Finanzhilfe der USA von 337 Millionen US-Dollar wird für die jemenitischen Sicherheitskräfte aufgewandt. (Council of Foreign Relations, 2012)

Staaten zugesagten Hilfen steht letztlich zur Verfügung. Ohne schnelle Reformmaßnahmen kann die Unzufriedenheit der unterschiedlichen gesellschaftlichen Gruppen nicht abgebaut werden.

Diese Unfähigkeit verschärft die Probleme in Ägypten und Tunesien und gefährdet eine Stabilisierung der neuen politischen Verhältnisse. Damit wird der Boden für künftige Unruhen bereitet. Die Forderung nach mehr Rechten und besseren Lebensbedingungen einte die unterschiedlichen Gruppen der Gesellschaft. Wenn diese Ziele nicht erreicht werden, zerbricht die Koalition gegen die gestürzten Diktatoren. Bei den Wahlen wurde diese Aufsplitterung sichtbar. Unterschiedlichste Organisationen und Gruppen stellten Kandidaten auf. Damit waren die islamischen Parteien begünstigt. Sie waren bekannt und erhielten die meisten Stimmen. Sowohl in Tunesien als auch in Ägypten wurden gemäßigte islamische Regierungen gebildet.

Doch in den neuen Regierungen der beiden Länder sieht das saudische Königshaus keine Partner. Unterstützt werden radikalislamische Konkurrenzorganisationen mit ultrakonservativer Orientierung. In Ägypten und Tunesien streiten zwei Richtungen im islamischen Lager. Kräfte, die ihr Selbstverständnis in einer Rückorientierung auf die Zeit des Propheten Mohammads finden, machen Modernisten die Führung streitig, die erklären, für eine offene Gesellschaft einzutreten.

Ende Juni 2012 gab es in Tunesien erste Straßenschlachten und Schießereien. Radikale islamische Organisationen machten gegen die gemäßigt-islamische Regierung mobil, und diese setzte die Sicherheitskräfte ein. Acht Wochen später demonstrierten Frauen gegen die in der neuen Verfassung vorgesehene Beschneidung ihrer Rechte. Die neue Regierung in Tunis gerät zwischen die Fronten. Die Spannungen dürften weiter zunehmen, weil die sozialen Probleme des Landes ungelöst sind. An der Armut und der Massenarbeitslosigkeit hat sich kaum etwas geändert.

Auch in Ägypten sind die sozialen Probleme ungelöst. Die Auseinandersetzung zwischen der Regierung der Moslembrüder und dem Obersten Rat der Streitkräfte schwelt weiter, und die Jugend des Landes bleibt unzufrieden, weil ihr die politischen Änderungen nicht weit genug gehen. Saudi-Arabien unterstützt in Ägypten die in der Nour-Partei organisierten radikalen islamischen Kräfte, die auf lange Sicht den Moslembrüdern die Macht streitig machen können. Selbst wenn sich die Moslembrüder in Ägypten an der Macht halten, die sozialen Probleme dürften ungelöst bleiben.

Während des Arabischen Frühlings gab es wichtige Regimewechsel in Nordafrika. Aber weder diese Revolten noch die US-Kriege in Irak und Afghanistan haben die Herrscher in den konservativen arabischen Emiraten bisher schwächen können. Im Gegenteil: Scheichs, Emire und Könige haben trotz der Unruhen und des Scheiterns der USA im Irak und in Afghanistan ihre Machtpositionen ausgebaut. Bis zum Beginn des Arabischen Frühlings galten sie als verlässliche Bündnispartner der USA. Doch jetzt weiten sie ihren Einfluss im Mittleren Osten und in Nordafrika aus und füllen das durch das Scheitern der USA entstehende Vakuum aus.

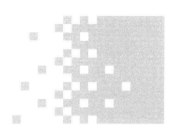

Elf Jahre US-Kriege im Orient

»Es ist doch klar, dass die ausländischen Soldaten verlieren und abziehen. Deshalb sind die jetzt an Gesprächen interessiert. Aber die Taliban wollen das nicht. Sie haben sich in den vergangenen neun Jahren geopfert, haben Angehörige und Einfluss verloren. Mit Sicherheit werden sie jetzt nicht reden und verhandeln.« Der Prediger Allah Mohammad ist sich seiner Sache sicher. Im Nebenraum einer Dorfmoschee diskutiert der knapp Fünfzigjährige mit den Dorfältesten im Jahr 2010 über die militärische Lage im Distrikt Ghanikel. Allah Mohammads Meinung zählt, denn der Geistliche leitet den Rat der Provinz Nangahar und besuchte auf Einladung der UNICEF schon deren Hauptquartier in Paris. Der Prediger ist überzeugt, dass die ausländischen Truppen sich schnell zurückziehen werden, weil sie den Krieg gegen die Aufständischen in Afghanistan nicht gewinnen können.

In ihren Stützpunkten, die zu Großfestungen ausgebaut wurden, können sich die Truppen der westlichen Staaten einigeln. Dort sind sie nahezu unangreifbar. Aber in den ländlichen Regionen fernab der Hauptstadt Kabul und in den abgelegenen Distrikten der Provinzen haben Aufständische oder Kriegsherren das Sagen. Auch die afghanische Regierung kann mit Beamten, Soldaten und Polizisten meist nur die großen Städte kontrollieren. Zwar meldeten die kommandierenden Generäle der ISAF Erfolge im Kampf gegen die Aufständischen, doch die Wirklichkeit sieht anders aus. Bei einem großen Teil der Berichte handelt es sich um eine systematische Irreführung der Politiker und der Öffentlichkeit in den Staaten, die die Truppen entsandt haben. (Davis, 2012)¹ Vor dem Abzug der Truppen entsteht ein falsches Bild. Im Irak hinterließen die US-Streitkräfte Ende 2011 keine funktionierende Zivilgesellschaft. Ähnliches zeichnet sich für Ende 2014 ab, wenn die ISAF-Kampftruppen Afghanistan räumen.

Den militärischen Problemen und Fehlschlägen entsprechen die Misserfolge bei den zivilen Programmen zur Verbesserung der sozialen und wirtschaftlichen Verhältnisse in den besetzten Ländern. Milliarden US-Dollar werden ausgegeben, ohne dass sich die Lebensverhältnisse für die Mehrheit der Bevölkerung spürbar verbessern. Tausende von Spezialisten werden entsandt, aber die großen Anstrengungen zeigen kleine Wirkung. Ein erheblicher Teil des Geldes versickert in Projekten, die in einigen Fällen nicht einmal über das Planungsstadium hinausgekommen sind. Eine Kommission ermittelte, dass bei Verträgen von im Irak und in Afghanistan vergebenen Aufträgen zwischen dreißig und sechzig Milliarden US-Dollar durch Betrug oder Misswirtschaft verlorengegangen seien. (Commission on Wartime Contracting in Iraq and Afghanistan, 2011)

In Afghanistan hat das Auftreten der ausländischen Soldaten und Spezialisten zu einem Auseinanderbrechen der Gesellschaft geführt. Die Hauptstadt Kabul zerfällt in die Viertel der Reichen und in die Elendsviertel der Vorstädte ohne Wasserversorgung und Straßen. Auch elf Jahre nach dem Einmarsch der ausländischen Truppen exis-

---

1 Oberstleutnant Daniel L. Davis wirft in dem 84-seitigen Bericht den führenden Offizieren der US-Streitkräfte vor, gegenüber der Öffentlichkeit der Vereinigten Staaten und gegenüber den Abgeordneten des Kongresses und des Repräsentantenhauses die Wahrheit verfälscht zu haben. Insbesondere nennt er den heutigen CIA-Chef David H. Petraeus, der zuvor als General in den US-Streitkräften Karriere gemacht hatte. Petraeus kommandierte zwischen 2007 und 2011 die internationalen Streitkräfte im Irak, das Zentralkommando der US-Streitkräfte, das für die Einheiten im Nahen Osten, in Ostafrika und in Zentralasien zuständig ist, sowie die ISAF-Truppen in Afghanistan.

tieren nur Inseln einer Zivilgesellschaft. Das Land am Hindukusch steht vor einer unsicheren Zukunft und dient den USA zunehmend als Stützpunkt für die geheimen Drohnenangriffe in Pakistan.

Den Staaten des Westens fällt es auch deshalb so schwer, ihre Probleme im Kampf gegen Aufständische und beim Aufbau von Zivilgesellschaften offen anzusprechen, weil dieser Kampf in der Propaganda als Teil des »Krieges gegen Terroristen« ausgegeben wird. In einem solchen Krieg darf es keine Niederlagen, ja nicht einmal Fehl- oder Rückschläge geben. Aber auch wenn die Irak- und Afghanistan-Kriege keine »Kriege gegen den Terror« sind, so führen die USA doch einen Krieg gegen Al Kaida, der als »Krieg gegen den Terror« bezeichnet werden kann. Auch wenn Obama ihn nicht so nennt.

Dabei ist es den USA und den an diesem Krieg beteiligten Staaten des Westens nicht gelungen, Al Kaida zu besiegen. Zwar haben US-Spezialeinheiten Osama Bin Laden getötet, und der harte Kern der Terrororganisation in Pakistan ist geschwächt, aber Bin Ladens Anhänger bauen ihr Netzwerk in anderen Teilen der Welt aus. Die USA sind weltweit in einen Kampf gegen Terrorkommandos und Aufständische verwickelt, ohne dass sich ein Ende in diesem »Krieg gegen Terroristen« abzeichnet.

Geheimhaltung charakterisiert das neue militärische Auftreten der Vereinigten Staaten von Nordamerika nicht nur bei nächtlichen Angriffen in Afghanistan. In Pakistan, im Jemen, in Somalia und im Iran setzen die USA auf den Einsatz neuer Waffensysteme. In diesen Staaten führen die USA Kriege, die man nur erkennt, wenn Raketen einschlagen oder wenn Computer und Maschinen durch den Einsatz von von übers Internet eingeschleuster Sabotage-Software unbrauchbar gemacht oder zerstört werden.

Mit dem Drohnen- und Cyberkrieg erreicht das militärische Auftreten eine neue Qualität. Bisher geltende Rechtssysteme werden nicht mehr beachtet. Die USA töten Menschen, die von der Regierung in Washington für Terroristen gehalten werden. Das humanitäre Völkerrecht oder die Genfer Konventionen werden bei der automatisierten Kriegsführung und der Programmierung neuer Waffensysteme immer weniger berücksichtigt.

Wurden die Kriege bisher vom Pentagon mit den Streitkräften geführt, so werden die militärischen Einsätze der neuen Art auch von anderen Ministerien oder Regierungseinrichtungen – wie der CIA oder dem State Department – geplant. Damit werden klassische geheimdienstliche Taktiken mehr und mehr Bestandteil der US-Politik. Die Grenzen zwischen Krieg, Diplomatie und zivilem Aufbau verschwimmen. US-Außenministerin Hillary Clinton nennt dieses kombinierte Auftreten den Einsatz von sanfter Gewalt in der Sicherheitspolitik (Clinton, 2012).

Sackgasse Krieg

Es dauerte fast elf Jahre, bis das US-Verteidigungsministerium in einem internen Papier eingestand, die Kampfbedingungen in den Einsatzgebieten Afghanistan und Irak nicht verstanden und sich zu sehr in Großeinsätzen verausgabt zu haben (Deputy Directorate for Joint and Coalition Warfighting, 2012). Zuvor hatten Militärs die Probleme in Afghanistan darauf zurückgeführt, dass zu wenig Soldaten eingesetzt worden seien (Dao, 2009). Es ist typisch, dass die Planer in Verteidigungsministerien sich bei ihrer Fehlersuche vor allem auf die militärischen Aspekte des Einsatzes von Streitkräften konzentrieren.

Sie suchen gar nicht erst die politischen Fehler, die zu den militärischen Problemen führen, und decken deshalb auch nicht auf, dass diese das Ergebnis einer falschen Politik sind. So oft Militärs auch das

Scheitern in den Kriegen in Afghanistan und im Irak intern als Thema behandeln, in der offiziellen Politik wird die Aufarbeitung ausgespart. Vielen Militärs und Politikern kommt dies gelegen, können sie doch weiter Kriege führen oder mit Kriegen Politik machen.

Um keine Konsequenzen ziehen zu müssen, werden die Opfer verschwiegen oder verharmlost und die gewaltigen Kosten verschleiert. Eine Studie des Watson Institute der Brown University in den USA hat ergeben, dass in den zehn Jahren Krieg im Irak, in Afghanistan und in Pakistan 225 000 Menschen getötet, 146 000 verwundet und 7,8 Millionen zu Flüchtlingen wurden. 2,2 Millionen US-Bürger seien in die Kriege gezogen. Die Kriegskosten belaufen sich der Studie zufolge auf 3668 Milliarden US-Dollar bei einer konservativen und 4444 Milliarden bei einer maßvollen Schätzung (Eisenhower Study Group, 2011).

Die Medien in den beteiligten westlichen Ländern sparen das Problem »Sackgasse Krieg« weitgehend aus. Oft wollen Journalistinnen und Journalisten es sich mit Politikern nicht verderben, die professionelles Geschick entwickeln, wenn es darum geht, die Spuren der eigenen Fehler zu verwischen. Dabei deutet der sprunghafte Austausch der Ziele, um derentwillen die Kriege in Afghanistan und im Irak geführt werden beziehungsweise wurden, darauf hin, dass die notwendige Rechenschaft nicht abgelegt werden soll, aus der einzig Lehren zu ziehen wären. Fehlende öffentliche Debatten erleichtern die Einführung neuer Militärtaktiken, weil diese nicht mehr wahrgenommen werden.

In beiden Ländern gelang es trotz des Einsatzes Hunderter von Milliarden US-Dollar nicht, lebensfähige zivile Strukturen aufzubauen. Um das Scheitern des militärischen Auftretens zu verschleiern, hinterlassen die ausländischen Soldaten gewaltige Sicherheitsapparate, die von den Regierungen in Bagdad und in Kabul genutzt werden, um die neuen Systeme zu sichern.

In Libyen zeigten sich die Konsequenzen des militärischen Scheiterns. Die NATO beschränkte ihre militärische Intervention weitgehend auf den Einsatz der Luftstreitkräfte. Den Bodenkrieg führten 300 000 Aufständische, von denen mindestens 30 000 starben. Damit endeten zivile demokratische Proteste in der militärischen Sackgasse und im Bürgerkrieg. Auch im nordafrikanischen Wüstenstaat wird es schwierig, für die Aufständischen Jobs zu finden, da nur ein Teil von den Streitkräften und Sicherheitsapparaten aufgenommen werden kann. Die Kosten für ihren Unterhalt drohen die Öleinnahmen des Staates aufzufressen.

Es ist kein Zufall, dass sich die Herrscher der Golfstaaten in Libyen und Syrien einmischen, um die innenpolitischen Auseinandersetzungen zu militarisieren. Sie halten geheim, mit wie vielen Söldnern sie sich beteiligen, und die Geheimdienste der Staaten des Westens schweigen über den Einsatz ihrer Agenten. Als Ergebnis dieses verhängnisvollen Zusammenspiels entstehen Bürgerkriege, in denen der Arabische Frühling in Blut erstickt wird.

Al Kaida-Kommandos nutzen heute die Bürgerkriege genau wie in den Vorjahren die Kriege nach dem Einsatz der Truppen westlicher Staaten, um neue Strukturen aufzubauen. In den Wirren von Krieg und Bürgerkrieg können Terroristen leichter neue Kader rekrutieren und ausbilden als in Tagen demokratischer Aufbrüche. So ist es nicht verwunderlich, dass viele Intellektuelle im Orient von einer unheiligen Allianz von westlicher Politik und Terror sprechen.

US-Präsident Obama behauptet, die USA seien wegen des Einsatzes ihrer Streitkräfte heute weltweit mehr respektiert als zur Amtszeit seines Vorgängers Bush. Dabei haben die USA im Mittleren Osten an Einfluss verloren. Saudi-Arabien und der Iran füllen das neu entstandene politische und militärische Vakuum. Im Bürgerkrieg in Syrien wird die Auseinandersetzung zwischen den beiden Staaten deutlich. Der Iran unterstützt das Regime Assad und Saudi-Arabien finanziert die Aufständischen in einem Kampf, der noch mehr Tote als der in Libyen fordern dürfte. Den USA ist es trotz des großen militärischen und finanziellen Aufwandes nicht gelungen, ihre Kriegsziele im Mittleren Osten zu erreichen.

Afghanistan

In Kabul durchlaufe ich immer wieder Wechselbäder der Gefühle: Hupkonzerte in den Straßen, Geschäfte mit vollen Auslagen, zufriedene Geschäftsleute und Optimismus verbreitende Generäle ausländischer Streitkräfte. Im Zentrum der afghanischen Hauptstadt pulsiert tagsüber das Leben. Die andere Seite der Medaille zeigt sich, wenn ich afghanische Bekannte höre, die in den Provinzen leben.

»Die Lage wird immer schlechter.« Mit den immer gleichen Worten beantwortet E. M., ein junger Jurist aus Ostafghanistan, seit Jahren meine Routinefrage nach der aktuellen Situation. An den Problemen der Menschen ändere sich wenig, deren Lebensbedingungen würden sogar schwieriger. Die öffentliche Versorgung sei schlecht. Strom fließe, so es ihn gäbe, nur für Stunden, die Inflation sei zu hoch und die Korruption ungebrochen. Selbst die Straßen nach Kabul seien, wie Ende der Achtzigerjahre zur Zeit des Kampfes der Mujaheddin gegen die Sowjettruppen, nicht mehr sicher. E. M. berichtet zunehmend von Anschlägen im Viertel seines Elternhauses und immer wieder von Entführungen. Seinen Lagebericht beendet er schon mal mit dem Hinweis, ein weiterer Distrikt seiner Heimatprovinz Nangahar werde jetzt von den Regierungsgegnern kontrolliert.

Das politische Chaos in Afghanistan nimmt zu, auch wenn Diplomaten und ausländische Journalisten, die von westlichen Soldaten und Entwicklungshelfern durchs Land geschleust werden, in schöngefärbten Berichten etwas anderes behaupten. Taliban-Gruppen kontrollieren nahezu die Hälfte der ländlichen Regionen. Die großen Verbindungsstraßen Afghanistans können aus Sicherheitsgründen meist nur tagsüber befahren werden. In mehreren Nordprovinzen bauen Kriegsherren ihre Machtstellungen aus und bereiten sich auf die Auseinandersetzungen in den kommenden Jahren vor. Der Kampf unter ihnen hat bereits begonnen. Ihre Kommandeure kassieren in ähnlicher Weise wie die Taliban Schutzgeld von Händlern und sogar internationalen Organisationen, die in ihrem Einflussbereich arbeiten.

Nur wenige blicken optimistisch in die Zukunft. Einer von ihnen ist der Kulturmanager Haroon Kargha. Für ihn bin ich ein nörgelnder ausländischer Korrespondent, der nach Haaren in der Suppe sucht. Kargha sieht die Regierung in Kabul und die internationale Gemeinschaft über kurz oder lang den Kampf gegen Fanatismus und Terrorismus gewinnen und seine Heimat als reiches Land mit großer Zukunft. Schließlich werde die Regierung bald Milliarden aus dem Verkauf der gewaltigen Bodenschätze einnehmen. Schon jetzt schössen überall Wohnungen wie Pilze aus dem Boden. Man solle die afghanische Regierung nur gewähren lassen. Er gibt sich optimistisch.

Abzug ohne Katastrophe?

Milliarden ausländischer Gelder haben in Kabul einen Boom ausgelöst. Die Mieten für baufällige alte Villen in den Vierteln, in denen Ausländer wohnen, entsprechen denen in den Vororten europäischer Großstädte. In den Jahren nach dem Sturz der Taliban konnten sich meist nur Drogenbarone neue Paläste leisten, die von pakistanischen Wanderarbeitern gebaut wurden. Inzwischen residieren in Shahr-e-Nau, Wazir Akbar Khan oder Sherpur auch Kriegsherren, Bauunternehmer, Spediteure und Manager, die Projekte für ausländische Organisationen oder Militärs abwickeln. Hinzu gekommen sind Büros und Residenzen der internationalen Geberorganisationen.

Die Ankündigung und die Vorbereitungen des Abzugs der ausländischen Soldaten haben in Kabul zu einem Absturz der Preise für Wohnungen, Häuser und Grundstücke geführt. Villen und Grundstücke kosten nur noch die Hälfte, seitdem der Abzug der ausländischen Kampftruppen beschlossene Sache ist. Reiche Afghanen, ausländische Spezialisten und internationale Hilfsorganisationen verlassen Kabul, weil sie nicht in die erwarteten Turbulenzen nach dem Rückzug der ausländischen Soldaten geraten wollen und weil die internationalen Hilfen seit 2012 drastisch gekürzt wurden und weiter zurückgehen. Alle bisherigen Versuche von Staatspräsident Hamid Karzai, die Taliban-Gruppen für eine Zusammenarbeit mit der Regierung zu gewinnen, sind gescheitert. Angst vor einem Rückfall in die Zeiten des Bürgerkrieges kommt auf.

Von 1992 bis 1996 hatten sich die Mujaheddin-Fraktionen erbittert bekämpft, statt nach ihrem Sieg über die Sowjettruppen, die Afghanistan von 1979 bis 1989 besetzt hatten, eine einheitliche Front zu bilden. In diesem sogenannten Bruderkrieg wurde die Hauptstadt Kabul weitgehend zerstört. Der Sowjetunion war es trotz des Einsatzes von 120 000 Soldaten nicht gelungen, das Land zu kontrollieren. Die nach dem Truppenabzug gebildete prosowjetische Nadjibullah-Regierung konnte sich nur drei Jahre an der Macht halten.

Zwar konnten die verschiedenen Mujaheddin-Fraktionen die Regierung stürzen, im Kampf um die neue Macht aber verschanzten sie sich in unterschiedlichen Wohnvierteln Kabuls und kämpften vier Jahre ohne Rücksicht auf die Zivilbevölkerung mit schweren Waffen gegeneinander, bis die Taliban Kabul besetzten und die Macht in Afghanistan übernahmen.

Die Milizen des Bürgerkrieges existieren bis heute und rüsten bereits wieder auf. Sie kontrollieren Teile der Sicherheitskräfte und Provinzen im Hinterland. Ihre Anführer – die Kriegsherren oder Warlords – residieren in Kabul. Einige haben sich als Minister bereichert und die staatlichen Stellungen auch genutzt, um Parteigänger in Schlüsselpositionen zu platzieren. Der skrupellose Usbeke Rashid Dostum wurde nach dem Sturz der Taliban nicht etwa vor Gericht gestellt, sondern arbeitete von Beginn an in der von Präsident Hamid Karzai geführten Regierung. Auch Mohammed Fahim nutzte seine Stellung in der Regierung, um seine Position als Kriegsfürst der Tadschiken zurückzugewinnen und zu festigen. Ismael Khan, der »Emir« von Herat, harrt seit Jahren als Energieminister aus. Er verwaltet einen Etat mit mehreren Milliarden Dollar internationaler Geldgeber.

Karzai arbeitet seit dem Sturz der Taliban mit Kriegsverbrechern, ehemaligen Warlords und selbst Kriminellen zusammen, um seine eigene Machtposition ungestörter auf- und ausbauen zu können. Auch Wahlbetrug und das Fälschen von Wahlergebnissen gehören zu den Mitteln, mit denen Karzai seine eigene Herrschaft sichert und Mitgliedern seines Clans oder seines Stammes Reichtum und Einfluss verschafft.

Viele der afghanischen Spitzenpolitiker sind nicht an der Schaffung einer modernen Zivilgesellschaft interessiert. Ihnen geht es um Bereicherung – sei es die eigene, die ihrer Familie oder die der von ihnen kontrollierten Organisationen. Der Wiederaufbau von Machtinstrumenten steht für diese Politiker im Vordergrund. Sie agieren im Schatten der ausländischen Truppen und nutzen deren Stationierung als Gelegenheit, sich auf eine neue Runde im innerafghanischen Machtkampf vorzubereiten.

Wegen ihrer traditionellen Feindschaft gegenüber den Taliban werden ehemalige Warlords von Staaten unterstützt, die Soldaten nach Afghanistan geschickt haben. Mit der Gewährung von direkten oder indirekten Vorteilen sollen sie als Bündnispartner für den Kampf gegen die Taliban gewonnen oder abgefunden werden.[2] Zumindest wird so verhindert, dass ehemalige Warlords oder alte Milizkommandeure gegen in ihrem Einflussgebiet stationierte ausländische Soldaten mobilmachen oder gar Krieg führen.

Die Staaten, die es nicht geschafft haben, Afghanistan mit ihren Soldaten zu befrieden, wandeln sich zu einer verschworenen Gebergemeinschaft. Die Angst schweißt sie zusammen, nach dem Abzug der ausländischen Kampftruppen könnten die Konflikte zwischen den ehemaligen Warlords, den Stammesführern und den Kommandeuren neuer Milizen militärisch eskalieren, und Afghanistan könnte einen Rückfall in den Bürgerkrieg erleben. Mit Zahlungsversprechen soll eine Art Notlösung erkauft werden. Politiker im Westen breiten über die eigenen Fehler der vergangenen Jahre einen Mantel des Schweigens und übersehen geflissentlich die Misswirtschaft und das Versagen der Regierung in Kabul.

Doch die Staaten des Westens setzen nicht nur auf Scheckbuchpolitik. Mit einer gewaltigen Aufblähung des afghanischen Sicherheitsapparates soll ein schneller Zusammenbruch des in den elf Jahren aufgebauten Systems verhindert werden. Die Schweiz hatte ihre Soldaten bereits Ende Februar 2008 aus Afghanistan abgezogen und den Schritt

---

2   Auch die deutsche Bundeswehr und deutsche Institutionen oder Firmen im Bereich der wirtschaftlichen Zusammenarbeit kooperieren und fördern die Clans der alten Kriegsherren oder neuer Milizführer, um sich Ruhe z.B. im Umfeld der Stützpunkte in Mazar-e-Sharif und Kunduz oder zuvor in Faizabad zu schaffen oder zu sichern. Bei der Auswahl von Wachpersonal werden nach Aussagen von im Gebiet ansässigen Afghanen Milizführer bevorzugt. Unklar ist, inwieweit Warlords oder deren Firmen an den Nachschubtransporten der Bundeswehr beteiligt wurden oder sind. Im Rahmen von Hilfsprogrammen werden Kriegsherren bevorzugt behandelt, indem von ihnen Liegenschaften gemietet oder Aufträge an von ihnen kontrollierte Firmen vergeben werden.

damit begründet, dass sich der Charakter des Militäreinsatzes geändert habe (Schweizerische Eidgenossenschaft, 2007).[3] Mit etwa fünf Milliarden US-Dollar pro Jahr und Tausenden von ausländischen Trainern wollen die NATO-Staaten ab 2014 den Einsatz von 370 000 afghanischen Soldaten und Polizisten finanzieren und unterstützen. Doch es ist nicht einmal sicher, ob der Sicherheitsapparat nicht auseinander bricht, denn die tiefen Gräben zwischen den Stämmen und Volksgruppen in Afghanistan existieren auch in den Reihen der Armee, der Polizei und der Geheimdienste.

Drohender Bürgerkrieg

In den Südprovinzen Afghanistans herrschen bereits seit Jahren bürgerkriegsähnliche Zustände. In einigen Distrikten der Provinzen Helmand und Kandahar unterstützt die Bevölkerung die aufständischen Taliban bei Angriffen auf die Sicherheitskräfte der Regierung auch, weil die Kämpfer genau wie die Zivilisten der Volksgruppe der Paschtunen angehören.

---

3 In der Erklärung des Eidgenössischen Departments für Verteidigung, Bevölkerungsschutz und Sport vom 21. November 2007 heißt es: »Grund für diesen Entscheid sind die Veränderungen der Lage und der Natur des Einsatzes der International Security and Assistance Force in Afghanistan (ISAF) seit der Beschlussfassung vor vier Jahren. Die friedenserhaltende Unterstützungsoperation hat sich im südlichen Teil Afghanistans schrittweise in eine Operation zur Bekämpfung der Aufständischen verwandelt. Auch dort, wo die Aufständischen erst vereinzelt aktiv sind, kann der Auftrag wegen der nötig gewordenen Selbstschutzmaßnahmen der Truppe kaum mehr wirksam erfüllt werden. In den Gebieten, in welchen die Taliban wieder erstarken, ist die Wiederaufbauarbeit weitgehend unmöglich geworden. Generell liegt das Schwergewicht der ISAF zunehmend beim Aufbau der afghanischen Armee.« (VBS, 2007) Seit 2004 hatte die Schweiz zwei bis vier Stabsoffiziere im Rahmen der ISAF in Afghanistan stationiert. Im Winter 2003/2004 waren zwei nach Kunduz entsandt, die ich dort in dem vor allem von deutschen Soldaten gebildeten Provincial Reconstruction Team (PRT) getroffen habe.

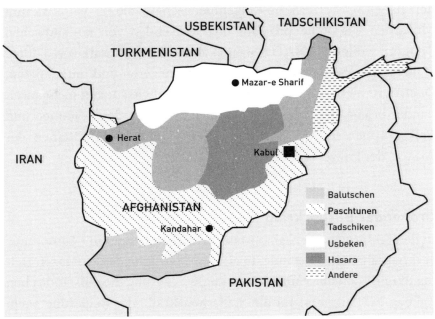

Volksgruppen in Afghanistan

Nach dem Sturz der Taliban durch die US-Streitkräfte haben die Paschtunen ihre Jahrhunderte währende Vormachtstellung in Afghanistan eingebüßt. Seit nahezu 200 Jahren führen sie Kriege gegen fremde Truppen. Meist waren es britische Einheiten, die in Paschtunen-Gebiete einmarschiert sind und wieder vertrieben wurden.[4] Die Paschtunen leben nach einem eigenen Ehren- und Rechtskodex, dem

---

4 Als britische Truppen in der Paschtunenprovinz Helmand stationiert wurden, hielten viele der Bewohner dies für einen Versuch der Briten, Rache für vergangene Niederlagen zu üben. Ein junger Freiwilliger, der sich den Taliban anschloss, um gegen die britischen Soldaten zu kämpfen, erzählte, er habe beim Besuch des Grabes seines Großvaters dessen Stimme gehört. Er handelte nach dem Motto: »Was unsere Großväter geschafft haben, können wir auch.« Auch Prinz Ali Seraj sieht in den Briten Rächer. Der direkte Nachfahre einer afghanischen Königsfamilie leitet die »Nationale Vereinigung für den Dialog mit den Stämmen von Afghanistan«. Er berichtete mir, Stammesälteste hätten sich an ihn mit der Bitte gewandt, gegen die Briten kämpfen zu dürfen.

Paschtunwali. Dass ihre Siedlungsgebiete von den Briten 1893 durch die Duran-Linie, die derzeitige Grenze zwischen Afghanistan und Pakistan, geteilt wurden, akzeptieren viele Paschtunen bis heute nicht. In dem jeweiligen Grenzgebiet haben die Regierungen in Kabul und Islamabad keine Autorität.

So sind die paschtunischen Stammesgebiete im afghanisch-pakistanischen Grenzgebiet bis heute unterentwickelt. Insbesondere auf der afghanischen Seite machen die Bewohner in den Dörfern die Regierung für ihre Alltagsprobleme verantwortlich. Bei Aufnahmen für einen Dokumentarfilm habe ich erlebt, wie eng Gastfreundschaft und die Ablehnung von Fremden zusammenliegen. Als ausländischer Journalist konnte ich zusammen mit dem Team das Dorf Gurokoh nahe der pakistanischen Grenze besuchen. Haji Lewani, ein ehemaliger Mujaheddin-Kommandeur, gab uns Geleit auf dem Weg in die Berge. Nach Gurokoh durften wir jedoch erst fahren, nachdem der Rat des Dorfes zugestimmt hatte.

Solch ein Rat entscheidet noch heute die wichtigen Fragen eines Dorfes. Nicht der Älteste oder der Reichste oder ein Spross der angesehensten Familie wird von den Männern zum Vorsitzenden und Sprecher bestimmt, sondern derjenige, von dem sie erwarten, dass er ihre Interessen am besten durchsetzen kann. Wie in fast jedem afghanischen Dorf wird eine Gruppe Fremder mit Klagen über die Benachteiligung der Bewohner überhäuft. Auch für Gurokoh hatten Behörden und Hilfsorganisationen wiederholt den Bau einer Straße und einer Schule versprochen. In dem Dorf gab es noch nicht einmal eine Wasserleitung.

Zu unserem Empfang haben die Männer in der Mitte des Dorfes in einem Halbkreis hölzerne Liegen mit Kissen aufgestellt, auf denen wir sitzen, um die Klagen zu hören. Die Mitglieder des Dorfrates fühlen sich getäuscht. Ihr Sprecher Shah Wali Khan zieht Bilanz: »Weder internationale noch nationale Organisationen haben uns geholfen.

Wir haben die Pläne für den Bau von Schulen, Kliniken und Brücken, aber bis jetzt ist nichts passiert. Und wenn wir hier Kranke haben, wird uns nicht einmal für einen Afghani oder einen US-Dollar geholfen.« Diese Männer sehen sich als Opfer in einem Krieg, der immer erbitterter geführt wird. Aber sie machen nicht die Taliban verantwortlich, sondern richten ihre Vorwürfe gegen die US-Streitkräfte.

Dass Taliban-Kommandos von Pakistan aus über die nahe Grenze nach Afghanistan einsickern, scheint die Männer nicht zu stören. Kritik wird nicht laut. Die Aufständischen haben wenige Kilometer entfernt in den Bergen Pakistans Rückzugsräume und Ausbildungslager.

Selbstbewusstsein, Stolz und der Wille zur Eigenständigkeit werden auch durch die wirtschaftliche Unabhängigkeit der Dörfer gestärkt. Zehntausende von Familien leben von den Überweisungen von Ehemännern oder Verwandten, die in Pakistan, im Iran oder in den arabischen Golfstaaten arbeiten. Dadurch sind viele Menschen in diesen ländlichen Regionen nicht auf Almosen angewiesen. Gleichzeitig haben sie aber klare Vorstellungen von der Unterentwicklung der Dörfer, wenn die Anverwandten über die Lebensverhältnisse und die Möglichkeiten in den Ländern berichten, in denen sie arbeiten. Bei den Hochburgen des Kampfes gegen ausländische Truppen und gegen Sicherheitskräfte der Regierung in Kabul handelt es sich in der Regel um Siedlungsräume der Paschtunen.

Nach dem Abzug der ausländischen Kampftruppen 2014 stehen die afghanischen Streitkräfte vor einer inneren Zerreißprobe, wenn sie den Krieg gegen die Aufständischen fortsetzen. Paschtunen werden alles daran setzen, nicht in Kampfeinsätze entsandt zu werden, und Soldaten, die anderen Volksgruppen angehören, dürften ebenfalls nicht bereit sein, in ihnen fremden Regionen Afghanistans Krieg zu führen. Damit drohen ein stetiger Machtverlust der Regierung in

Kabul und eine innere Aufspaltung an den Grenzlinien der Siedlungsräume der verschiedenen Volksgruppen.

Es könnte sich rächen, dass die vergangenen zehn Jahre nicht genutzt wurden, um Regierungsinstitutionen aufzubauen, denen in allen Teilen Afghanistans vertraut wird. Zwar wollen sich US-Berater bis zum Abzug der ausländischen Kampftruppen verstärkt bemühen, den Anteil der Paschtunen im Offizierskorps von Armee und Polizei zu vergrößern, aber möglicherweise reichen diese Bemühungen nicht, um die Fehler während des zehnjährigen Neuaufbaus der afghanischen Sicherheitskräfte zu korrigieren.

Es ist sehr unwahrscheinlich, dass die Afghanen bereit sind, den jahrelangen, sehr oft rücksichtslos geführten Kleinkrieg gegen Aufständische fortzusetzen. Natürlich stimmt es, dass sich die Kommandos von Taliban oder ähnlichen Organisationen in der Bevölkerung verstecken. Doch stammen die Kämpfer oft aus dem Gebiet. Sie operieren in ihrer Heimat, während die Regierungssoldaten meist aus anderen Teilen Afghanistans stammen und die ausländischen Elitetruppen über Tausende von Kilometern in die Kampfzonen geflogen werden.

Kein Wunder, dass die Menschen in den Dörfern den Abzug der Ausländer wünschen und es mit den Aufständischen nicht verderben wollen. Und auch Soldaten und Polizisten dürften künftig seltener Aufständische angreifen und töten, wenn sie nicht mehr gemeinsam mit ausländischen Soldaten auftreten – erst recht, wenn sie nur noch einen Teil ihres Solds und der üblichen Vergünstigungen erhalten. Schon heute bereichern sich Offiziere, indem sie einen Teil der Gehälter von Soldaten einbehalten. US-Militärberater bezweifeln, dass die Kultur von Betrug und Korruption in den Reihen der afghanischen Sicherheitskräfte beseitigt werden kann.

Die Bewohner der kleinen Paschtunen-Dörfer in den Provinzen fern ab von Kabul können sich gar nicht vorstellen, dass in den Heimatländern der fremden Soldaten die militärische Lage in Afghanistan seit Jahren positiv dargestellt wird. Afghanen haben den Aufmarsch und den Abzug ausländischer Soldaten erlebt, ohne dass sich ihr Leben entscheidend verändert hat. Deshalb glauben viele Menschen, dass sie erst in Ruhe und Frieden leben können, wenn die Ausländer abgezogen sind. Sie hoffen darauf, dass ihr Heimatland wie vor 1980, also vor den dreißig Jahren mit Krieg, Bürgerkrieg und Zerrüttung, wieder in Einflusszonen aufgeteilt wird und dass die verschiedenen Volksgruppen Afghanistans friedlich nebeneinanderleben, ohne dass es zum Bürgerkrieg kommt.

Spielball der Nachbarstaaten

Die Spannungen zwischen den nationalen Minderheiten bergen so viel Sprengkraft, weil die politischen Führer in Kabul um Machtanteile kämpfen. Denn nur wer Schlüsselstellungen in Wirtschaft und Gesellschaft besetzt hat, kann sich und seine Mitstreiter finanziell versorgen. So dienen die großen Zahlungen der internationalen Gemeinschaft nach dem Abzug der Kampftruppen der ISAF-Staaten auch dazu, die neue politische Schicht Afghanistans zu finanzieren, um einen Rückfall in den Bürgerkrieg zu verhindern.

Aber das politische Gleichgewicht zwischen den verschiedenen Machtgruppen kann nur Bestand haben, wenn die Nachbarstaaten Afghanistans das entstehende Machtvakuum nicht nutzen, um ihren Einfluss in Afghanistan zu vergrößern oder gar einen Krieg anzuzetteln. Genau dies hat Pakistan in der Vergangenheit getan. Die Machtergreifung der Taliban in Afghanistan wäre ohne deren vorheriges Training in Pakistan und ohne die Unterstützung durch reguläre pakistanische Truppen und den Geheimdienst gar nicht möglich gewesen. Auch die Rückkehr ihrer bewaffneten Einheiten zwei Jahre nach dem Sturz der Taliban-Regierung in Kabul wäre ohne deren Reorganisierung und Training in Pakistan nicht so erfolgreich gewesen.[5]

In Afghanistan hatten die Taliban den größten Teil ihrer Anhänger verloren, in Pakistan lebte ihre Idee weiter. Im Sommer 2004 habe ich die Religionsschule Jamia Hakkania in Akora Khattak bei Peshawar besucht. Allein in dieser Madrassa werden 3000 junge Männer religiös ausgebildet. Jedes Jahr kommen 600 neue Schüler dazu. Diese Schule ist so erfolgreich, weil Jugendliche hier ganztags ausgebildet werden. Ähnlich wie in einer Kadettenanstalt funktioniert der Betrieb nur, wenn die Schüler extrem diszipliniert leben.

In den kleinen Schlafräumen übernachten jeweils bis zu dreißig Jugendliche. Von Sonnenaufgang bis zu ihrem Untergang halten die Schüler den Rhythmus von Gebeten, Unterrichtsstunden und gemeinsamem Essen genau ein. Für die wenigen Stunden Freizeit leihen sie sich Bücher und Kassetten in einer Bibliothek, die ausschließlich streng religiöse Werke enthält. Der Erfolg der religiösen Schulen beruht auch darauf, dass Jugendliche in der Regel kein Geld für den Aufenthalt und den Unterricht bezahlen müssen, da die Schulen den größten Teil der Kosten aus Spenden decken.

---

5   Seit 1979 hat Pakistan die Islamisierung im eigenen Lande gefördert. In Zusammenarbeit mit Saudi-Arabien hat der ehemalige Militärdiktator Zia Ul-Haq nicht nur eine Atombombe bauen lassen, sondern auch die Islamisierung des Landes gefördert. Die mit der Vermietung kompletter Militäreinheiten an Saudi-Arabien erzielten Einnahmen wurden für die Finanzierung der steigenden Militärausgaben genutzt. Hinzu kamen Gelder saudischer religiöser Stiftungen, mit denen sunnitische Koranschulen finanziert wurden. Auch das Training der Kampfverbände der afghanischen Mujaheddin in den Achtzigerjahren durch die CIA erfolgte in Pakistan. Ul-Haq glaubte, durch die Stärkung sunnitischer Kräfte ein Gegengewicht zur Islamischen Revolution im Iran schaffen zu können. Dort hatte die schiitische Geistlichkeit nach dem Sturz des Schahs 1979 die Macht übernommen.

Die Jamia Hakkania gilt bis heute als Ausbildungszentrum für künftige Taliban-Mitglieder. Vor der Gründung der afghanischen Taliban-Organisation 1992 soll bereits deren Führer Mullah Omar diese Schule besucht haben. Der Unterricht hinterlässt so nachhaltige Wirkungen, weil – wie in der frühen Zeit des Islam – ein umfassendes Weltbild vermittelt wird. Schulungsähnlich werden Grundzüge von Philosophie, Astronomie und sogar Medizin vermittelt und damit eine angeblich reine Lehre des Islam verkündet, dessen Essenz darin besteht, Kampf gegen Korruption und Verdorbenheit zu führen.

Beides wird in den Augen der Taliban durch die USA verbreitet. Wer die Ausbildung an der Schule durchlaufen hat, benötigt keine ideologische Schulung mehr, um für einen Kampfeinsatz in Afghanistan vorbereitet zu werden. Das militärische Training in den Lagern der unwegsamen Bergregionen nahe der afghanischen Grenze bleibt weitgehend auf die Ausbildung an den Waffen, das Training von militärischen Überfällen oder das Legen von Sprengfallen beschränkt. Überläufer haben berichtet, dass sich unter den Ausbildern auch Offiziere der pakistanischen Streitkräfte oder des pakistanischen Geheimdienstes befinden. Die Ausbildung zu einem Selbstmordattentäter findet in besonderen Lagern statt.[6]

Sami Ul Haq, der Direktor der Jamia Hakkania, ist Mitbegründer einer Front von sechs islamischen Parteien in Pakistan und war bei meinem Besuch 2004 auch Abgeordneter im pakistanischen Parla-

---

6 So stark die Verbindung zwischen dem pakistanischen Sicherheitsapparat und den afghanischen Taliban auch ist, die Zusammenarbeit mit Al Kaida dürfte begrenzt sein. Bis heute ist bei keinem Terroranschlag in der arabischen oder westlichen Welt ein Attentäter als Afghane identifiziert worden. Das Angebot an Osama Bin Laden, aus dem Sudan nach Afghanistan zurückzukehren, wurde dem Al Kaida-Führer von verschiedenen Mujaheddin-Fraktionen überbracht. Bin Ladens Bündnis und feste Zusammenarbeit mit den Taliban entstand erst, nachdem sich deren Sieg beim innerafghanischen Machtkampf abzeichnete.

ment. Für ihn kann es nur Frieden geben, wenn sich die USA aus den Staaten der islamischen Welt zurückziehen. In dem Interview sah er bereits drei Jahre nach dem Sturz der Taliban deren Wiederaufstieg voraus. Ul Haq sieht die Gruppe als Teil eines Volkes, das nach Unabhängigkeit und Freiheit strebt und das sich ausländischer Dominanz widersetzt: »Selbst heute kann das afghanische Volk durch Widerstand die Amerikaner aus Afghanistan vertreiben. Die Afghanen haben immer Besatzer aus ihrer Heimat vertrieben. Zwei Millionen Afghanen starben, bis das Land von der russischen Besatzung befreit wurde. Solange die teuflischen Hände Amerikas in Afghanistan oder einem anderen islamischen Land am Werke sind, werden die Probleme dieser Länder nicht gelöst werden.«

So wie sich die Taliban nach ihrer Vertreibung aus Afghanistan ab 2002 in Pakistan systematisch auf eine Rückkehr vorbereitet haben, stellen sie sich auch jetzt schon auf den Abzug der ausländischen Kampftruppen im Jahr 2014 ein. Dies könnte auch einer der Gründe sein, weshalb sie die Verhandlungen mit den USA und der Regierung in Kabul im Frühjahr 2012 abgebrochen haben. Sie wollen die Entwicklung abwarten und denken, dass die Zeit für sie arbeitet.

Neben den unterschiedlichsten religiösen Motiven hat Pakistan auch auf Grund seines Dauerkonfliktes mit Indien ein Interesse daran, entscheidenden Einfluss auf die politischen Entwicklungen in Afghanistan auszuüben. Die Streitkräfte des Landes sehen den Nachbarstaat als strategisches Hinterland. Der Sturz der Taliban brachte einen Rückschlag. Mit der Unterstützung der Taliban und anderer Aufständischer soll der Einfluss der propakistanischen Kräfte in Afghanistan wieder vergrößert werden.

Indien versucht vor allem durch politische und wirtschaftliche Zusammenarbeit die Regierung in Kabul zu stärken. Nach den USA,

Großbritannien, Japan und Kanada ist Indien zum fünftgrößten Geberland für Projekte in Afghanistan geworden und liegt damit vor der Bundesrepublik Deutschland. Für den Bau von Straßen, Bewässerungskanälen, öffentlichen Toiletten bis hin zum 83 Millionen US-Dollar teuren neuen Parlament kommt Geld von Pakistans Erzfeind. Vor allem durch die Ausbildung von Tausenden von Regierungsmitarbeitern und im öffentlichen Sektor Tätigen soll ein Gegengewicht zum pakistanischen Einfluss geschaffen werden.

Bei den Präsidentschaftswahlen 2009 hat Indien den aussichtsreichsten Gegner von Amtsinhaber Karzai, den ehemaligen Außenminister Abdullah Abdullah, finanziell unterstützt. Der entschiedene Taliban-Gegner Abdullah zog seine Kandidatur eine Woche vor der Stichwahl auch zurück, weil seine Geldgeber Russland und Indien nicht mehr bereit waren, sich an den Kosten für einen zweiten Wahlgang zu beteiligen. Indien mischt sich nicht nur in die afghanische Politik ein, sondern finanziert auch Ausbildungslager belutschischer Unabhängigkeitskämpfer aus dem Nachbarland Pakistan, die sich im Süden Afghanistans auf ihre Anschläge vorbereiten. Die Attentate, Entführungen oder Sabotageaktionen werden in der pakistanischen Südwest-Provinz Belutschistan geplant, für deren Selbstständigkeit die Aufständischen kämpfen.[7]

---

7 Die Belutschen haben keinen eigenen Staat und leben in Afghanistan, Pakistan und im Iran. Im Orient gibt es eine lange Tradition, dass Staaten Aufständische in anderen Ländern unterstützen, um sie für die Durchsetzung eigener Ziele zu missbrauchen. So wie Indien separatistische Belutschen in ihrem Kampf gegen Pakistan finanziert, unterstützen die USA aufständische Belutschen, die in der iranischen Provinz Belutschistan für einen Sturz der Regierung in Teheran kämpfen. Die radikal-sunnitische Organisation Jundallah (Soldaten Gottes), die sich 2003 in Volkswiderstandsbewegung Irans umbenannte, operiert von Pakistan aus und soll vom US-Geheimdienst CIA unterstützt worden sein, obwohl die Gruppe Al Kaida nahestand. Abdolmalek Rigi, der Führer der Organisation, wurde am 20. Juni 2010 in Teheran hingerichtet. Angeblich hatten iranische Sicherheitskräfte ihn vier Monate zuvor an Bord eines

Auch der Iran versucht, innenpolitischen Einfluss in Afghanistan zu gewinnen. Die unterschiedlichsten Gruppen und politischen Parteien werden unterstützt. Vor allem in von Schiiten bewohnten Regionen fördert der Iran die Infrastruktur, wie den Ausbau von Straßen, Stromleitungen, Krankenhäusern, Schulen und Moscheen. Gleichzeitig unterstützt die iranische Führung Provinzpolitiker mit Geldzahlungen. Selbst Präsident Karzai musste auf einer Pressekonferenz in Kabul eingestehen, dass der iranische Botschafter zu Gesprächen im Präsidentenbüro regelmäßig mit einer Tasche voller Geld erschienen sei. Nach den Worten Karzais handelt es sich bei solchen Zahlungen um eine übliche Praxis. Als die Aussagen des Präsidenten am Abend in den Fernsehnachrichten ausgestrahlt wurden, lösten sie unter den Zuschauern einen Proteststurm aus, weil sie in der Geldannahme ein besonders krasses Beispiel von Korruption sahen, durch die sich ein Nachbarstaat Einfluss auf die afghanische Politik verschaffen wollte.

Aber neben diesen Versuchen, die Politik in Afghanistan zu beeinflussen, sieht die iranische Führung das Nachbarland auch als Schauplatz eines möglichen Krieges gegen die USA. Dabei geht es nicht nur um direkte Angriffe auf US-Stützpunkte im Westen Afghanistans. Iranische Sicherheitsdienste können zum Beispiel durch Ausrüstungslieferungen an die Taliban[8] deren militärische Stärke beein-

---

    kirgisischen Flugzeuges festgenommen, das von iranischen Kampfjets auf dem Flug von Dubai nach Bischkek zur Landung im Iran gezwungen wurde. Anderen Berichten zufolge haben pakistanische Behörden Rigi festgenommen und ihn dem Iran ausgeliefert.

8   Bereits 2009 erklärte mir ein Analyst des ISAF-Hauptquartiers in Kabul, der Iran habe auf afghanischem Territorium geheime Lager mit Waffen und sogar Kampfkleidung angelegt, die den Taliban nur noch bekannt gegeben zu werden brauchten. Der besondere Vorteil solcher Depots bestehe darin, dass der Iran durch den Zeitpunkt der Bekanntgabe den Moment des Einsatzes teilweise steuern könne und dass Aufständische Anschläge in Regionen ausführen könnten, in denen sie zuvor nicht

flussen und dafür sorgen, dass der Widerstand unter US-Politikern und US-Militärs gegen einen weiteren Landkrieg im Mittleren Osten zunimmt.

Selbst aus China erhalten die Taliban logistische Unterstützung. Vor dem Hintergrund zunehmender Spannungen mit den USA und des Rüstungswettlaufs im pazifischen Raum versucht China durch Lieferung von Minen an die Aufständischen die USA stärker in Afghanistan zu binden und zu schwächen. Erst durch einen Hinweis meines Kameramannes habe ich von dieser chinesischen Taktik erfahren. Als wir in der Jalalabad-Straße in Kabul einem neuen US-Kampffahrzeug vom Typ Oshkosh M-ATV – MRAP begegneten und ich meinte, diese Burg aus Stahl könnten die Taliban mit ihren vergrabenen Sprengfallen nicht mehr in die Luft sprengen, lachte er nur und erzählte, er habe schon mehrfach die Reste dieser Fahrzeuge nach Anschlägen gefilmt. Seit einigen Monaten würden die Taliban chinesische Minen mit angereichertem Uran nutzen, die auch stärkste Armierungen zerstören könnten.

China pflegt seit Jahren direkten Kontakt mit den Taliban, weil deren Ziel, den Rückzug von ausländischen Soldaten aus Afghanistan durchzusetzen, in chinesischem Interesse liegt. Den USA wird unterstellt, über das Jahr 2014 hinaus große Stützpunkte im Lande unterhalten zu wollen, die auch für Angriffe auf Ziele in China genutzt werden können. Die US-Basis am Flughafen Kandahar, die für die Stationierung von 50 000 Personen ausgebaut werden sollte, und auch der neu gebaute Stützpunkt nahe der ostafghanischen Provinzhauptstadt Jalalabad lassen sich allein mit militärischen Anfor-

---

operiert hätten. Zum Beispiel könne die Anreise mit den üblichen Verkehrsmitteln erfolgen, ohne dass sich die geschulten Kämpfer verdächtig machen oder Aufmerksamkeit erregen, da sie ohne Waffen unterwegs seien.

derungen für den derzeitigen Krieg in Afghanistan nicht erklären. Ob die USA im Lande langfristig strategische Basen unterhalten werden, wird nicht nur von dem weiteren Verlauf der Verhandlungen mit der Regierung in Kabul, sondern auch von der militärischen und politischen Entwicklung der kommenden Jahre in Afghanistan abhängen.

Narkostaat

Opium wirkt als schleichendes Gift – nicht nur, wenn es, verarbeitet zu Heroin, gespritzt oder geraucht wird. Die Produktion des braunen Saftes, der durch das Anritzen der Kapseln des Schlafmohns gewonnen wird, untergräbt auch den afghanischen Staat und trägt einen entscheidenden Teil dazu bei, dass bis heute kein moderner Staat in Afghanistan aufgebaut werden konnte. Die Drogenwirtschaft lähmt die Entwicklung. Bis auf Weiteres wird Opium mit Abstand das wichtigste Produkt des Landes bleiben. Etwa neunzig Prozent des weltweit produzierten Opiums werden in Afghanistan durch Mohnanbau gewonnen. Ganze Landstriche sind zur Zeit der Blüte der Blumen rot oder weiß.

2010 gab es unter den Afghanistanbeobachtern das große Aufatmen. Die Opiumproduktion brach um vierzig Prozent ein. Doch nicht Erfolge bei den Maßnahmen gegen den Mohnanbau führten zum Rückgang, sondern eine Krankheit, der Mohnbrand, machte den Bauern zu schaffen. Sie ernteten nur 3600 Tonnen. Nur für Außenstehende war dies ein Grund zum Feiern, denn der Markt mit seinem hohen Weltbedarf trieb den Preis nach oben. Dumm wäre der Familienvater mit zwei Kindern, der im kommenden Frühjahr keine Mohnblumen pflanzen würde.

Und so kam es auch. Als ich im April 2011 die afghanische Provinz Helmand besuchte, waren bereits aus dem Flugzeug die blühenden Schlafmohn-Felder zu erkennen. Alles andere wäre eine Überraschung gewesen. Wird doch in der Provinz an den fruchtbaren Ufern des Hilmend-Flusses so viel Opium produziert wie in allen 33 anderen Provinzen Afghanistans und der übrigen Welt zusammen. Und auch die größten Aktionen der US-Streitkräfte seit dem Vietnam-Krieg werden daran bis auf Weiteres nichts Entscheidendes ändern.

Die Provinzhauptstadt Lashkar Gah ist ein verlassenes Nest mit zwei asphaltierten Hauptstraßen und einem Geflecht meist staubiger Wege in den Vororten. Selbst in dem kleinen Bazar wimmelt es von Polizisten. 2007 starteten ISAF-Truppen, vor allem US-Marines, eine Welle von Offensiven gegen die Milizen der Taliban. Sie sollten das Scheitern der britischen Truppen verhindern, die im Jahr zuvor mit 4000 Soldaten den Feldzug gegen die Taliban ohne große Erfolge begonnen hatten.

Die Eliteeinheiten der amerikanischen Streitkräfte haben die Taliban weiter zurückdrängen können. Deren Schattengouverneur muss wieder aus dem pakistanischen Exil oder einer Hütte in der Wüste die Anweisungen an die Gruppen vor Ort geben. Aber die ausländischen Soldaten haben es nicht geschafft, den Mohnanbau in Helmand zu stoppen oder die Produktion von Opium entscheidend zu senken. So steht die afghanische Südprovinz nicht nur für das Scheitern der britischen Armee,[9] sondern auch für Großbritanniens Versagen beim

---

9   2008 erklärte der britische General Mark Carleton-Smith: »Wir werden diesen Krieg nicht gewinnen.« Da sich die internationalen Truppen militärisch nicht durchsetzen könnten, sei ein Ende der Kämpfe nur am Verhandlungstisch zu erreichen. Auch nach dem Abzug der ausländischen Soldaten werde es auf dem Lande bewaffnete Banden geben (Spiegel online, 2008).

Bemühen, den Mohnanbau in Afghanistan[10] zu stoppen. Von 2001 bis 2011 ist die Opiumproduktion um das 30-Fache auf 5800 Tonnen gestiegen.[11]

Viele Politiker, Militärs oder Journalisten haben seit Jahren den Eindruck erweckt, die Taliban trügen allein die Verantwortung für den Anstieg der Opiumproduktion. Doch der Besuch in der Provinz Helmand zeigt, dass nicht nur die Taliban ein Interesse am und finanzielle Vorteile vom Mohnanbau haben. In Afghanistan hat sich in den vergangenen 35 Jahren eine Drogenindustrie entwickelt, die aus einem Geflecht von Bauern, Händlern, Beamten und Politikern besteht.

Der Mohnanbau beginnt bereits in den Dörfern nahe der Provinzhauptstadt Lashkar Gah. Ein Polizist zeigt mir immer wieder mit breitem Grinsen die roten Flächen mit den Mohnblüten rechts und links der Straße. Einige der Felder sind zerstört. Die eigentliche Überraschung kommt einige Minuten später. Wir halten auf einem Stützpunkt der afghanischen Armee. Wenige Meter entfernt sind britische Soldaten in einem Feldlager stationiert. Etwa 700 m über den Stellungen der britischen und afghanischen Soldaten schwebt

---

10 Großbritannien hat nahezu eine Milliarde US-Dollar (USA: drei Milliarden) aufgewendet, um den Anbau von Drogen zu bekämpfen. In Afghanistan wurde der Ausbau des Justizapparates für Drogendelikte gefördert und Geld für den Aufbau eines Ministeriums gegen Drogen bereitgestellt. Nach zehn Jahren wird der Misserfolg Großbritanniens bei der Drogenbekämpfung deutlich. Dabei hatte das Land auf der Geberkonferenz für Afghanistan am 22. Januar 2002 die Aufgabe übernommen, den Kampf gegen den Drogenanbau zu koordinieren.

11 2001 betrug die Produktion 185 Tonnen (United Nations Office on Drugs and Crime UNODC, Afghanistan – Annual Opium Poppy Survey 2001, 2001). 2011 betrug sie 5800 Tonnen (United Nations Office on Drugs and Crime UNODC, 2012). Wurde 2001 auf 7606 Hektar (United Nations Office on Drugs and Crime UNODC, Afghanistan – Annual Opium Poppy Survey 2001, 2001) Schlafmohn angebaut, so betrug 2011 die Fläche 131 000 Hektar (United Nations Office on Drugs and Crime UNODC & Government of Afghanistan, Afghanistan – Opium Survey 2012, 2012).

ein Ballon mit Aufklärungskameras, der mit einem Seil am Boden verankert ist. Ziel der Fahrt des Kameramannes und von mir sind die Mohnfelder. Wenige Hundert Meter vom Lager entfernt sehen wir das erste.

Während der Aufnahmen und Interviews mit den Bauern sichern die afghanischen Soldaten das Umfeld. Man wisse ja nicht, ob nicht doch Taliban in der Nähe seien. Am nächsten Tag werden wir in der Tat beschossen, als wir die Zerstörung eines Mohnfeldes filmen. Wahrscheinlich sind es nicht Aufständische, sondern Bauern, die ihre Ernte verteidigen wollen. Frauen am Straßenrand weinen. Sie wissen, welches Elend über die Familien kommen kann, wenn die Felder zerstört werden.

Mit den nach der Ernte gewonnen Opiumplatten aus dem getrockneten Saft der Mohnkapseln müssen in einigen Wochen das Saatgut und Anzahlungen beglichen werden. Abends im Gästehaus des Gouverneurs erzählen Beamte, wie einige Händler reagieren, wenn die Ernte zerstört wird. Sie vertreiben Bauern oder lassen sich deren Besitz überschreiben. Im kommenden Jahr müssen die Bauern dann als Landarbeiter auf dem ehemals eigenen Grund Mohn anbauen und Opium ernten. Zwei Jahre zuvor hätte ein Bauer Schulden bei dem Opiumhändler mit seiner Tochter bezahlt. Alle kennen Geschichten. Aber auf die Frage, warum so wenige Händler bestraft werden, folgt Schweigen.

Der Pressesprecher des Gouverneurs nennt schockierende Details. In der Zeit des Kampfes gegen die Sowjetarmee in den Achtzigerjahren sei mit dem Anbau von Mohn im großen Stil begonnen worden, um den Krieg zu finanzieren. Nach dem Sturz der Taliban habe Präsident Karzai mit Mullah Shir Mohammad Aghundzadeh einen Drogenbaron zum ersten Gouverneur der Provinz ernannt. Es habe sich um den Neffen des Gründers des Mohnanbaus in Helmand, Mullah Nassim Aghundzadeh, gehandelt.

Der Gouverneur habe den berüchtigten Drogenbaron Abdulrahman Jan zum Polizeichef ernannt. Dieser habe früher als Mujaheddin-Führer seine Leute mit den Gewinnen aus Drogenanbau, -handel und -schmuggel bezahlt. Der in Drogengeschäfte verwickelte Moalem Mirwali sei Armeechef und Amir Dot Mohammad Khan sei Chef des Geheimdienstes in der Provinz geworden. Letzterer habe den Spitznamen Amir Dadou getragen und den Taliban 400 Kalaschnikow-Gewehre geliefert.

In den Gebieten, die sie kontrollieren, sichern die Milizen der Taliban die Mohnfelder. Sie kassieren ein Zehntel der Erträge oder Einnahmen von Bauern, Händlern, Schmugglern und Drogenbaronen. Die Aufständischen fördern den Anbau von Drogen, weil er ihnen Geld bringt. Aber dies ist nur ein Teil des Einkommens der Taliban, über Jahre waren zum Beispiel die Einnahmen aus von den US-Streitkräften gezahlten Schutzgeldern für die Transporte zur Versorgung der Truppen deutlich höher (Tierney, 2010).[12] Eine der acht Firmen, an die Teile der 2,16 Milliarden US-Dollar für die Transporte des Nachschubs der US-Streitkräfte in Afghanistan sowie deren Sicherung gezahlt werden, gehört zwei Cousins von Staatspräsident Karzai[13]. Beide waren (1988 bzw. 1996) in den USA wegen Heroinschmuggel angeklagt und inhaftiert. (Roston, 2009) Nach welchem

---

12 Ein Spediteur berichtete mir, bei der Sicherung von Großtransporten hätten sich vor dem Auslaufen der Verträge Angriffe auf Lastwagen, bei denen auch Fahrer getötet worden seien, gehäuft. Die pro Lastwagen zu zahlenden Prämien wären dann für bestimmte Straßenabschnitte erhöht worden.

13 Präsidentenbruder Ahmad Wali Karzai galt als einer der größten Drogenhändler Afghanistans. Am 22. Juli 2009 sollen britische Spezialeinheiten auf einer Farm Karzais in der Nähe von Kandahar mehrere Tonnen Opium entdeckt haben (Leyendecker, 2009). Der Bruder des Präsidenten wurde am 12. Juli 2011 vom Chef seiner Leibgarde ermordet, der Mitglied der Taliban gewesen sein soll. Am Tag nach dem Mord rief mich ein Afghane an und gab mir den Rat, dieser Version keinen Glauben zu schenken. Es handle sich um einen »Ehrenmord«.

Schlüssel die enormen Gewinne aus den Verträgen mit den US-Streitkräften umverteilt wurden, ist nicht bekannt.

Ähnlich wie beim Rauschgift existiert auch im Bereich des Nachschubs für ausländische Truppen ein Geflecht von profitierenden Personen und Organisationen, das vom Umfeld der Spitzenpolitiker in Kabul über Stammesführer, Milizkommandeure bis zu Aufständischen und Taliban-Kommandeuren reicht. Es führt in eine falsche Richtung, die Taliban für diese Missstände verantwortlich zu machen. Die Probleme sind Teil der seit dreißig Jahren entwickelten Kultur von Filz und Korruption.

Nach dem Einmarsch der sowjetischen Soldaten wurde der Widerstand von den USA ausgerüstet und mit Geld unterstützt. Zwischen den USA, Saudi-Arabien und damals den Vereinigten Arabischen Emiraten bestand eine enge Kooperation, die sich in ähnlicher Form seit Frühjahr 2011 bei der Unterstützung für die syrischen Aufständischen zeigt. Die Empörung der von Besatzung oder – wie im Falle Syriens – Despotie Betroffenen wird genutzt, um globale oder regionale politische Ziele durchzusetzen. Den vor Ort arbeitenden Agenten fehlen in der Regel Skrupel, da sie sich übergeordneten Zielen verpflichtet fühlen.

Während des Krieges gegen die Sowjetarmee wurde die Produktion von Drogen zu einer bedeutenden Einnahmequelle des afghanischen Widerstandes. Der pakistanische Geheimdienst ISI und die CIA rüsteten die Aufständischen mit Waffen aus und halfen den Führern von sieben Mujaheddin-Gruppen beim Transport und der Vermarktung von Drogen (Maas, 2011, S. 11).

Das System von Produktion, Transport und Verkauf der Drogen bestand bereits Jahre vor Gründung der Taliban. Kontrolliert wurde es von Politikern und Kriminellen, die bis heute zentrale Bedeutung für die afghanische Politik haben und deren Einfluss nach dem Abzug der ausländischen Kampftruppen weiter steigen dürfte. Dieses Drogenkartell hat kein Interesse an der Entwicklung einer Zivilgesellschaft, dem Aufbau eines funktionierenden Gesetzesapparates und einem Erstarken anderer Wirtschaftszweige, die sich zu einer Konkurrenz des Drogensektors entwickeln könnten.

An der Geschichte der Drogenproduktion in Helmand werden diese Probleme überdeutlich sichtbar. Die Drogenwirtschaft hat für den Krieg der Taliban gegen ausländische Soldaten und die Regierung in Kabul eine ähnliche Bedeutung wie für den Krieg der Mujaheddin in den Achtzigerjahren. Wie damals unterstützt der pakistanische Geheimdienst ISI die Aufständischen.

Daud Ahmadi, der Pressesprecher des Gouverneurs von Helmand, arbeitete im Jahre 2000 als stellvertretender Chefredakteur des Taliban-Senders »Stimme der Sharia« in Kabul. In dieser Eigenschaft wurde er vom damaligen Staatschef Mohammed Omar (Mullah Omar) angerufen. Dieser diktierte ihm einen religiösen Befehl, mit dem er anordnete, dass künftig in Afghanistan kein Mohn mehr angebaut werden dürfe und die Erntevorräte innerhalb von vier Wochen vernichtet werden müssten.

Die Bauern waren die Leidtragenden. Sie befolgten den Befehl. Aus dem Opiumbericht des Büros der Vereinten Nationen für Drogen- und Verbrechensbekämpfung (United Nations Office on Drugs and Crime UNODC) 2001 geht hervor, dass in Helmand kein Mohn mehr angebaut wurde. Im Vorjahr hatte die Anbaufläche noch 43 000 Hektar betragen (UNODC, Afghanistan – Annual Opium Poppy Survey 2001, 2001, S. 15). Einzig im Bereich der von den Staaten des Westens anerkannten Rabbani-Regierung (Nordallianz) wurde Omars Befehl ignoriert. Omar war nicht nur Staats- und Taliban-Führer, sondern wurde vor allem von Paschtunen in Südafghanistan auch als religiöser Führer akzeptiert.

In der Provinz Badachschan vergrößerte sich die Anbaufläche im Jahr nach dem Verbot auf das Zweieinhalbfache (158 Prozent). Burhanuddin Rabbani finanzierte sein Gebiet auch aus den Einnahmen von Drogenlaboren, in denen Opium mit der Chemikalie Essigsäureanhydrid zu Heroin verwandelt wird. Die Droge erfährt nicht nur eine deutliche Wertsteigerung, sondern ist auch leichter zu transportieren und zu schmuggeln, weil zehn Kilogramm Opium nur ein Kilogramm Heroin ergeben. Westliche Regierungen dürften die Drogenproduktion in Nordafghanistan auch akzeptiert haben, weil die Gegner der Taliban sich durch die Gewinne zum Teil finanzierten und das Rauschgift vor allem nach Russland geliefert wurde. Auf einer Drogenkonferenz in Moskau im Juni 2010 bezifferten russische Politiker die jährliche Zahl der toten Heroinsüchtigen in ihrem Land mit 20 000.

Pressesprecher Ahmadi nennt zwei Argumente, die seiner Ansicht nach beweisen, dass die afghanische Opiumproduktion nicht von einheimischen Händlern und Drogenbaronen, sondern von einem oder mehreren Kartellen aus dem Ausland gesteuert wird. Das zur Herstellung von Heroin notwendige Essigsäureanhydrid werde aus dem Ausland geliefert. Die Labors zur Heroinproduktion seien aus der Türkei und den Staaten des Balkans nach Afghanistan verlagert worden. Nach NATO-Erkenntnissen wird die Chemikalie in Tanklastwagen nach Afghanistan gebracht.[14]

---

14 Mit Terror und Bestechungsangeboten versuchen führende Vertreter der Drogenbanden, Politiker und Kader der Sicherheitskräfte für eine Zusammenarbeit zu gewinnen. Ein Brüderpaar aus Pakistan wollte Generalmajor Sayed Abdul Ghafar, dem Kommandeur der Spezialeinheiten der afghanischen Polizei, Geld zahlen, wenn er die Bande der beiden nicht verfolge. Der General erzählte mir: »Sie haben mir eine Million US-Dollar geboten. Sie teilten mir mit, ich könne es überall erhalten: in Dubai, in Europa oder auch hier in Afghanistan. Wir können für Ihre Sicherheit sorgen, sagten sie und waren bereit, das Geld auf jedes Konto zu zahlen.« (Interview Tilgner für das Schweizer Fernsehen, 26. Oktober 2011)

Ahmadis zweites Argument betrifft den Anbau des Schlafmohns. Mehrfach seien neue, zuvor nicht genutzte Sorten zeitgleich in unterschiedlichen, weit auseinanderliegenden Provinzen Afghanistans angebaut worden. Dies übersteige die Möglichkeiten der einheimischen Drogenbarone, die in der Regel nur in einzelnen Regionen operieren. Bei der Verteilung des Saatguts durch die Opiumhändler würden diese eine neue Sorte mit dem Hinweis empfehlen, dass ein Bauer in einem anderen Distrikt im vergangenen Jahr eine neue Sorte gefunden und mit ihr einen höheren Ertrag erzielt habe. Tonnen von Saatgut wurden in Afghanistan schon bei einzelnen Razzien beschlagnahmt. Auch dies sei ein Indiz für Großstrukturen bei Produktion, Transport und Verteilung von Opiaten.

Auch Bauern, die ich bei der Ernte in Helmand interviewt habe, wiesen immer wieder darauf hin, dass sie das Rauschgift produzierten, weil Bedarf im Ausland bestehe. Erntearbeiter nennen die entscheidenden Gründe: »Mohn bringt viel Geld. Deswegen pflanzen wir ihn. Wir haben keine Jobs und Probleme, unsere Familien durchzubringen. Wenn Straßen und Schulen gebaut würden und Helfer kämen, würden wir keinen Mohn pflanzen – unsere Probleme wären ja gelöst.« Oder: »In unserem Land herrscht seit dreißig Jahren Krieg. Man hat Afghanistan zerstückelt. Die Regierung gibt uns nichts und die Welt hilft nicht.« Auch Verbitterung ist zu spüren: »Die Ausländer bringen uns doch um, sie bombardieren uns. Also töten wir sie auf diese Weise. Sie werfen Bomben auf Kinder, Häuser und Moscheen und töten dreißig oder fünfzig. Das sind die Luftangriffe. Wir bauen Mohn an. Wir haben doch nichts Anderes.«

Eine Umstellung auf den Anbau anderer Produkte erfordert eine aktive Landwirtschaftspolitik. 2011 konnten Bauern mit dem Anbau von Mohn ein mindestens zehnfach höheres Einkommen erzielen als durch den von Weizen (statt höchstens 1000 US-Dollar etwa 10 700 US-Dollar) pro Hektar. Die Bauern erhalten nur den geringsten Teil von den Hunderten von Millionen US-Dollar, die die internationale Gemeinschaft für den Kampf gegen den Drogenanbau in Afghanistan bereitstellt.

Jean-Luc Lemahieu, Vertreter des United Nations Office on Drugs and Crime (UNODC) in Afghanistan, sieht keine schnellen Erfolge im Kampf gegen die Drogen: »Eine ganze Generation muss an der Lösung arbeiten. Warum? Die Konflikte, die Korruption, das schwierige Umfeld – das sind die Momente gegen uns. Die Kunst besteht darin, diese Tendenz umzukehren in Richtung ›Kontrolle der Drogen‹.« Lemahieu beschreibt bei unserem Treffen im Herbst 2011 die Auswirkungen der krankheitsbedingten Ausfälle des Vorjahres. Das geringe Angebot habe zu einer Verdoppelung der Preise geführt.[15] Es sei zu befürchten, dass viele Bauern wieder Mohn anpflanzen würden.[16] Gefallene Weizenpreise werden zu einer Verstärkung dieses Trends führen.

Den Bauern gebotene Anreize wie zum Beispiel kostenloses Saatgut von Getreide reichen meist nicht aus, um sie zum Anbau eines anderen Produktes zu bewegen. Helmands Gouverneur Gulab Man-

---

15 Aus den Berichten der UN-Drogen-Organisation geht nicht hervor, um welche Krankheit es sich handelt. Mir hat ein afghanischer Beamter erzählt, die Ernte sei durch Mohnbrand, eine Fäulnis, zerstört worden. Der Chef des UN-Büros für Drogen in Afghanistan Lemahieu erklärte mir, es handle sich um eine normale Erkrankung. Bauern in Kandahar und Helmand sprachen von Sabotage durch die Streitkräfte der USA oder Großbritanniens, die die Felder mit biologischen Erregern besprüht hätten. US-Botschafter William B. Wood hatte seit seinem Amtsantritt 2007 für die Zerstörung der Mohnfelder durch das Aussprühen chemischer Substanzen plädiert. (Rubin & Rosenberg, 2012)

16 Wegen Krankheit der Pflanzen war die Opiumernte 2010 mit 3600 Tonnen auf den niedrigsten Stand seit 2004 (3600 Tonnen) zurückgegangen. 2011 stieg sie wieder auf 5800 Tonnen (United Nations Office on Drugs and Crime UNODC & Islamic Republic of Afghanistan Ministry of Counter Narcotics, 2011, S. 14). In den Medien wurde der Rückgang meist als Erfolg der Antidrogenpolitik der internationalen Gemeinschaft und nicht als Folge der Erkrankung der Pflanzen dargestellt.

gal will die Bewässerungssysteme ausbauen und Lebensmittelverarbeitungsanlagen in die Provinz holen, um den Bauern langfristig eine Perspektive zu eröffnen, den Opiumanbau aufzugeben. Doch diese Pläne werden nur verwirklicht werden können, wenn die Regierung in Kabul sie bezahlt und die Rahmenbedingungen für eine Erneuerung der afghanischen Industrie schafft.

Bei ihren Bemühungen, die Drogenwirtschaft Afghanistans zu zerstören, führt die internationale Gemeinschaft einen Kampf gegen die Zeit, den sie zu verlieren droht, sollte sich bis 2014 nichts Entscheidendes ändern. Bereits 2008 hatte der spätere Sonderbeauftragte für Pakistan und für Afghanistan Richard Holbrooke in einem Artikel geschrieben, es werde »Jahre dauern, ein System von Straßen, Märkten und lohnenden Feldfrüchten zu schaffen, um das Verhalten der Bauern zu ändern. Insbesondere wenn Regierungsbeamte, einige sogar mit besten Beziehungen zum Präsidenten, den Drogenhandel schützen und von ihm profitieren.« (Holbrooke, 2008)

Für diesen Spitzendiplomaten, der die Afghanistan-Politik der US-Regierung vor dem Scheitern bewahren sollte und der 2010 während einer Sitzung starb, war die Drogenökonomie nicht der Grund für Unsicherheit und fehlende Stabilität, sondern deren Ergebnis. Für Holbrooke stand fest: »Es ist notwendig, den Narkostaat zu zerschlagen, oder alles andere wird scheitern.« (Ebenda)

Die Drogenökonomie bis zum Abzug der US-Kampftruppen zu zerschlagen und neue Strukturen aufzubauen, ist so schwer, weil die afghanische Industrie nach vierzig Jahren Besetzung, Krieg, Bürgerkrieg, Taliban-Herrschaft und den Wirren nach dem Einmarsch der internationalen Truppen vollständig zerrüttet ist. Die Öffnung der Grenzen für Importe besonders aus Pakistan hat selbst die letzten kleinen Schuh-Manufakturen zur Aufgabe gezwungen. Mit den billigen Waren vor allem aus Pakistan und dem Iran können die Betriebe nicht konkurrieren, zudem sind die Bazare überschwemmt mit den kurzlebigen Billigprodukten aus China.

Rohstoffillusionen

Wenn die Hilfen der internationalen Gemeinschaft spärlicher fließen, dürfte die Bedeutung von Opium und anderen Schmuggelgütern sogar weiter zunehmen. Afghanistan hat dem Weltmarkt außer Drogen wenig zu bieten, es sei denn, es würde gelingen, die enormen Bodenschätze des Landes zu erschließen und zu verkaufen. Schon die sowjetische Führung träumte davon, den hohen Ausgaben für den Afghanistan-Krieg in den Achtzigerjahren durch Billigimporte afghanischer Rohstoffe etwas entgegensetzen zu können.[17] Diese alten Pläne bildeten den Ausgangspunkt für modernere Untersuchungen, bei denen die immensen Reserven an Erzen wie Eisen, Kupfer, Lithium und Gold sowie Brennstoffen (Gas und Öl) bestätigt wurden.

Genau wie während der Zeit der Besatzung durch die Sowjetunion fehlten in den Jahren nach dem Sturz der Taliban die Möglichkeiten, mit der Ausbeutung der Vorkommen im großen Stil zu beginnen. Wegen der afghanischen Hochgebirge und dem fehlenden Seezugang des Landes müssen gewaltige logistische Probleme gelöst werden. Zudem fehlen aber auch die Infrastruktur und die Erfahrung, derartige Bodenschätze zu fördern. Bedeutung für das tägliche Leben wird der unterirdische Reichtum erst in weiter Zukunft gewinnen.

---

17 Eine deutsche Entwicklungsspezialistin mit mehrjähriger Afghanistan-Erfahrung erzählte mir 2010 in Kabul, die alten Karten mit den Bodenschätzen befänden sich in den Ministerien der inzwischen gegründeten Staaten Zentralasiens. Auch in Afghanistan gab es entsprechende Pläne. Sie befanden sich in der Bibliothek des Geologischen Instituts. Während des Bürgerkrieges und der Herrschaft der Taliban hatten Institutsmitarbeiter sie mit nach Hause genommen, um sie zu schützen.

Dennoch ließ General Petraeus während seiner Zeit als Oberkommandeur der US-Streitkräfte im Mittleren Osten und Nordafrika diese Träume künftigen Reichtums wiederbeleben. Es gehe darum, die in den Wüsten und Bergen Afghanistans verborgenen Schätze in Devisen zu verwandeln, auch wenn Hürden zu überwinden seien. Der heutige CIA-Chef kannte die riesigen Probleme der USA in Afghanistan genau. Militärische Offensiven blieben ohne spektakuläre Erfolge, der Kampf gegen die Drogenwirtschaft kam nicht voran und die Kritik an der Korruption in den Reihen der Regierung in Kabul nahm massiv zu. Im Weißen Haus und im Senat wuchsen im Sommer 2009 die Zweifel am Sinn des Afghanistan-Einsatzes.

Petraeus wusste um die Wirkung von Meldungen über den künftigen Reichtum Afghanistans. Er nutzte sie, um den Krieg zu intensivieren. In den USA würden Informationen über die Bodenschätze Kritikern ein Stück weit den Wind aus den Segeln nehmen, weil bei ihnen der Eindruck erzeugt werden könne, die afghanische Regierung sei auf lange Sicht in der Lage, die Ausgaben für die Streitkräfte und den Krieg gegen die Taliban allein zu bezahlen. Der Abzug aus dem Irak lief ja nur so reibungslos, weil dieses Land über zunehmend hohe Einnahmen aus den eigenen Ölexporten verfügte und künftig nicht mehr auf finanzielle Unterstützung aus den USA angewiesen sein würde.

Petraeus dürften auch die innerafghanischen Auswirkungen der Meldungen aus dem Pentagon über den künftigen Reichtum bewusst gewesen sein. Es war ein Rückgang der Kritik an der Unfähigkeit der Regierung Karzai zu erwarten, weil Hoffnungen auf gewaltige Staatseinnahmen geweckt wurden.

Zwei Jahre später, 2012, spielen die Bodenschätze bei der Planung künftiger Einnahmen keine große Rolle mehr. Die Träume vom schnellen Reichtum durch Rohstoffe sind verflogen. Bei der Erschließung der Ressourcen handelt es sich um ein Generationenprojekt.

Die Regierung in Kabul und ihre Anhänger wollen die Zukunft mit weiteren Hilfsgeldern sichern. Sie setzen auf die Zusagen der internationalen Gemeinschaft aus dem Jahr 2012, das Kabuler System mit Zuwendungen von jährlich acht Milliarden US-Dollar zu stützen. In der Langzeitplanung geht es fast ausschließlich um ausländische Hilfen. Der Reichtum an Bodenschätzen und deren Ausbeutung werden nur noch am Rande erwähnt.

2009 hatte die chinesische »Metallurgical Group Corporation« den Zuschlag für die weltweit größten noch nicht geförderten Kupfervorkommen erhalten. Für die Rechte an der Ausbeutung der Lager wollte die Firma 3,4 Milliarden US-Dollar zahlen. Interessenten aus Europa, Kanada, Russland und Kasachstan gingen leer aus, sie boten eine Milliarde weniger. In Kabul wurde die Entscheidung auch damit begründet, dass Tausende von Arbeitsplätzen entstehen und aus China Infrastrukturprojekte im Wert von Hunderten von Millionen US-Dollar finanziert würden.

Bereits Monate später folgte die Ernüchterung, als bekannt wurde, dass die chinesische Firma möglicherweise keine großen Anlagen im Land bauen und die geförderten Erze direkt nach China transportieren und dort weiterverarbeiten werde. Der Nutzen für Afghanistan bleibt bisher gering. Die Besitzer der über den Vorkommen liegenden Häuser wurden inzwischen entschädigt und die Gebäude wurden abgerissen. Das Gelände der Aynak-Mine bei Kabul ist eingezäunt und wird von afghanischen Soldaten bewacht. Die Vorbereitungen laufen, das Kupfer im Tagebau zu fördern, aber für die versprochene dramatische Verbesserung des Lebensstandards der betroffenen Bevölkerung geschieht nichts. Vor Ort ist die Enttäuschung groß.

So oder ähnlich könnten sich auch Projekte für die Ausbeutung anderer Rohstoffvorkommen entwickeln. Nur der damalige Minister, zu dessen Amtszeit der Vertrag mit der chinesischen Firma geschlossen wurde, dürfte nichts bereuen und frohlocken, obwohl er entlassen wurde. In Kabul halten sich hartnäckig Gerüchte, Mohammed Ibrahim Adel habe aus China dreißig Millionen Dollar erhalten. Doch eine Anklage wurde nicht erhoben. Das Beispiel der Vergabe der Rechte zum Abbau des Kupfers zeigt, dass die USA ihre militärische Macht nicht nutzen, um der afghanischen Regierung Verträge mit US-Firmen über die Ausbeutung von Bodenschätzen aufzuzwingen. In den Vereinigten Staaten hat dies bereits zur Kritik geführt, die USA leisteten die Arbeit und andere Staaten ernteten die Früchte.

Inzwischen hat die staatliche chinesische Ölgesellschaft »Chinese National Petroleum Corporation« einen Vertrag über die Förderung eines Ölvorkommens abgeschlossen. Die afghanische Partnerfirma »Watan Group« gehört den berüchtigten Papal-Brüdern, den Cousins Karzais. Der Präsident sah sich gezwungen, zu erklären, bei der Konzessionsvergabe sei alles mit rechten Dingen zugegangen (Bowley, 2012).

Entwicklungshindernis Korruption

Die Korruption bildet eine zentrale Ursache für viele Fehlschläge der Staaten des Westens in Afghanistan. Vom Polizisten an der Ecke bis zum Spitzenpolitiker bereichert sich in Afghanistan nahezu jeder, der die Möglichkeit dazu hat. Die Hauptbeteiligten bringen das Geld sogar ganz offiziell in Koffern nach Dubai. Es handelt sich um Milliarden, die zuvor für den Krieg oder Aufbaumaßnahmen ins Land fließen. In den USA fordern Abgeordnete wegen der Korruption, Zahlungen an die Regierung in Kabul zu sperren.

Nicht Einzelbetrug bringt in der Regel politische Programme, militärische Strategien oder einzelne Projekte zum Scheitern. Die Ursache ist ein System von Korruption, für das die Afghanen nicht nur die eigene Regierung, sondern auch die ausländischen Staaten verantwortlich machen. Oft treibt die Verzweiflung über das eigene Elend junge Männer dazu, sich den Aufständischen anzuschließen. Sie kennen den wachsenden Reichtum der Politiker in Kabul nur zu gut.

Haroon Zarghoon, der Sprecher der Islamischen Partei, deren Kommandos vor allem im Norden und Osten Afghanistans gegen ausländische Truppen kämpfen, sieht ausländische Zahlungen nicht als Hilfen. Und wie er denken viele in den Dörfern: »Die Afghanen sind nicht dankbar dafür, weil das Geld, das ihr bringt, nicht den Afghanen zugutekommt. Es gibt eine Kette der Korruption. Bei jedem Bauprojekt stecken so viele Leute Geld ein, dass bei den Afghanen kaum etwas ankommt. Wenn ihr eine Straße baut, bezahlt ihr jemanden in Kabul dafür. Der nimmt einen Teil des Geldes für sich und heuert dann einen Bauunternehmer an. Der nimmt sich wieder einen Teil des Geldes und zahlt Schutzgelder, auch an die Taliban. Die Afghanen, die am Ende die Arbeit machen, bekommen am allerwenigsten. Von den Milliarden an Hilfsgeldern, die nach Afghanistan fließen, versickert das meiste wegen der Korruption.« (Reichelt, 2010) Die Kämpfer der Islamischen Partei erpressen genau wie andere Bewaffnete Schutzgelder, auch wenn sie in ihrer Propaganda einen anderen Eindruck zu erwecken versuchen.

Hunderte von Milliarden US-Dollar wurden von ausländischen Staaten für den Krieg in Afghanistan ausgegeben. Hinzu kamen vergleichsweise niedrige Zahlungen für zivile und humanitäre Hilfsprogramme, die mindestens weitere hundert Milliarden US-Dollar betrugen. Natürlich gibt es in Städten und Dörfern heute mehr Schulen, Krankenhäuser, Straßen, neue Bewässerungssysteme oder Universitäten. Wahrscheinlich hätten sich die Konflikte aber anders entwickelt, wenn mit den Mitteln ein Vielfaches erreicht worden wäre. Ein Grund, weshalb dieses Desaster nicht erkannt wurde, liegt auch in den Berichten der staatlichen und nichtstaatlichen Organisationen.

Sie haben ihren Geldgebern beeindruckende Aufstellungen geliefert, ohne von Beginn an über falsch aufgewendete, verschwundene oder durch Korruption verloren gegangene Mittel zu berichten.[18]

Nur in Ausnahmen wurden und werden bis heute Probleme benannt, um Geldgeber oder Spender nicht zu irritieren. Misserfolge werden in der Regel verschwiegen. Auch in den Medien wird über die Korruption im Zusammenhang mit deutschen Projekten höchst selten berichtet. In einem Artikel der »Frankfurter Allgemeinen Zeitung« sind konkrete Beispiele genannt, auch wenn die Informanten anonym bleiben. Die Verantwortlichen sind gewohnt, dass Unternehmen Ausgaben für Korruption oder Zahlungen an Milizkommandeure oder Aufständische »in ihren Bilanzen verschleiern«.

Die Korrespondentin Friederike Böge fällt ein hartes Urteil: »So nähren westliche Hilfsgelder indirekt den Krieg. Wenn die Firmen zahlen, besteht die Gefahr, dass Aufständische oder Kriminelle davon Waffen kaufen oder Kämpfer anheuern. Wenn sie nicht zahlen, besteht die Gefahr, dass Millionen von Euro in Bauruinen investiert wurden, die aus Sicherheitsgründen nicht fertig gestellt werden konnten. Eine Verbesserung der Lebensbedingungen der Bevölkerung ist aber nötig, um dem Aufstand den Nährboden zu entziehen« (Böge, 2010).

In Afghanistan haben die Fehlschläge Ausmaße in einer nicht vorstellbaren Dimension: Brücken stürzen ein und werden wie Straßen

---

18 Dabei gibt es Beispiele, dass in Afghanistan trotz der schwierigen Bedingungen Hilfsprojekte gebaut und mit Erfolg betrieben werden. So hat die »Kinderhilfe Afghanistan« der Familie Erös aus Mintraching mit dem Bau und dem Unterhalt von Schulen und anderen Bildungseinrichtungen einen wichtigen Beitrag zu einer Modernisierung des Bildungssystems geleistet. Allerdings wird bei der Planung neuer Projekte genau darauf geachtet, dass sie völlig unabhängig vom Einfluss ausländischer Truppen errichtet und später weitergeführt werden können. In der Schweiz ist vor allem die Arbeit der »Afghanistanhilfe Schaffhausen« zu nennen.

nie fertig gebaut, neu errichtete Schulen stehen leer, weil Lehrpersonal fehlt, Krankenhäusern fehlen nicht lange nach ihrer Einweihung Medikamente oder Finanzhilfen für Ministerien verschwinden spurlos. Oft verschlingen die Kosten für die Gehälter und die Sicherheit der ausländischen Spezialisten und ihrer afghanischen Helfer bis zu neunzig Prozent der eingesetzten Mittel.

Ein ganzes Heer von Mitarbeitern ziviler Sicherheitsdienste schützt die Hilfsorganisationen. Sie nutzen eigene Nachrichtensysteme, um mögliche Anschläge oder Gefahren im Vorfeld zu erkennen. Ausländer in Kabul, die als Spezialisten im zivilen Bereich arbeiten, erhalten immer wieder tagelang Ausgehverbot, das von obskuren Sicherheitsfirmen verhängt wird. Entwicklungsorganisationen wie die Deutsche Gesellschaft für Internationale Zusammenarbeit (GIZ) unterhalten eigene Sicherheitsabteilungen. Kleine Hilfsorganisationen mieten zu horrenden Preisen gepanzerte Vierradfahrzeuge und Bodyguards, die mit der Schaffung von Sicherheit riesige Profite erzielen. Es existieren sogar Gerüchte, diese Firmen oder deren Mitarbeiter seien in Anschläge oder Entführungen verwickelt, um ihre Arbeit als notwendig erscheinen zu lassen oder sich Folgeaufträge zu sichern.[19]

Die Täter glauben, sie würden sich mit dieser verbrecherischen Schutzgelderpressung einen ihnen zustehenden Anteil am gesellschaftlichen Reichtum sichern. Kriegskommandeure haben ab 1980 gelernt, dies mit Waffengewalt durchzusetzen. Derartige Machenschaften werden von ausländischen Staaten geduldet oder sogar gefördert, weil die Kommandeure Krieg gegen die Sowjetarmee

---

19 Zwei Vermessungsingenieure haben mir Beispiele aus dem Bereich des Straßenbaus genannt. Kurz vor Auslaufen des Vertrages der in den Projekten beschäftigten Sicherheitsfirmen hätten sich Zwischenfälle gehäuft. Bauarbeiter seien beschossen oder Sprengfallen entdeckt worden. Beide erzählten lachend, dieselben Minen seien mehrfach ausgegraben und als Beweis vorgelegt worden.

geführt haben. Als sie nach dem Sturz der Taliban ebenfalls mit ausländischer Unterstützung die Schaltstellen des afghanischen neuen Staates übernahmen, konnten sie –getarnt als Politiker – ihre Raubzüge weitgehend ungehindert fortsetzen.

Diese Politiker sehen in ausländischen Zuwendungen für die afghanische Wirtschaft und Gesellschaft Möglichkeiten, sich maßlos zu bereichern. Die Kultur von Korruption und Gesetzlosigkeit wird durch die ausländischen Zuwendungen nicht abgebaut, sondern verstärkt,[20] weil diese Geldzuflüsse genutzt werden, das System von Raub und Korruption fortzusetzen, zu festigen und auszubauen. So mussten Gouverneure hohe Summen an Regierungsvertreter in Kabul zahlen, um den Posten behalten zu können.

Nach einem Artikel der »New York Times« hieß es in einem auf der Website WikiLeaks veröffentlichten Bericht der US-Botschaft, einzig gegenüber dem neuen Landwirtschaftsminister existierten keine Korruptionsvorwürfe (Shane, Mazetti, & Filkins, 2010). In einigen Fällen erfolgt die Bereicherung auch ohne Korruption. Politiker erzielen hohe Mieteinnahmen. Oder ein stellvertretender Staatspräsident mit einem offiziellen Monatsgehalt von einigen Hundert US-Dollar missbrauchte sein Amt, um ein Monopol bei Treibstoffimporten zu erzwingen. Er lieferte täglich vierzig Tankzüge voll Brennstoff an ein neugebautes Kraftwerk am Stadtrand von Kabul. Berechnungen von Spezialisten ergaben, dass der in dem Werk produzierte Strom viermal so teuer erzeugt wurde wie der aus einem Nachbarland importierte.

---

20 Einer meiner begabtesten Mitarbeiter arbeitet heute für eine internationale Organisation. Auf meine Frage, warum er nicht in den afghanischen Staatsdienst gegangen sei, antworte er: »Ich möchte nicht korrupt werden.« Meine Vorhaltung, dann brauche er doch nur kein Geld zu nehmen, ließ er nicht gelten. Es sei unmöglich, sich als Beamter nicht an kriminellen Aktionen zu beteiligen oder diese nicht zu decken. Im Falle einer Weigerung würde er seine Position verlieren oder entlassen.

Korruption existiert in unterschiedlichen Formen. Als Bakschisch dient sie zur Aufbesserung der schlechten Bezahlung und ähnelt einer Spende. Doch bereits beim Polizisten, der bei einem Verkehrsvergehen keine Geldbuße verhängt, sondern vom Verkehrssünder einen US-Dollar fordert und erhält, ist die Grenze überschritten. Statt eine Leistung zu belohnen, wird mit der Zahlung eine Behördenentscheidung verändert oder die Zahlung eines Anteils an überhöhten Leistungen erpresst. Für den Korrumpierten handelt es sich in allen Fällen um die Aufbesserung seines Monatsgehalts, von dem er mit seiner Familie gar nicht leben kann.[21]

Ein Richter, der sich in einem Streit um Land von einer Partei für ein Gefälligkeitsurteil oder sogar für eine gesetzeskonforme Entscheidung Tausende von US-Dollar zahlen lässt, denkt, dass ihm ein Leben in Luxus zusteht. Er nimmt dann auch Gelder von Drogenkriminellen, die sich durch Zahlungen einer Bestrafung entziehen. Die Grenzen zwischen dem alten Bakschisch und krimineller Korruption sind fließend. Bei der Polizei, den Gerichten und dem Zoll werden besonders hohe Korruptionsbeträge erhoben.

Es bestehen Kostensätze, die mit einer ärztlichen Gebührenordnung vergleichbar sind und nach der zum Beispiel für die Freilassung eines Drogenschmugglers etwa 60 000 US-Dollar zu entrichten sind. Nach einer Erhebung der Vereinten Nationen hat die afghanische Bevölkerung 2009 mit etwa 2,5 Milliarden US-Dollar den Wert von 23 Prozent des Wertes aller in Afghanistan hergestellten Waren oder geleisteten Dienste an Korruption zahlen müssen. Damit entfiel von

---

21 Während eines Interviews nahm ein hoher Polizeioffizier von einem Afghanen bei der Verabschiedung einen afghanischen Geldschein im Wert von etwa einem US-Dollar und beschwerte sich gleichzeitig über die Korruption in den Reihen der Regierung. Erst während der Übersetzung des Textes bemerkte ich den Vorgang. Für den afghanischen Übersetzer war die Annahme des Geldes keine Korruption. Der Offizier war seiner Einschätzung nach einer der wenigen nicht Korrupten im Innenministerium.

vier US-Dollar, die ausgegeben wurden, einer auf Bestechung. (United Nations Office on Drugs and Crime, UNODC, 2010)

Es sind die Mächtigen, die das Geld dann auf unterschiedliche Weise ins Ausland transferieren. So sollen Zollbeamte im Flughafen von Dubai bei einem aus Kabul angereisten stellvertretenden Staatspräsidenten 52 Millionen US-Dollar Bargeld gefunden haben. Der Betroffene, der in Dubai eine Strandvilla in bester Lage bewohnt, vor der ein Rolls-Royce geparkt wurde, hat dementiert. Von 2007 bis 2009 wurde deklariertes Bargeld in Höhe von drei Milliarden US-Dollar allein über den Flughafen Kabul ins Ausland, meist nach Dubai, transportiert. Der Betrag war größer als die Einnahmen des afghanischen Staates im gleichen Zeitraum. (Shane, Mazetti, & Filkins, 2010)

Präsident Karzai deckte vor seiner Wiederwahl zum Präsidenten 2009 seine Vermögensverhältnisse auf. Danach betrug das monatliche Einkommen 525 US-Dollar. Karzai erklärte, ihm gehöre kein Land und er besitze kein Vermögen. Sein Bankguthaben betrage 20 000 US-Dollar. Nachdem diese Aufstellung große Verwunderung ausgelöst hatte, ließ er seine Angaben eine Woche später korrigieren. Es sei ihm ein Irrtum unterlaufen, das Bankguthaben bestehe nicht aus US-Dollar, sondern aus Euro. Bei einem Aufenthalt in Kabul erzählten mir gleich mehrere Afghanen und ausländische Experten diese in ihren Augen ungeheuerliche Geschichte.

Während des Wahlkampfes unternahm Karzais Ehefrau eine längere Auslandsreise durch mehrere Länder und wohnte jeweils in Häusern, die dem Ehemann gehören. Nachdem Präsidentenbruder Mahmood das eigene Vermögen mit 12 Millionen US-Dollar Bargeld sowie Besitz im Wert von 21 Millionen und Verbindlichkeiten von 9 Millionen angegeben hatte, erklärte der vorgeblich arme Bruder im Präsidentenamt: »Geld zu machen ist gut, und es aus dem Lande zu bringen, geht in Ordnung.« (Rosenberg, 2010)

Die NATO reagierte nach Veröffentlichung der Korruptionsfälle und der Schutzgeldzahlungen in Afghanistan mit der Bildung einer Einsatzgruppe »Korruption«, weil im Land selbst keine Anstrengungen zu erkennen waren, die Missstände zu beheben und die Täter zur Rechenschaft zu ziehen. Auch die afghanische Staatsanwaltschaft richtete eine Sonderkommission ein. Generalstaatsanwalt Mohammad Aloko erklärte in einem Interview: »Wir haben Anklagen mit genug Beweisen gegen fünf Minister, zwei davon sind noch im aktuellen Kabinett, drei sind ehemalige Minister«. Präsident Karzai müsse die Anklagen nur noch genehmigen. (Gebauer, 2009) Die Arbeit der Sonderkommission verlief im Sande, das System der Korruption blieb unangetastet.

Einzig der Bürgermeister von Kabul wurde kurze Zeit später wegen Vergeudung von 11 000 Euro zu vier Jahren Gefängnis verurteilt. Mir Abdul Ahad Sahbi erklärte, man wolle ihn hinter Gitter bringen, weil er gegen die Misswirtschaft der städtischen Behörden eingeschritten sei. Die Organisation Transparency International stuft Afghanistan von 2009 bis 2011 in ihrer Rangordnung der 180 untersuchten Länder jeweils auf den vorletzten Platz ein – nur Staaten wie Nordkorea und Somalia weisen schlechtere Werte auf (siehe Jahresberichte Transparency International, z.B. 2011).

Die Summe der Korruptionsgelder wächst seit Jahren mit der Zunahme der ins Land fließenden internationalen Unterstützung. Bei meinen Aufenthalten in Kabul staune ich immer wieder, mit welcher Selbstverständlichkeit hochbezahlte, aus dem Ausland entsandte Spezialisten den Lebensstil ihrer Heimatländer in Afghanistan eingeführt haben. Auch dadurch wurde die Kultur von Supermärkten und Shopping Malls, die Qualitätsprodukte aus dem Westen anbieten, nach Afghanistan gebracht.

Auf den Parkplätzen dieser Märkte lungern die Fahrer der gepanzerten Geländewagen mit den verdunkelten Scheiben. Es ist nicht erkennbar, ob die Autos Afghanen oder Ausländern gehören. VIPs sind in Konvois dieser Fahrzeuge unterwegs. Auf den Überlandstraßen begegnet man solchen Konvois recht selten, denn wie der größte Teil der ausländischen Entwicklungsspezialisten verlassen auch die reichen Afghanen die Hauptstadt Kabul nur selten. Sie fliegen eher nach Dubai, als ihre Heimatprovinzen zu besuchen, denn die Familien vieler Spitzenpolitiker oder höchster Beamter leben bereits wieder oder immer noch im Ausland.

Nur zu gern lasten westliche Politiker und Entwicklungsspezialisten ihren afghanischen Partnern die Fehlschläge bei der Verwirklichung von Projekten oder beim Neuaufbau der afghanischen Gesellschaft an. Die Verantwortung für die Kette der Fehler wird anderen übertragen. Dabei sind die westlichen Politiker und Organisationen integraler Bestandteil des korrupten afghanischen Systems.

Ausländische Soldaten scheitern

Nach der Vertreibung der Taliban aus Kabul wurde die Politik für einen Wiederaufbau des Landes vor allem von den Staaten des Westens bestimmt. Vom Westen ausgewählte Würdenträger, zu denen auch die Kriegsherren aus Nordafghanistan gehörten, einigten sich auf der Petersberger Afghanistan-Konferenz am 5. Dezember 2001 auf einen Plan für die weitere politische Entwicklung. Statt einige von ihnen als Kriegsverbrecher vor Gericht zu stellen, ebneten ihnen die Siegermächte den Weg an die Schaltstellen der Macht in Kabul. Mit Hamid Karzai, dem späteren Staatspräsidenten, ernannte die Versammlung einen Paschtunen zum Vorsitzenden der Übergangsregierung. Die Vertreter der Nordallianz, des Bündnisses der Taliban-Gegner, stellten die Schlüsselminister der neuen Regierung. Damit blieb die Möglichkeit ungenutzt, den Wiederaufbau Afghanistans mit einer

Regierung der Einheit unterschiedlichster politischer Strömungen zu beginnen.

Die internationale Gemeinschaft unterstützte Sieger, die die Macht und Positionen untereinander aufteilten. Der UN-Sicherheitsrat beschloss am 21. Dezember 2001 die Aufstellung einer »Internationalen Sicherheitsunterstützungstruppe« (ISAF) für Afghanistan unter einem britischen Kommandeur. NATO-Staaten schickten ihre Truppen in das Land, ohne zu bedenken, dass ausländische Soldaten bei ihrem Auftreten in Afghanistan seit den Tagen Alexanders des Großen auf Widerstand stoßen.

Aus der Rückschau lässt sich erkennen, dass es nur eine Frage der Zeit ist, bis der Konflikt zwischen den ausländischen Soldaten, die eine Regierung schützen sollen, und den Feinden dieser Regierung offen ausbricht – vor allem, wenn diese Feinde von einem anderen Staat unterstützt werden. In diesem Fall ist es Pakistan. Dessen Geheimdienst sah in den Parteien oder Milizen, die von der Macht in Kabul ausgeschlossen wurden, geeignete Werkzeuge, um den im Nachbarland verlorenen Einfluss zurückzugewinnen. So waren es nicht nur die Taliban, die sich nach dem Sturz ihrer Regierung in Pakistan reorganisierten. Der pakistanische Geheimdienst half auch der Islamischen Partei von Gulbuddin Hekmatyar und den Milizen von Jalaluddin Haqqani beim Neuaufbau. Mit spektakulären Angriffen kleiner Kampfgruppen in Kabul und anderen Kommandoaktionen haben die im pakistanischen Waziristan ausgebildeten Haqqani-Milizen große Aufmerksamkeit erregt. In ihren Propagandavideos versuchen sie den Eindruck zu erwecken, sie seien eine stärkere militärische Kraft als die Taliban (Semple, How the Haqqani Network is Expanding From Waziristan, 2011).

Diese Gruppen beanspruchen bis heute, mit ihrem Kampf gegen ausländische Soldaten und die Regierung in Kabul die Tradition des

Krieges der Mujaheddin gegen sowjetische Truppen fortzusetzen. Ein Krieg, den sie in den Achtzigerjahren mit Unterstützung des US-Geheimdienstes begonnen hatten. Geschickt nutzen die Aufständischen Missstände in Afghanistan, um neue Mitglieder für ihren Kampf zu rekrutieren. Aber anders als in den Achtzigerjahren bilden diese Organisationen Selbstmordattentäter in Pakistan aus und schicken sie zu Anschlägen nach Afghanistan.[22]

Mit dieser Taktik wollen Aufständische ihre technologische Unterlegenheit ausgleichen. Der Einsatz von Selbstmordattentätern gehört wie der von Sprengfallen, Überraschungsangriffen und Sabotageaktionen nicht nur in Afghanistan zu den Kampfmitteln von Aufständischen.[23] So sind Selbstmordattentate allein noch kein Zeichen dafür, dass Aufständische zum Netzwerk von Al Kaida gehören.

Ohne die Erfahrungen des Kampfes gegen die Sowjettruppen in den Achtzigerjahren hätten die aus Pakistan nach Afghanistan eingesickerten Aufständischen ihre Aktionen ab 2003 nicht so schnell ausweiten können. Vor allem in den abgelegenen Paschtunen-Provinzen nutzen die Kommandos alte Kontakte und behaupten, für die Frei-

---

22 Im Krieg gegen die sowjetischen Streitkräfte starb von 1980 bis 1989 etwa eine Millionen Menschen, die meisten von ihnen waren Zivilisten (Schätzungen: 600 000 bis eine Million). Zur Zermürbungstaktik der 250 000 Aufständischen gehörten Minenanschläge und nadelstichartige Angriffe. Aber aus den Bergverstecken schickten die Aufständischen keine Selbstmordattentäter, da die Selbsttötung den damaligen religiösen Grundüberzeugungen widersprach. Al Kaida ist es gelungen, diese Überzeugung so zu verändern, dass militante islamische Gruppen Selbstmordattentate als legitimes Mittel im Krieg sehen und immer stärker anwenden.

23 Diese Taktik ist nicht durch Al Kaida verbreitet worden. Im Zweiten Weltkrieg haben japanische Kamikazeflieger, vor fünfzig Jahren nationalistisch orientierte palästinensische Attentäter und später Tamil Tigers in Sri Lanka das eigene Leben als Waffe genutzt. Diese Taktik ist von Al Kaida verbreitet, jedoch nicht erfunden worden. Die Terrororganisation und ihre Anhänger haben die religiösen Begründungen für eine allgemeine Akzeptanz geliefert und damit dazu beigetragen, dass islamische Aufstandsorganisationen Selbstmordattentate so häufig nutzen.

heit Afghanistans zu kämpfen. Die Taliban und ihre Verbündeten stellen den Kampf gegen ausländische Soldaten in den Vordergrund, auch weil sie wissen, dass die übergroße Mehrheit aller Afghanen (nicht nur der Paschtunen) nicht will, dass sie noch einmal die Macht in Kabul übernehmen.

Der schnelle Zusammenbruch des Taliban-Regimes 2001 und die Begeisterung der Bevölkerung für den politischen Neuanfang haben dazu geführt, die Schwierigkeiten und Probleme beim Wiederaufbau des durch Besatzung, Krieg, Bürgerkrieg und Gewaltherrschaft völlig zerrütteten Landes zu unterschätzen. Auch Deutschland erklärte sich bereit, Soldaten nach Afghanistan zu schicken. Die Bundesregierung in Berlin drängte darauf, in Afghanistan eine Zivilgesellschaft zu schaffen.

Gleichzeitig war die Koalition von Sozialdemokraten und Grünen aber nicht bereit, genügend finanzielle Mittel für die Erreichung dieses Zieles bereitzustellen. Die Regierung verpflichtete sich, für den Neuaufbau der afghanischen Polizei zu sorgen und die internationalen Bemühungen hierfür zu koordinieren. Für das Programm wurden jedoch jährlich gerade zwölf Millionen Euro bewilligt. In den Monaten nach dem Sturz der Taliban war den Verantwortlichen nicht klar, worauf Deutschland sich in Afghanistan einlassen würde. Es war nicht klar, dass es gar nicht möglich sein würde, eine eigenständige Politik gegenüber Afghanistan zu entwickeln, und dass auch die deutsche Politik letztlich vom militärischen Einsatz geprägt sein würde.

Nach den Schätzungen des Deutschen Instituts für Wirtschaftsforschung (DIW) in Berlin betragen allein die deutschen Militärausgaben für Afghanistan jährlich bis zu drei Milliarden Euro. Damit kommen die Wissenschaftler des Instituts zu einem anderen Ergebnis als die Parteien, die im Bundestag den Kriegseinsatz beschlossen und jährlich verlängert haben: »Unseren Schätzungen zufolge kostet jedes weitere Jahr, in dem Deutschland am Einsatz in Afghanistan teilnimmt, zusätzliche 2,5 bis 3 Milliarden Euro. Dies steht im Widerspruch zum offiziellen Kriegsbudget, das für das Jahr 2010 1059 Millionen Euro beträgt.« (Brück, de Groot, & Schneider, 2010)

Zu Beginn ihres Einsatzes im Jahre 2001 trugen die Soldaten keine Kampfausrüstung. Damit sollten sie demonstrieren, dass sie als Freunde nach Afghanistan gekommen seien, um den Aufbau zu sichern. Diese »Helfer in Uniform«, wie sie gern genannt werden wollten, waren aber in den ersten Jahren vor allem damit beschäftigt, in der Hauptstadt Kabul ihre eigenen Standorte aufzubauen. Mit gemischten Gefühlen reagierten die Afghanen auf die fremden Soldaten. Viele Afghanen sahen in den Ausländern einen Schutz vor einem neuen Bürgerkrieg, gleichzeitig fühlten sie sich aber auch bevormundet und in ihrer nationalen Ehre verletzt. Die Truppen wurden auch akzeptiert, weil die Afghanen an die internationalen Versprechen glaubten, die Lebensverhältnisse schnell zu verbessern.

Wirkungslose Hilfe

Mit den Soldaten waren auch zivile Helfer ins Land gekommen. Beim neuen Planungsministerium registrierten sich 1500 Hilfsorganisationen. Geländewagen mit den aufgespritzten großen Zeichen der unterschiedlichen Gruppen und Konvois der ausländischen Soldaten wurden aber mehr und mehr zu Symbolen eines Versprechens, das nicht eingelöst wurde. Unter den Bewohnern Kabuls machte sich ein Gefühl der Enttäuschung breit.

Zuerst wurden die Ausländer hinter vorgehaltener Hand beschuldigt, die eigentlich für die Afghanen bestimmten Gelder selbst aufzubrauchen, später kam es zu immer offenerer Kritik an den Fremden und den afghanischen Beamten und Politikern, die mit ihnen zusammenarbeiteten.

Bei Dreharbeiten im Sommer 2004, also drei Jahre nach dem Sturz der Taliban, war die gespannte Atmosphäre bereits in den Straßen Kabuls zu spüren. Mir war die Brisanz der Lage noch nicht bewusst, als wir bei Aufnahmen von den Geländewagen der Hilfsorganisationen in der großen Wazir Akbar Khan-Straße von Kabul plötzlich festgenommen wurden. Bewaffnete Zivilisten zwangen meinen Kameramann Laurent Stoop, ihnen seine Ausrüstung zu überlassen.

Sie zeigen keine Papiere und drängen den Kameramann, den Übersetzer und mich in den Hintereingang eines Hauses. Die Afghanen in militärähnlichen Uniformen sprechen kein Englisch und wiederholen ohne Unterbrechung nur zwei Worte: »No pictures«. Nach einigen Minuten erscheint ihr Vorgesetzter, ein Inder, und beschuldigt uns, ein Gebäude der United States Agency for International Development (USAID) gefilmt zu haben. Meine Entgegnung, wir hätten Aufnahmen vom Verkehr und nicht vom Haus gemacht, beachtet der Inder gar nicht. Der Leiter des Sicherheitsdienstes der US-Hilfsorganisation gibt die Kamera nicht heraus und hält uns fest.

Nach einer Stunde dürfen wir gehen. Unsere Ausrüstung behalten die Bewaffneten zurück und erklären, diese könnten wir erst nach Prüfung der Bilder abholen. Zwei Stunden später erhalten wir die Kamera immer noch nicht zurück. Der Inder erzählt mir, er könne sie nicht freigeben, da seine Männer ihm dies als Schwäche auslegen würden. Sie würden sich nicht ernst genommen fühlen. Schließlich hätten sie uns festgenommen. Und dann begründet er sein Verhalten. Er müsse auf die Nervosität der afghanischen Mitarbeiter Rücksicht nehmen. Einer seiner Untergebenen habe sogar versucht, ihn in der Vorwoche zu überfahren. Erst am Abend weist der Afghanistan-Verantwortliche von USAID, der uns in sein klimatisiertes Büro gerufen hat, seine Leute an, uns die Kamera zurückzugeben. Im besten Viertel Kabuls hat die Organisation alle Häuser einer kleinen Straße gemietet und diese abgesperrt. In klimatisierten Büros brüten Spezialisten über den Plänen bestimmter Projekte.

Von diesem Moment an kann ich den Unwillen der Afghanen besser verstehen. Sie fühlen sich betrogen, weil sich ihre Lebensverhältnisse trotz der ins Land fließenden Milliarden nicht verbessern.[24] In den fern der Hauptstadt gelegenen Provinzen arbeiten internationale Organisationen selten. Dort fühlen sich deren hochbezahlte Mitarbeiterinnen und Mitarbeiter wegen der zunehmenden Aktionen von Aufständischen nicht sicher.

Vom Hilfs- zum Kampfeinsatz
Während die ISAF-Einheiten nach dem Sturz der Taliban-Regierung den Großraum Kabul sicherten, setzten die Truppen der USA und Großbritanniens ihren Kampf gegen letzte Gruppen der Taliban vor allem im Süden oder auch gegen Al Kaida-Kommandos im Osten Afghanistans fort. Diese beiden Staaten hatten am 7. Oktober 2001 den Afghanistan-Krieg begonnen, den die US-Streitkräfte unter das Motto »Operation dauerhafter Frieden« (»Operation Enduring Freedom« – OEF) stellten. Militäraktionen im Rahmen

---

24 Am Tag nach der Festnahme filmen wir eine Schulklasse etwa drei Kilometer vom Zentrum Kabuls entfernt. Der Unterrichtsraum ist ungewöhnlich. Die Kinder werden auf dem Gang im ersten Stockwerk einer zerstörten Schule, in deren Klassenräumen Flüchtlingsfamilien leben, unterrichtet. Die Lehrerin trägt eine Burka und freut sich über die Abwechslung, die ein Fernsehteam in den Unterrichtsalltag bringt. Beim Schreiben können wir die Mädchen nicht filmen, sie haben weder Papier noch Bleistifte. Nach den Aufnahmen begleitet uns die Lehrerin die Treppe hinunter zum Ausgang. Zur Verabschiedung klappt sie das Stoffstück vor Nase und Augen zurück und sagt auf Englisch: »Wir haben nichts (We have nothing).« Fünf Minuten später fahren wir wieder zwischen den allradgetriebenen Fahrzeugen der Hilfsorganisationen durchs Zentrum Kabuls.

von »Enduring Freedom« werden weltweit geführt und beschränken sich nicht auf Afghanistan. An Einsätzen beteiligen sich vor allem NATO-Staaten.

Nach dem Sturz der Taliban 2001 wurde in Afghanistan zwischen den ISAF-Verbänden im Großraum Kabul, deren Einsatz eher Polizeicharakter hatte, und den Kampftruppen der USA und Großbritanniens genau unterschieden. Diese Trennung der unterschiedlichen Einsätze wurde ab 2003 Schritt für Schritt aufgehoben. Mit der Erweiterung ihres Einsatzgebietes über ganz Afghanistan übernahmen die ISAF-Truppen verstärkt Kampfaufgaben. Seit 2008 haben die Einheiten der ISAF und die in Afghanistan im Rahmen der Operation Enduring Freedom eingesetzten US-Truppen einen gemeinsamen Befehlshaber.

Spätestens von diesem Moment an handelt es sich bei den ISAF-Einheiten um Kampfverbände. Statt zivile Programme zu stützen und zu schützen, führen die Soldaten Krieg. Die Änderung erfolgte schrittweise und wurde als Anpassung an die veränderte militärische Situation in Afghanistan verstanden. Bei dieser Betrachtung erscheint der Wandel im Einsatz der Soldaten als das Ergebnis zunehmender Aktionen von Aufständischen.[25] Ausgeblendet bleibt dabei in der Regel das weitgehende Scheitern der zivilen Programme beim Wiederaufbau Afghanistans. Der Kampfeinsatz der Soldaten war das Ergebnis von gewaltigen Fehlern der internationalen Gemeinschaft in der Afghanistan-Politik.

---

25 Als erster deutscher Regierungspolitiker benutzte Verteidigungsminister Karl-Theodor zu Guttenberg im November 2009 das Wort »Krieg« im Zusammenhang mit Afghanistan (Blome & Meyer, 2009). Beim Einsatz deutscher Soldaten handle es sich bereits seit Jahren um einen »Kampfeinsatz« (ebenda). Seine Vorgänger hatten alles daran gesetzt, das Wort Krieg zu vermeiden, obwohl es täglich zwischen zehn und fünfzehn Angriffe von Aufständischen auf ausländische Soldaten gab und obwohl seit 2005 in den Kämpfen im Sommer nahezu täglich ein Soldat getötet wurde.

Auf Deutschland entfällt dabei eine besondere Verantwortung, weil der Neuaufbau der afghanischen Polizei völlig misslang. Genau dieser Aspekt wird von Politikern unterschlagen. So nennen zwei Bundesminister im Vorwort einer Veröffentlichung über das »Deutsche Engagement beim Polizeiaufbau in Afghanistan« als Ziel, »Afghanistan dabei zu unterstützen, stabile und selbsttragende staatliche Strukturen aufzubauen, um zu verhindern, dass sich dort rechtsfreie Räume bilden, die zum Rückzugsraum für internationalen Terrorismus werden könnten«. (Auswärtiges Amt, Bundesministerium des Inneren, 2012, S. 2) Auch elf Jahre nach dem Sturz der Taliban existieren rechtsfreie Räume im Übermaß, wenn die große Mehrheit der Urteile in Afghanistan von sogenannten informellen Gerichten – also nichtstaatlichen – gefällt wird. Die vollstreckten Strafen reichen von Geldbußen bis zur Steinigung von Frauen.[26]

In Broschüren über das deutsche Engagement in Afghanistan werden Einzelprojekte und -beispiele oder künftige Aufgaben beschrieben – so soll ein positives Bild entstehen. Angegeben wird, dass insgesamt 300 Millionen Euro für den Aufbau der afghanischen Polizei bereitgestellt wurden. Nicht erwähnt wird, dass es anfangs nur jährlich zwölf Millionen Euro waren (ebenda, S.10). Dabei sind von 2002 bis 2004 Weichen für die innenpolitische Entwicklung Afghanistans

---

[26] Natürlich kennen deutsche Polizisten, die als Freiwillige vor Ort versucht haben, den Neuaufbau der afghanischen Polizei voranzubringen, die Probleme, insbesondere das der fehlenden Mittel, sehr genau. Mehrfach haben mir gegenüber unterschiedliche Beamte auch über die Korruption geklagt. Sie nannten Beispiele und Namen. Aber sie betonten gleichzeitig, dass die Mittel fehlten, um die Missstände zu beheben. Wegen des katastrophalen Zustands der afghanischen Polizei entwickelten die USA ein neues Konzept für deren Aufbau. Bereits 2006 stellten sie eine Milliarde US-Dollar für die Umsetzung des Programms zur Verfügung. Damit wurden jedoch gleichzeitig die Weichen für eine Militarisierung der Polizei für den Einsatz gegen Aufständische gestellt. Die Schaffung eines Rechtsstaates steht bei einem derartigen Konzept nicht im Zentrum des Polizeiaufbaus.

gestellt worden. Eine besser aufgestellte Polizei hätte einen Beitrag leisten können, um das Abgleiten des Landes in einen neuen Krieg abzuwenden.

Die afghanische Bevölkerung sah fünf Jahre nach Beginn des Wiederaufbaus ihrer Polizei in den Beamten keine Ordnungshüter, sondern meist Räuber, die ihre Position missbrauchten, um sich persönlich zu bereichern.[27] In einer Untersuchung der Reform der Polizei heißt es, ohne Änderungen im Innenministerium würden alle Ausgaben für die Polizeireform vergebens sein: »Das Innenministerium ist bekanntermaßen korrupt, zerstritten und spielt eine zunehmende Rolle in der afghanischen Drogenwirtschaft.« (Wilder, 2007, S. XI) Statt von etwa 50 deutschen Polizisten wurden die afghanischen Polizisten ab 2006 vor allem von 500 internationalen Mitarbeitern des privaten US-Sicherheits- und Militärunternehmens DynCorps ausgebildet. 2006 und 2007 stellte die US-Regierung 3,6 Milliarden US-Dollar für den Ausbau, das Training und die Ausrüstung der afghanischen Polizei bereit. (Ebenda.)

Die jungen Polizisten werden vor allem darauf vorbereitet, sich am Kampf gegen Aufständische zu beteiligen. Im Vordergrund ihrer Ausbildung steht nicht mehr die Aufgabe, Sicherheit und Ordnung mit nichtmilitärischen Mitteln zu schaffen. Für die USA steht der militäri-

---

27 Bei meinen Aufenthalten habe ich erlebt, wie Beamte Fahrer gezwungen haben, ihnen kleine Geldbeträge zuzustecken, bevor sie Kontrollposten passieren durften. Ein geplantes Interview mit einem General der Grenzpolizei konnte nicht stattfinden, weil er wegen Heroinschmuggels seines Postens enthoben worden war. Tage später sah ich ihn 500 Kilometer entfernt in einer anderen Provinz. Sein Polizeifahrzeug wurde von Bodyguards beschützt. Wegen des Heroinschmuggels wurde er nicht zur Rechenschaft gezogen. Zweimal äußerten Entführungsopfer nach ihrer Freilassung mir gegenüber in Interviews den Verdacht, Polizisten seien an ihrer Entführung beteiligt gewesen. Überzeugt bin ich, dass die afghanische Polizei auch die Entführung der deutschen Christina M., die am 18. August 2007 in Kabul aus einem Imbiss verschleppt wurde, mitgeplant und ausgeführt hat.

sche Sieg über die Taliban und deren Verbündete im Vordergrund. Zwar betonen US-Diplomaten und Militärs wiederholt, ohne eine Verbesserung der Lebensverhältnisse der Bevölkerung werde es keine Erfolge gegen die Aufständischen geben. Praktisch vertraut die Regierung in Washington jedoch vor allem auf die Streitkräfte, um die Probleme der afghanischen Gesellschaft zu lösen.

Aufstandsbekämpfung (counterinsurgency) entwickelt sich zur Zauberformel der Afghanistan-Politik der USA. Die Streitkräfte erhalten für ihren Einsatz nahezu unbegrenzte Mittel. Schritt für Schritt wird die Truppenstärke erhöht. Die Aufständischen sollen militärisch geschlagen und zurückgedrängt werden. Um die Bevölkerung mobilisieren und für die Regierung in Kabul gewinnen zu können, sollen in den von Aufständischen gesäuberten Regionen Hilfs- und Aufbaumaßnahmen durchgeführt werden. (Petraeus, Amos, & Nagl, 2007) Allein von Januar bis Dezember 2008 erhöhten die USA ihre Truppenstärke von 27 000 auf 48 000 Soldaten. Präsident Obama ordnete 2009 eine weitere Aufstockung der US-Streitkräfte auf 100 000 Soldaten an.

Zusätzlich verstärkten andere Staaten ihre Kontingente, so dass Ende 2009 insgesamt 130 000 ausländische Soldaten in Afghanistan eingesetzt waren. Hinzu kamen noch einmal mindestens 70 000 Mitarbeiter privater Firmen, die für die ausländischen Streitkräfte im Einsatz waren. Die zusätzlichen Kampfeinheiten begannen 2010 in den Südprovinzen mit den bis dahin größten Angriffen gegen Aufständische. Anders als bei vergleichbaren früheren Militäreinsätzen sollten die eroberten Gebiete diesmal nicht wieder aufgegeben werden.

In den Vorjahren war es US-Truppen zwar gelungen, Aufständische zurückzudrängen, doch konnten diese ihre Positionen nach dem Rückzug der US-Soldaten wieder ausbauen. An den Angriffen auf die Aufständischen wurden ab 2009 zunehmend afghanische Soldaten und Polizisten beteiligt, die eine Rückkehr der Taliban verhindern sollten. Diese neue Militärtaktik brachte in Südafghanistan Erfolge. In den Ostprovinzen findet sie jedoch nicht mehr statt, obwohl sie dort schon angekündigt war, denn die ausländischen Truppen bereiteten zu diesem Zeitpunkt bereits ihren Rückzug aus Afghanistan vor.

Neue Kampftaktik

Mit der Aufstockung der Kampftruppen wurde gleichzeitig eine Wende der Taktik eingeleitet. US-Präsident Obama entsprach mit der Entsendung weiterer 30 000 Soldaten den Forderungen der Militärs nach zusätzlichen Kampftruppen nur zum Teil. Im August 2009 hatte General Stanley McChrystal in einer Einschätzung ein düsteres Bild gezeichnet und von einer Verschlechterung der Lage gesprochen. Der General befürwortete eine große Aufstockung der Truppen und rechnete mit einem langwierigen Krieg. Nur so könne die Aufstandsbewegung geschlagen werden. Dies sei nur möglich, wenn die Nähe zur Bevölkerung gesucht werde und die Aufständischen isoliert würden. (McChrystal, 2009)

General McChrystal nennt in seinen Empfehlungen keine Zahlen für die Verstärkung der Truppen, aber die im Dezember 2009 von Präsident Obama angeordnete Entsendung von 30 000 zusätzlichen Soldaten lag unter der von McChrystal gewünschten Zahl, um die militärische Initiative zurückgewinnen, Korruption stärker bekämpfen und die Bevölkerung für die Regierung gewinnen zu können. Obama kündigte aber auch zugleich an, der Rückzug aus Afghanistan werde achtzehn Monate später, also noch 2011, beginnen. Hinter den Kulissen wurde drei Monate lang erbittert über das weitere Vorgehen gerungen.

Die Befürworter der militärischen Aufstandsbekämpfung setzten sich nicht durch. Präsident Obama stellte mit seiner Entscheidung für den

Truppenrückzug aus Afghanistan die Weichen für ein neues Konzept des Antiterrorkrieges, das nicht mehr zum Ziel hat, eine Aufstandsbewegung zu besiegen, indem man die Bevölkerung gewinnt. In dem neuen Entwurf steht die Tötung der gegnerischen Führer im Vordergrund. Statt gemeinsam mit den afghanischen Soldaten gegen Aufständische zu kämpfen, werden die Soldaten dazu ausgebildet, den Kampf allein führen zu können.

Präsident Obama stellte diesen Plan erstmals in seiner Rede an der Militärakademie West Point vor (Obama, Dezember 2009). Auch wenn bereits drei Monate vor der Obama-Rede über Spannungen zwischen dem Weißen Haus und General McChrystal spekuliert wurde, verlor dieser erst im Juni 2010 seinen Posten als Oberbefehlshaber der Truppen in Afghanistan. Zwar erklärte Präsident Obama, der Wechsel der Kommandeure sei kein Strategiewechsel, aber das militärische Vorgehen änderte sich nachhaltig.

Bereits einen Monat nach McChrystals Ablösung erschien in der »New York Times« der Artikel »Gezieltes Töten neuer US-Schwerpunkt in Afghanistan« (Cooper & Landler, 2010). In den fünf Monaten zuvor seien 130 bedeutende Taliban getötet worden. Mir erklärte ein Presseoffizier in Kabul, die verbleibende Lebenserwartung eines Feldkommandeurs der Aufständischen betrage durchschnittlich vier Wochen.

Die Umstellung auf die Taktik des gezielten Tötens erfolgte schleichend. Bereits vorher waren in Afghanistan immer wieder Spezialkommandos eingesetzt worden, um Kommandeure oder Funktionäre der Taliban auszuschalten. Die verstärkten Truppen wurden zwar eingesetzt, um Aufständische zurückzudrängen und Gebiete langfristig zu sichern, aber dieses militärische Vorgehen wurde zunehmend seltener genutzt. Damit blieben nur Elemente der bisher verfolgten Aufstandsbekämpfung weiter bestehen.

Auch im politischen Vorgehen gegenüber Afghanistan erfolgten weitreichende Änderungen. Vom ursprünglichen Ziel, einen Staat mit funktionierenden Institutionen oder gar eine Zivilgesellschaft aufzubauen, wird nicht mehr geredet. Deutschen Politikern kommt es gelegen, dass sie im Windschatten der US-Politik eigene Ausstiegs- und Abzugspläne entwickeln können. Das Vorgehen ist vom Bemühen geprägt, eine militärische Niederlage abzuwenden und zu verhindern, dass Terroristen nach Afghanistan zurückkehren können. Die Schaffung stabiler innerstaatlicher, landesweiter Strukturen wird aufgegeben. Damit besteht gar nicht mehr der Anspruch, Milizkommandeure oder alte Kriegsherren daran zu hindern, in ihren Herrschaftsbereichen Teile des Landes zu kontrollieren.

Die Umstellung auf die neue Taktik der Terrorbekämpfung wird nicht offiziell bekannt gegeben[28]. Damit steht der Rückzug der Truppen aus Afghanistan im Mittelpunkt der politischen Auseinandersetzungen, ohne dass die militärischen und politischen Probleme angesprochen werden müssen. Seit dem Sommer 2011 steht das gezielte Töten von Anführern der Aufstandsbewegung im Vordergrund der

---

28 In einem Gespräch mit dem Pressesprecher der ISAF, Carsten Jacobson, im September 2011 benutzt der deutsche Brigadegeneral mir gegenüber auch den Begriff »Terroristen«, wenn es sich um Aufständische handelt. Damit werden einfache Afghanen, meist Dorfbewohner, die oft sogar mit eigenen Waffen gegen ausländische Soldaten kämpfen, als potenzielle Attentäter und Gefahr für die internationale Gemeinschaft dargestellt. Während Aufständische mit begrenzten Zielen gegen die eigene Regierung oder ausländische Soldaten kämpfen, haben Terroristen oft Ziele, die über eine Veränderung der Verhältnisse in ihrem Land hinausgehen. Zudem sind einige von ihnen bereit, Zivilisten zu entführen oder bei Selbstmordanschlägen oder Attentaten wahllos zu töten. Terroristen geht es nicht darum, zusammenhängende Gebiete und Teile der Bevölkerung zu kontrollieren, um eine Regierung zu schwächen und diese zu stürzen oder zur Machtteilung zu zwingen. Terroristen wollen mit ihren Anschlägen vor allem psychologische und propagandistische Erfolge erzielen. Deshalb filmen sie ihre Anschläge oft, um durch die Verbreitung der Bilder im Internet neue Mitglieder zu rekrutieren.

militärischen Aktionen. Statt aufwendiger und verlustreicher Großoffensiven werden immer mehr Kommandos von Eliteeinheiten gegen die Aufständischen eingesetzt. Das vorgegebene Ziel, die Aufständischen im afghanischen Hinterland militärisch zu besiegen, tritt in den Hintergrund. Der militärische Versuch, die Aufstandsbewegung zu zerschlagen und die Bevölkerung zu gewinnen, ist finanziell und militärisch nicht durchzuhalten. Durch die Tötung der wichtigen Mitglieder der Aufstandsbewegung, also der Taliban und der anderen Organisationen, werden diese an einem weiteren Vordringen gehindert oder gar zurückgedrängt.

Die Feinde der Regierung in Kabul bereiten sich auf künftige Angriffe gegen die Regierungsstreitkräfte vor, weil sie sich nach dem Abzug der ausländischen Kampftruppen größere Erfolge erhoffen. Auch sie beschränken sich zunehmend auf Kommandoaktionen, die vielfach symbolischen Charakter tragen und dem Ziel dienen, der Bevölkerung gegenüber Stärke zu demonstrieren oder sie zu verunsichern.

Am 13. September 2011 habe ich einen derartigen Rebelleneinsatz in Kabul erlebt. Sechs Bewaffnete verschanzten sich in einer Bauruine und beschossen aus den oberen Stockwerken das NATO-Hauptquartier, die US-Botschaft und den Präsidentenpalast. Die Angreifer hatten ihre Waffen bereits Tage vorher in dem Rohbau versteckt. Sie konnten so unbemerkt das Gebäude besetzen und die afghanischen Sicherheitskräfte überraschen. Nach der Explosion der ersten Geschosse brach in Kabul der Verkehr zusammen. Ich war in einem Taxi auf der Fahrt zur Deutschen Botschaft und ging den Rest der Strecke zu Fuß, um einen Termin einhalten zu können. Auf der Straße wimmelte es von bewaffneten Zivilisten. Die Mitarbeiter ziviler Sicherheitsdienste kamen aus den Gebäuden am Straßenrand. In ihrer Orientierungslosigkeit begannen einige von ihnen zu schießen, obwohl sie nicht wussten, was passiert war und die Bauruine mit den Aufständischen ungefähr drei Kilometer entfernt war.

Etwa 200 Meter weiter war die Hauptstraße vor der deutschen Botschaft leer. Hier wurde bereits heftiger geschossen. Afghanische Polizisten hinderten mich am Betreten einer Seitenstraße, an der der Eingang der Deutschen Botschaft lag. Mit vorgehaltener Waffe zwangen sie mich, hinter ihr Wachhäuschen zu gehen. Meine Proteste beachteten sie nicht. Offensichtlich hatten sie Angst, jemand könnte mich an ihrer Sperre als Ausländer erkennen und sie angreifen.[29] Erst nach zwanzig Stunden gelang es den afghanischen Sicherheitskräften, den Angriff zu beenden. Alle Aufständischen wurden getötet. Insgesamt starben 33 Menschen, unter ihnen mehrere Kinder.

Eine genaue Darstellung des Verlaufes der Kämpfe, in die auch US-Hubschrauber eingegriffen hatten, wurde nicht veröffentlicht. Das Chaos in Kabul war kaum zu überbieten. Die Regierung hatte die Bewohner Kabuls aufgefordert, ihre Häuser nicht zu verlassen. Selbst das Sicherheitskabinett traf sich unter der Leitung von Präsident Karzai zu einer Dauersitzung. Da konnte das Lob des ISAF-Pressesprechers für die afghanischen Streitkräfte am Folgetag nicht beruhi-

---

29 Nach mehreren Versuchen gelang es mir, die Botschaft anzurufen und mir Zugang zu verschaffen. In der Botschaft konnte ich dann das vereinbarte Gespräch im Schutzraum führen, in dem alle Mitarbeiterinnen und Mitarbeiter für mehrere Stunden zusammengezogen und mit Dosenproviant versorgt wurden. Genauere Informationen zu den Schießereien und Explosionen erhielt ich jedoch in Telefongesprächen mit meiner Frau in Hamburg. Im Internet waren detailliertere Darstellungen erschienen, als sie den Sicherheitsverantwortlichen der Botschaft zur Verfügung standen. Diese entwickelten ihr Lagebild vor allem durch Kontakte zu Beamten in der britischen Botschaft. Im Schutzraum war Unsicherheit zu spüren. Ich konnte die Diplomaten nicht zu einer Einschätzung der Lage bewegen. Die Presseoffiziere der ISAF waren stundenlang per Telefon nicht erreichbar. Sechs todesbereiten Aufständischen gelang es, auch unter den in Kabul lebenden Ausländern eine gewisse Orientierungslosigkeit auszulösen.

gen. Kabul blieb weiterhin in einer Art Schockstarre. Ein großer Teil der Beamten arbeitete am Tag nach dem Angriff nicht.

Die Schießereien und das Chaos am 13. September verdeutlichen, wie schwer es den afghanischen Sicherheitskräften fallen wird, die großen Städte des Landes ab 2014 zu kontrollieren und zu sichern. Auch vor dem Hintergrund derartiger Probleme wird die Zahl der Truppenkontingente, die im Land zurückbleiben sollen, immer weiter erhöht. Deutschland wird etwa tausend Angehörige der Bundeswehr im Land zurücklassen.

Da die USA ihre Militärtaktik bereits umgestellt und den Krieg in Afghanistan neu ausgerichtet haben, dürfte sich an dem geplanten Abzug nichts Wesentliches ändern. Genaue Zahlen über die Stärke der zurückbleibenden Einheiten werden nicht genannt. Auch die Entscheidung über die Art der langfristigen Stationierung von US-Einheiten wird erst später fallen, um sie den Entwicklungen der Verhältnisse in Afghanistan und den geostrategischen Interessen der USA anpassen zu können. Zudem sind Verhandlungen zwischen den Taliban und der Regierung in Washington einfacher zu führen, wenn noch nicht entschieden ist, ob die Regierung in Washington anstrebt, langfristig Stützpunkte in Afghanistan zu unterhalten.

Im Präsidentschaftswahlkampf 2012 kam Obama seine Änderung der militärischen Taktik und der Afghanistan-Politik zugute. Die Zahl der getöteten US-Soldaten und die Ausgaben für den Afghanistan-Krieg sind rückläufig.

Wie im Irak 2003 erhöhten sich auch in Afghanistan die Verluste erst nach dem Sturz der politischen Führung, gegen die der Krieg begonnen wurde. In den fünf Wochen des Krieges 2001 gegen die Taliban-Regierung starben nicht einmal ein Dutzend ausländische Soldaten, in den elf Jahren danach (2002–2012) starben etwa 3000, ohne dass die Aufständischen militärisch besiegt wurden.

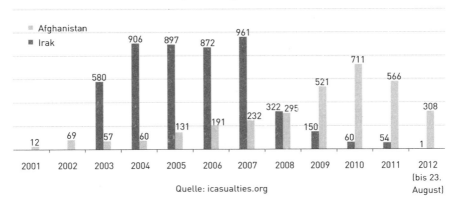

Getötete ausländische Soldaten
(Irak und Afghanistan)
Quelle: icasualties.org

In die Amtszeit von Präsident Obama fällt sowohl der Anstieg als auch der Rückgang der Zahl der in Afghanistan getöteten US-Soldaten. Bereits im Jahr 2011 starben mit 418 Soldaten 81 Männer weniger als im Vorjahr (499). (Iraq Coalition Casualty Count, 2012) Das Jahr 2012 wird dasjenige mit den geringsten Verlusten seit Obamas Amtsantritt 2009 (317). Im ersten Amtsjahr des Präsidenten hatten sie sich gegenüber 2008 verdoppelt.

Für Obama war es wichtig, die Zahl wieder zu verringern. So haben neben politischen und finanziellen auch wahltaktische Gründe für eine Änderung des militärischen Vorgehens in Afghanistan gesprochen. Auch Amtsvorgänger George W. Bush hatte dafür Sorge getragen, dass die Zahl der Kriegstoten im Irak während des Wahljahres 2008 deutlich unter der des Vorjahres lag.[30] Aber es zeichnet sich kein

---

30 Bei den Ausgaben für die Streitkräfte kann Präsident Obama darauf verweisen, dass er von Vorgänger Bush gewaltige Militär- und Kriegskosten übernommen hat und es

glückliches Ende ab. Wie im Irak sterben weniger ausländische Soldaten, weil sie wegen des bevorstehenden Abzugs seltener ihre Stellungen verlassen. Die US-Truppen können den Krieg nicht gewinnen, weil sie es nicht geschafft haben, die Menschen in den ländlichen Regionen des afghanischen Hinterlandes für sich zu gewinnen.

Opfer Zivilbevölkerung

Jahr für Jahr wurden mehr Zivilisten bei Anschlägen, Luftangriffen oder Gefechten zwischen Aufständischen und Soldaten getötet. Die Afghanen sehen sich als Opfer in einem Krieg, der immer erbitterter geführt wurde. In den Dörfern klagen die Menschen nicht nur über fehlende Hilfen, sondern auch über das Verhalten der fremden Soldaten. Innerhalb von Stunden verbreiten sich die Nachrichten über zivile Opfer in ganz Afghanistan. Auch in Dörfern, die nicht direkt vom Krieg betroffen sind, herrscht Verbitterung über das Vorgehen ausländischer Soldaten. In dem Dorf Gurokoh an der pakistanischen Grenze sagte Sprecher Wali Khan zu Angriffen auf Zivilisten, was viele denken: »Die schaffen Probleme für alle Afghanen, weil sie Unschuldige töten. Zu Anfang haben sie erklärt, sie könnten kleine Gegenstände am Boden erkennen – sogar wenige Zentimeter groß. Und jetzt können sie nicht zwischen Taliban und normalen Menschen unterscheiden. Das überrascht uns.«

Hier ist die Erregung besonders groß, weil drei Wochen zuvor, wenige Kilometer entfernt, Gäste einer Hochzeitsgesellschaft bei Luftangriffen getötet wurden. Bei dem Angriff starben mindestens vierzig Menschen. Überlebende haben meinen Mitarbeitern den Vorfall geschildert. Am 6. Juli 2008 hatte ein US-Flugzeug morgens um

---

ihm gelungen ist, den Trend der Ausgaben umzukehren. Sowohl der Haushalt des Verteidigungsministeriums als auch die Kriegsausgaben sind rückläufig.

sechs Uhr dreimal hintereinander Menschen auf einem zwischen zwei Dörfern liegenden Berg im Distrikt Dih Bala bombardiert. Es waren keine Aufständischen, wie anfangs von einem Militärsprecher behauptet, sondern Mitglieder einer Hochzeitsgesellschaft.

Möglicherweise erfolgte der Angriff, weil die US-Streitkräfte wie bei vergleichbaren Angriffen falsche Informationen erhalten hatten. Ob afghanische Informanten absichtlich falsche Hinweise geben, um durch einen Angriff die Wut auf ausländische Soldaten zu steigern, oder ob die Informationen genutzt werden, um eine private Rechnung zu begleichen, bleibt jeweils ungeklärt. Auch bei der Bombardierung der Hochzeitsgesellschaft dürften die Offiziere, die den Angriffsbefehl gaben, nicht gewusst haben, dass Teilnehmer einer Feier, auf der der Streit zwischen zwei Stämmen beigelegt wurde, getötet würden. Die Braut war aus dem Dorf auf den Berg begleitet worden, um sie dort der Familie des Bräutigams zu übergeben.

Einen solchen Auftakt für eine in Afghanistan traditionell durchaus übliche Hochzeit können sich ausländische Planer von Angriffen auf einem Luftwaffenstützpunkt nicht vorstellen. Aber andererseits können sich auch Betroffene nicht vorstellen, dass derartige Angriffe nicht vorsätzlich erfolgen. Wenn dann auch eine umgehende Entschuldigung und Wiedergutmachung ausbleibt, entsteht ein kaum zu reparierender Schaden. Während in den Reihen der Militärs Untersuchungen liefen, besuchte der afghanische Präsident bereits die Angehörigen, um ihnen sein Beileid auszusprechen, sie zu entschädigen und den Angriff zu verurteilen. Ein Mitglied jeder Familie mit einem Todesfall durfte auf Kosten der Staatskasse nach Mekka pilgern und bekam ein Stück Land.

Bei dem Angriff auf die Hochzeitsgesellschaft handelt es sich um keinen Einzelfall. Busse oder Fahrzeugkonvois mit Zivilisten wurden angegriffen, weil die Insassen für Taliban gehalten wurden, Häuser wurden irrtümlich bombardiert oder zufällig Anwesende erschossen.³¹ Mehrfach haben ausländische Soldaten in innerafghanischen Konflikten zugunsten einer der Parteien interveniert oder sich von dieser ausnutzen lassen.

In der Provinz Kandahar haben sich die US-Streitkräfte durch offene und verdeckte Parteinahme für bestimmte Stämme, vor allem für den Clan der Popalzai von Präsident Karzai, zusätzliche Feinde geschaffen. Konkurrierende Stämme versuchen durch Kooperation mit den Taliban ein Gegengewicht zu schaffen (Forsberg, 2010).³²

Auch deshalb unterstellen viele Afghanen den USA, dass es ihnen gar nicht darum gehe, die Verhältnisse in Afghanistan zu verbessern und die Lage zu beruhigen. »Sie wollen nicht, dass die islamischen Länder sich wirtschaftlich und politisch ohne Amerika entwickeln und stabilisieren«, erklärte mir ein Tagelöhner im zentralen Bazar von

---

31 Besonders unerträglich fand ich den Kommentar einer ISAF-Pressesprecherin zu einem Luftangriff auf ein Dorf in Südafghanistan, bei dem etwa hundert Menschen getötet wurden. Sie erklärte, es handle sich bei den Opfern um Taliban, und begründete ihre Sichtweise damit, dass sich unter den Toten keine Frauen und Kinder befunden hätten. Getötet wurden nicht nur aktive Taliban, sondern es starben nahezu auch alle Männer eines Dorfes, auf dessen Platz eine Hinrichtung stattfand, die wahrscheinlich von Taliban vollstreckt wurde, weil das Urteil auch von einem Gericht der Taliban gefällt wurde. Zur Hinrichtung hatten sich die Männer des Dorfes versammelt. Als ich gegenüber einem Einsätze planenden ISAF-General den Vorfall ansprach und die Aussage der Sprecherin kritisierte, meinte der nur, leider könne so etwas passieren, wenn Leuten ohne Erfahrung derartige Aufgaben übertragen würden. Die Sprecherin sei gerade aus den USA gekommen und dort auf einem großen Standort eingesetzt gewesen.

32 Auch im Bereich deutscher Soldaten in Nordafghanistan gab es ähnliche Parteinahmen. Paschtunen wurde von Führern anderer Stämme oder Kommandeuren von Milizen, die mit den Bundeswehreinheiten zusammenarbeiteten, Land geraubt. Weil sie sich nicht wehren konnten, hatten es die Taliban besonders leicht, in den entsprechenden Dörfern wieder Milizen aufzubauen. Insgesamt haben sich einflussreiche Personen seit der Stationierung der ausländischen Truppen etwa eine Million Hektar Land angeeignet, das vorher meist Paschtunen gehörte oder ohne Eigentümer war und dann von Nomaden genutzt wurde.

Kabul. Missachtung der afghanischen Kultur verstärkt derartige Urteile. Hinter der Leichtfertigkeit, mit der vielfach militärische Entscheidungen[33] gefällt werden, wird eine kulturelle Arroganz von Ausländern deutlich, die Afghanen regelmäßig aufbringt. So gedenkt US-Präsident Obama in seinen mit extremer Genauigkeit inszenierten Reden immer wieder der in Afghanistan getöteten Mitglieder der US-Streitkräfte und würdigt deren Einsatz. Die in den vergangenen elf Jahren von US-Soldaten getöteten Afghanen erwähnt er nicht.

Diese gegenüber der afghanischen Bevölkerung respektlose Haltung teilen deutsche Politiker. Wenn Soldaten der Bundeswehr bei Anschlägen getötet werden, sprechen sie von einem feigen Hinterhalt, wenn afghanische Zivilisten auf Grund eines Befehls eines deutschen Offiziers getötet werden, unterbleibt die notwendige schnelle, rückhaltlose Aufklärung. Für mich sind wichtige Hintergründe der Bombardierung der Bauern und Taliban, bei der in der Nacht vom 3. auf den 4. September 2009 etwa 100 Kinder und Männer getötet wurden, nicht geklärt (Mettelsiefen & Reuter, 2010). So wäre es wichtig zu wissen, ob deutschen Offizieren in Afghanistan aus Berlin besondere Verhaltensvorgaben wegen des laufenden Bundestagswahlkampfes gemacht worden sind und welche Rolle der Genuss von Alkohol bei der Entwicklung der Lageanalyse und dem Einsatzbefehl gespielt hat.

Zu Beginn wurde die Öffentlichkeit über den Hergang falsch informiert. Dann stritten Politiker und selbst der damalige Verteidigungsminister ab, dass Zivilisten getötet worden waren,[34] später wurde ihre

---

33 Bauern können nicht verstehen, warum in Afghanistan mit Sprengstoff gehandelt wird, die Einfuhr bestimmter Kunstdüngersorten jedoch verhindert wird. Der Importstopp wurde verhängt, weil Aufständische aus Kunstdünger Sprengstoff für Minen herstellen können.

34 Selbst im offiziellen NATO-Untersuchungsbericht wird die Zahl der Toten nicht genauer bestimmt, sondern mit zwischen 17 und 142 angegeben. Der Journalist

Zahl heruntergespielt. Dieses Vertuschen sowie das Desinteresse ist nur eines der Beispiele dafür, mit welcher Verantwortungslosigkeit der Krieg in Afghanistan von den großen Politikern und auch den meisten Journalisten behandelt wird.

Seit Jahren nehme ich Aussagen von ausländischen Offizieren über Zwischenfälle mit Zivilisten wesentlich weniger ernst als die von gut informierten Afghanen. Offiziere und auch viele Diplomaten verteilen eher rhetorische Beruhigungspillen, als dass sie zur Aufklärung beitragen. Selbst die militärische Lage wird nur unzureichend beschrieben. Erfahrungen haben dazu geführt, dass ich im »Informationskrieg« zwischen Afghanen und Ausländern eher der afghanischen Seite glaube.

Auch für Afghanen, die die Taliban und deren Verbündete vollständig ablehnen, sind Aufständische, die in den Provinzen gegen ausländische Soldaten und die Regierung in Kabul kämpfen, keine Terroristen. »Sollen Generäle etwa sagen: Es klappt nicht? Oder erwarten Sie gar, dass ausländische Offiziere von einen ›Angriff gegen arme Bauern‹ sprechen, wenn sie das Erstürmen von Dörfern ›militärischen Fortschritt‹ nennen?«, sagte mir mein Producer nach einem Hintergrundgespräch im ISAF-Hauptquartier in Kabul. Es existieren wie immer zwei Sichtweisen des Konflikts. Ohne die Wahrnehmung der anderen Seite zu kennen, bleibt der Krieg in Afghanistan unverständlich.

Selbst viele Afghanen, die von ausländischem Geld profitieren und sich durch die Truppen der westlichen Staaten geschützt fühlen,

---

Christoph Reuter hat den Angriff genauer recherchiert und wochenlang Angehörige der Opfer befragt, um Klarheit zu schaffen: »Wenn man jemanden umbringen lässt, sollte man sich auch dafür interessieren, wen man da hat umbringen lassen.« (Berr, 2011)

sehen ausländische Soldaten als Eindringlinge. So kam es nach der Verbrennung von Koranbüchern durch US-Soldaten vor allem in größeren Städten zu Protesten. Als wenige Tage später ein US-Soldat in einem Amoklauf dreißig Afghanen erschoss, hielt sich die Empörung im Land auch deshalb in Grenzen, weil der Abzug der ausländischen Kampftruppen bekannt war. Viele Afghanen hoffen, dass sich die Situation beruhigt, wenn die fremden Soldaten das Land verlassen haben.

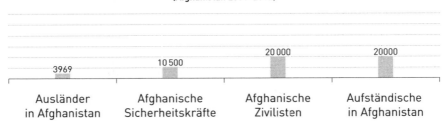

Opfer von Krieg und politischer Gewalt
(Afghanistan 2001–2012)

3969 — Ausländer in Afghanistan
10 500 — Afghanische Sicherheitskräfte
20 000 — Afghanische Zivilisten
20 000 — Aufständische in Afghanistan

Quellen: iCasualties.org; Watson Institute und andere

Etwa 50 000 Afghanen wurden bei den Kämpfen seit 2001 getötet. Die Zahl der Opfer des Krieges hat sich von Jahr zu Jahr vergrößert. Je mehr Aufständische getötet wurden, desto mehr Zivilisten starben auch bei den Angriffen. Zwar verloren die meisten von ihnen bei Anschlägen der Aufständischen ihr Leben, aber nach Ansicht der Mehrheit der Afghanen sind die ausländischen Soldaten für die zunehmende Gewalt verantwortlich.[35] 2011 starben 2332 Zivilisten bei

---

35 Der Tod von Zivilisten oder Aufständischen schreckt nicht nur ab. Vielfach wollen Verwandte die Toten rächen. Auch deshalb eskalieren die Kämpfe. Wenn ausländische Offiziere in der Tötung einer hohen Zahl von Gegnern einen Erfolg sehen, kann dies zu einer verhängnisvollen Fehleinschätzung führen. Statt eines Rückgangs der Kämpfe können sich diese ausweiten, weil die Bereitschaft wächst, gegen ausländische Soldaten zu kämpfen.

Anschlägen der Regierungsgegner, aber ausländische Soldaten oder afghanische Sicherheitskräfte töteten 410 unbeteiligte Zivilisten – Kinder, Frauen und Männer, die meisten bei Luftangriffen (United Nations Assistance Mission in Afghanistan UNAMA, UN Office of The High Commissioner for Human Rights OHCHR, 2012).

Unsichere Zukunft

Viele Afghanen hoffen, dass der Krieg endet, wenn die ausländischen Soldaten das Land verlassen, und dass Afghanistan nicht wie nach dem Abzug der Sowjettruppen in einen Bürgerkrieg abgleitet. Sie sehen im Scheitern beim Aufbau starker staatlicher Strukturen kein entscheidendes Problem für die Zukunft ihres Landes. »Wir werden das auf unsere Art machen«, erklärte mir ein Afghane, der nach seiner Rückkehr aus dem Exil in Kabul Politiker berät. Mich hat immer wieder überrascht, dass dieser Mann Kontakte zu den unterschiedlichsten Politikern des Landes nutzen kann. Sie reichen vom Präsidentenpalast über führende Mitarbeiter des Geheimdienstes und unterschiedliche Stammesführer bis zu Vertretern der Aufständischen aller Schattierung.

Sein Netzwerk von Kontakten und Beziehungen hat er über Jahre aufgebaut. Es basiert auf der Nutzung von Verbindungen der eigenen Familie und des eigenen Stammes. Bekanntschaften aus der Zeit des Kampfes der Mujaheddin werden genauso genutzt wie die aus den Jahren des Exils. Nur eines ist auffällig: Wenn ich meinen Freund frage, wen ich im Zusammenhang mit einem bestimmten Problem anrufen soll, verweist er nicht auf Ministerien. Und wenn er mich zum Leiter einer Behörde vermittelt, wird das Treffen über einen anderen Kontakt eingefädelt.

Präsident Karzai hat das Geflecht der Mächtigen und Einflussreichen nicht angetastet. Er nutzte es, um die eigene Machtposition auszubauen. Wer den Präsidenten unterstützte, konnte davon ausgehen, eigene Machenschaften ungestraft abwickeln zu können. Im Gegenzug erwartete auch der Präsident, dass er, seine Familie, seine Sippe, sein Stamm und seine Vertrauten agieren durften, ohne immer gleich kritisiert zu werden.

Dieses System der Teilung von Macht, Einfluss und Reichtum ist nicht neu entstanden. Auch zur Zeit der Monarchie gab es keinen starken Zentralstaat, wenngleich die Behörden besser arbeiteten als heute und Korruption nicht im derzeitigen Umfang existierte. In jener von Afghanen nur zu gern als »gute alte Zeit« genannten Periode spielten die Stämme und ihre Führer eine wesentlich größere Rolle. In den vergangenen dreißig Jahren sind die Kommandeure der Milizen hinzugekommen und haben sich einen Teil der Macht der Stammesführer angeeignet.

Die Kriegsherren setzen bei der Durchsetzung ihrer Interessen auf die Stärke ihrer Milizen. Sie waren die Führer der unterschiedlichen Gruppen, die sich im Bürgerkrieg der Achtzigerjahre des vergangenen Jahrhunderts erbittert bekämpften. Bis heute ringen sie um die Macht. Einige stehen auf der Seite der Regierung, andere führen den Aufstand gegen die Ausländer und die von diesen geförderten neuen Herren in Kabul an.

Deshalb hängt die Zukunft Afghanistans davon ab, ob die unterschiedlichen Gruppen einen Kompromiss finden, die Herrschaft zu teilen. Verdeckte Verhandlungen zwischen der Regierung und ihren Feinden hat es schon mehrfach gegeben. Die Islamische Partei von Hekmatyar lebt sogar seit Jahren in einem politischen Spagat. Ein Teil ihrer Mitglieder arbeitet im Herrschaftsapparat von Kabul, auch um diesen zu islamisieren. Andere Vertreter der Partei leiten den Kampf von Aufständischen in den Provinzen des afghanischen Hinterlandes.[36]

Wenn die ausländischen Kampftruppen abgezogen sind, werden die Vertreter des militanten Flügels der Islamischen Partei eher bereit sein, den Kampf einzustellen und sich an der Macht in Kabul beteiligen zu lassen. Ihre Verhandlungsposition gewinnt an Gewicht, sobald die Regierung nicht mehr von 100 000 fremden Soldaten gestützt wird. Bereits seit Jahren verhandelt Präsident Karzai mit ihnen über eine Machtbeteiligung.[37] (Gall, 2010) Ein solcher Kompromiss wird der Regierung in Kabul allerdings nur eine gewisse Erleichterung verschaffen.

Entscheidend für die Zukunft Afghanistans wird sein, ob sich die Regierung und die Taliban einigen oder zumindest einen Waffenstillstand aushandeln können. (Semple, Reconciliation in Afghanistan, 2009) Gespräche zwischen den USA und unterschiedlichen Vertretern der Taliban sind bisher genauso gescheitert wie Verhandlungen

---

36 In einem Gespräch mit einem Offizier der US-Streitkräfte erhielt ich auf die Frage, ob die Situation in Afghanistan nicht paradox sei, wenn die internationale Gemeinschaft in Kabul die Arbeit der Islamischen Partei fördere und in den Provinzen gegen sie kämpfe, eine für mich schockierend naive Antwort: »They are the good ones and that are the bad ones.« Mit dieser Unterteilung in Gute und Schlechte kommt man in Afghanistan nicht weiter. Wie chaotisch sich die US-Politik entwickelt, wird an der unterschiedlichen Behandlung von Parteiführer Hekmatyar deutlich. In den Jahren des Krieges gegen die sowjetischen Truppen in Afghanistan erhielt er die größte Finanz-, Waffen- und Ausbildungshilfe durch die USA. Im Februar 2003 setzten die USA ein Kopfgeld auf ihn aus, weil er mit seinen Milizen den Kampf gegen die ausländischen Soldaten führte.

37 Von 2007 bis 2009 hat Hamid Karzai ausländische Botschafter wiederholt gefragt, was sie von einer Regierungsbeteiligung Hekmatyars halten würden. Ein EU-Botschafter erklärte mir, er habe dem Präsidenten geantwortet, Hekmatyar werde sich langfristig nicht mit der Position des zweiten Mannes im afghanischen Staatsapparat zufriedengeben. Daraufhin habe Karzai offensichtlich keine Koalition mit Hekmatyar mehr angestrebt.

mit Präsident Karzai.[38] Nach der Eröffnung einer Botschaft in Katar werden die Taliban ihre Gesprächsbereitschaft wieder signalisieren, ohne an einem schnellen Ergebnis interessiert zu sein. Da den Taliban die militärische Kraft für einen Sieg über die Regierung in Kabul fehlt, werden sie versuchen, ihren Einfluss in Südafghanistan zu festigen, um sich Machtpositionen in den Paschtunen-Regionen zu sichern. (Semple, www.newstatesman.com, 2012) Dann würden sie sich an der Macht beteiligen lassen, so wie es einige Gouverneure und ehemalige Militärführer im Norden des Landes tun.

Auch die Taliban-Führer haben kein Interesse an einem Bürgerkrieg, den sie nicht gewinnen können. Sie sind ein komfortables Leben im pakistanischen Exil gewohnt und wollen am neuen Reichtum Afghanistans teilhaben, von dem sie bisher abgeschnitten waren.

In einem Bürgerkrieg würden alle Mächtigen die neuen Annehmlichkeiten ihres Lebens verlieren. Deshalb werden sie alles daran setzen, den eigenen Besitz und die eigene Macht nicht zu gefährden.

---

38 2010 und 2011 häuften sich in Kabul Gerüchte über bevorstehende Erfolge bei Verhandlungen mit den Taliban. Um leichter mit den Aufständischen Kontakt pflegen zu können, wurden Häuser mit Seiteneingängen versehen. Dann konnten Treffen mit Taliban-Kommandeuren, die sich unerkannt in Kabul bewegten, leichter organisiert werden. Mittelsmänner meldeten sich bei Botschaftern, um ihre Bereitschaft zu erklären, für ein entsprechendes Honorar Kontakt zu den Taliban herzustellen. Dabei hatte Präsident Karzai die Preise verdorben, weil er einem selbsternannten Unterhändler, der sich als Mullah Akhtar Muhammad Mansour (Stellvertreter von Taliban-Chef Mullah Omar) ausgegeben hatte, nach den Treffen Geld hat aushändigen lassen. Der angebliche Taliban-Führer wurde von der pakistanischen Grenze mit NATO-Hubschraubern zu den Verhandlungen im Präsidentenpalast geflogen. Der Schwindel wurde erst bei der dritten Verhandlungsrunde entlarvt (Filkins & Gall, 2010). Die Verhandlungseuphorie ebbte daraufhin schnell wieder ab. Taliban-Führer Mullah Mohammed Omar hat die Verhandlungen öffentlich dementieren lassen. Erst seit Anfang 2012 bestehen die Kontakte, die möglicherweise zu künftigen ernsthaften Verhandlungen ausgebaut werden sollen.

Gleichzeitig wissen diese Politiker und Geschäftemacher nur zu gut, dass die finanzielle Unterstützung der westlichen Staaten nur dann weiter fließt, wenn sie Afghanistans Sturz in den Abgrund verhindern. Sie haben gelernt, aus dem Scheitern des Westens Kapital zu schlagen und gleichzeitig die ganz große Katastrophe zu verhindern, um sich weitere Zahlungen zu sichern.

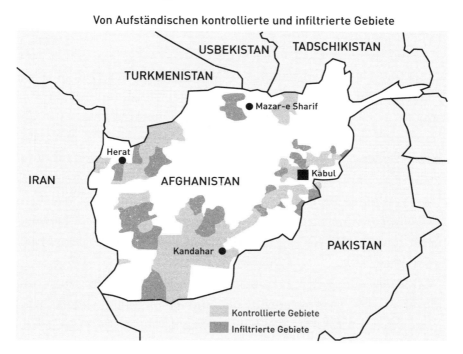

Irak

»Wir haben es einfach nicht verstanden« (Shadid, 2011). Für den Oberkommandierenden der US-Streitkräfte im Irak, General Raymond Odierno, sind die Versuche der USA, die Politik im Irak mitzugestalten, naiv gewesen. Man habe die Zerrüttung des Landes nach Kriegen, Sanktionen und Diktatur nicht richtig eingeschätzt und die innenpolitische Lage mit dem Ausmaß der Probleme zwischen Schiiten, Sunniten und Kurden nicht richtig gesehen. In den USA wird der achtjährige Irak-Krieg (2003–2011) bereits verdrängt. Politiker reden nur noch höchst selten über das von US-Präsident Georg W. Bush angerichtete Desaster im Irak. Einzig einige Wissenschaftler und Politikberater diskutieren, ob die USA dort einen Staat hinterlassen, der zu scheitern droht. (Parker, 2012) Einen deutlicheren Hinweis auf das eigene Versagen kann es kaum geben.

Gerade der Irak-Krieg bestärkt die Einschätzung, dass militärische Mittel ungeeignet sind, um politische Ziele durchzusetzen oder gar Demokratie zu exportieren, wie es Präsident Bush und seinen Mitstreitern vorschwebte. Der Irak sollte zu einer Art Leuchtturm der Demokratie mit einer Vorbildfunktion für andere Staaten der arabischen Welt und den Iran entwickelt werden. Da der Wille, Demokratie zu schaffen, kein Kriegsgrund ist, wurde die militärische Operation »Freiheit Irak« mit der Lüge begonnen, die im Irak versteckten Massenvernichtungswaffen beseitigen zu wollen. (Tilgner, Der inszenierte Krieg – Täuschung und Wahrheit beim Sturz Saddam Husseins, 2003)

Al Kaida nutzte den Einmarsch der ausländischen Truppen, um im Irak neue Strukturen aufzubauen und die innenpolitischen Spannungen durch Anschläge anzuheizen. Statt der geplanten Demokratie entwickelte sich im Land ein Bürgerkrieg (2005–2007), in dem etwa 200 000 Menschen getötet wurden. Vor allem die gigantischen Öleinnahmen, über die das Land mittlerweile wieder verfügte, ermöglichten den US-Streitkräften einen Rückzug, ohne ein zusammengebrochenes Land zu hinterlassen.

Statt in die Infrastruktur zu investieren, wurde mit dem Ölgeld im Schnellverfahren ein Sicherheitsapparat mit 700 000 Soldaten, Polizisten und Geheimdienstmitarbeitern aufgebaut, der in der Lage ist, eine korrupte Regierung an der Macht zu halten und ein Auseinanderdriften der verschiedenen gesellschaftlichen Gruppen Iraks zu verhindern. Ministerpräsident Nuri al-Maliki hält sich nicht an politische Absprachen und nutzt Geheimdienste und Justiz, um politische Gegner und Kritiker auszuschalten.

Beginn mit Katstrophen

Vom Sturz Saddam Husseins am 9. April 2003 bis zur Übergabe der Macht an eine irakische Regierung am 28. Juni 2004 verwalteten die USA den Irak. Das Land hatte praktisch den Status einer Kolonie. In dieser Zeit beging der amerikanische Zivilverwalter Paul Bremer Fehler, deren Auswirkungen im Irak bis heute zu spüren sind. Ende Mai 2003 löste er das irakische Verteidigungsministerium auf und entließ alle Soldaten. Bereits Tage später kündigten Offiziere auf einer Demonstration vor dem Amtssitz Bremers an, die US-Soldaten künftig als Besatzer zu bekämpfen.[39] Mit der Abschaffung der Zölle und der Privatisierung von Staatsbetrieben löste der US-Verwalter im Irak ein beispielloses Wirtschaftschaos aus. Die Privatisierung war ein Fehlschlag, und die meisten der noch existierenden Kleinbetriebe mussten schließen, weil sie mit den Billigwaren aus China nicht konkurrieren konnten. Bremers Fehler wurden viel zu spät korrigiert. Bremer dürfte noch im Irak erkannt haben, dass der Versuch der USA, im Irak demokratische Strukturen einzuführen, keinen Erfolg haben

---

39 Wenige Tage zuvor habe ich in Bagdad eine andere Demonstration erlebt, auf der Offiziere dem US-Zivilverwalter anboten, gemeinsam mit den US-Streitkräften eine neue irakische Armee aufzubauen. Mit der Ablehnung dieses Angebotes und der Auflösung der Streitkräfte haben die USA Zehntausenden von Offizieren und einfachen Soldaten die Existenzgrundlage entzogen. Gleichzeitig gab es im Irak keinen Sicherheitsapparat mehr. Viele der Entlassenen schlossen sich der von Anhängern Saddam Husseins gebildeten Aufstandsbewegung an.

würde.⁴⁰ Noch im Jahr seiner Rückkehr in die USA verlieh ihm Präsident Bush die höchste zivile Auszeichnung der USA, die Freiheitsmedaille. Im Februar 2007 wurde er von einem Ausschuss des US-Kongresses zur Verwendung von mehreren Milliarden US-Dollar befragt, die die USA für den Neuanfang im Irak bereitgestellt hatten und von denen der größte Teil verschwunden war.⁴¹ (Colvin, 2007)

In der Zeit der Herrschaft Bremers (2003–2004) über den Irak nutzte Al Kaida das sicherheitspolitische Vakuum und die Zerrüttung der wirtschaftlichen und sozialen Verhältnisse, um im Land Fuß zu fassen. Einige Mitglieder der Terrororganisation, die wegen des Krieges aus Afghanistan geflohen waren, hatten vor dem Krieg in Irakisch-Kurdistan nahe der iranischen Grenze außerhalb des Herrschaftsbereichs Saddam Husseins Unterschlupf gefunden.

---

40 Bremer muss bereits eine Vorstellung vom Fehlschlag seiner Mission entwickelt haben. Denn bei seinem letzten Treffen mit dem irakischen Übergangsrat, bei dem er die Macht an die neue irakische Regierung übertrug, wünschte er dem Land einen neuen Diktator. Sangüli Caguck, eine Politikerin aus Kirkuk, die bei diesem Treffen anwesend war, erzählte mir fünf Jahre später, sie sei von der Bemerkung völlig überrascht gewesen. Denn Bremers Zusatz, nur müsse es ein guter Diktator sein, habe sie nicht nachvollziehen können.

41 Neben der mit anderen Korruptionsfällen vergleichbaren Geschichte, eine Gruppe korrupter Spitzenbeamter habe sich durch fingierte Verträge oder durch die Anschaffung minderwertiger Güter bereichert, wurde in Bagdad folgende Geschichte erzählt: Einen Teil des gestohlenen Geldes habe Minister Hazim al-Shaalan in ein auf dem Flughafen Bagdad wartendes Kleinflugzeug laden lassen, das später Hunderte von Millionen US-Dollar nach Beirut transportiert habe. Solch eine Version macht durchaus Sinn, da das irakische Bankensystem nach dem Krieg nicht richtig funktionierte und die Amerikaner mit den von ihnen ins Land gebrachten neuen Dollarnoten eine Art Zweitwährung eingeführt hatten.

Al Kaida kommt

Al Kaida rekrutierte nach dem Einmarsch der US-Truppen in wenigen Wochen Hunderte junger Männer und organisierte eine Anschlagsserie, um das Chaos im Irak zu verstärken. (Brisard, 2005) Vor allem aus anderen Teilen der arabischen Welt reisten Al Kaida-Sympathisanten in den Irak, um dort für die Schaffung eines islamischen Staates zu kämpfen. Die meisten von ihnen kamen aus Saudi-Arabien, Libyen und Syrien.

Möglicherweise waren die Heimatländer über das Abwandern ihrer »Heiligen Krieger« sogar froh, weil diese in der Heimat keinen Schaden mehr anrichten konnten (Felter & Fishman, 2007). Die Krieger stärkten im Irak die Front der Terroristen und erschwerten damit den Versuch der USA, in einem arabischen Land eine Demokratie aufzubauen.

Insbesondere Saudi-Arabien hatte kein Interesse an einem möglichen Erfolg der USA bei der Schaffung stabiler Strukturen im Nachbarstaat. Für Al Kaida waren saudische Freiwillige höchst willkommen, da sie vielfach den gleichen Stämmen angehörten, die im Nordwestirak ansässig sind.

Insgesamt sollen sich bis zum Jahr 2006 etwa 3000 Freiwillige aus anderen Staaten Al Kaida im Irak angeschlossen haben. Dieser Einsatz von Kämpfern außerhalb ihrer eigenen Länder stand in der Tradition der »arabischen Legionen«, die in den Achtzigerjahren unter Leitung Bin Ladens am Krieg gegen die sowjetischen Truppen in Afghanistan teilgenommen hatten. Damals waren diese Kämpfer von der CIA ausgebildet und ausgerüstet worden. 2011 (Libyen) und 2011 bis 2012 (Syrien) unterstützten Geheimdienste westlicher Staaten erneut arabische Freiwillige bei Kämpfen in anderen Staaten. Im Irak kämpften diese radikalen Moslems nach dem Sturz Saddam Husseins auch gegen die US-Streitkräfte.

Einige von ihnen wurden von Al Kaida zu Selbstmordattentätern ausgebildet und bei Anschlägen auf Schiiten eingesetzt. Selbstmordanschläge hatte es im Irak bis dahin nicht gegeben. Sie wurden von der Bevölkerung aus Glaubensgründen abgelehnt. Saudische Staatsbürger, die in den Irak gereist waren, um einen Anschlag auszuüben, mussten an Al Kaida 2000 US-Dollar zahlen. Einen ähnlich großen Betrag übergab die Organisation später Angehörigen von irakischen Attentätern. So wurde den Attentätern die Entscheidung für den eigenen Tod erleichtert, weil sie mit ihrem Anschlag das Elend ihrer Familie etwas mildern konnten. Damit bestätigten sich die Behauptungen vieler Iraker im Jahr nach dem Sturz Saddam Husseins, die Selbstmordanschläge würden von Ausländern begangen und gefördert. Bis heute hält sich im Irak das Gerücht, auch westliche Geheimdienste hätten mit den Terroristen zusammengearbeitet,[42] um das nach dem Sturz Saddam Husseins entstandene Chaos noch zu vergrößern. Genau wie die US-Armee nach dem Krieg im April 2003 nicht gegen Plünderer vorgegangen sei und später die Armee und die Polizei aufgelöst hätte, so hätten Ausländer auch Al Kaida gefördert. Mit Anschlägen verschärften die Terroristen Spannungen zwischen den beiden großen Religionsgruppen Iraks (Schiiten und Sunniten). Selbstmordattentäter zündeten ihre Sprengsätze in schiitischen Prozessionen oder vor großen Moscheen, wenn sich dort die Gläubigen zum Gebet sammelten. So sollten Racheaktionen provoziert werden.

---

42 Bis zum Jahr 2009 habe ich entsprechenden Geschichten keinen Glauben geschenkt. Verunsichert wurde ich durch Scheich Ali Hatam Al-Ali Suliman. Er war Führer der Stammesmilizen, die gegen Al Kaida gekämpft haben. Nach einem Interview für das Schweizer Fernsehen am 25. Februar 2009 in seinem Büro in Bagdad öffnete er die Schublade seines Schreibtisches und zeigte mir Fotos, auf denen wilde Gestalten zu sehen waren. Es handle sich um US-Agenten, die mit Al Kaida-Kämpfern Anschläge verübt hätten. Als ich sagte, ich glaube dies nicht, lachte er nur, meinte, ich sei naiv, und ließ die Bilder wieder in seinem Schreibtisch verschwinden.

Da zur gleichen Zeit schiitische Todesschwadronen Mitarbeiter des alten Geheimdienstes oder Funktionäre des Regimes von Saddam Hussein ermordeten, bei denen es sich in der Regel um Sunniten handelte, forderten auch immer mehr Sunniten Vergeltung, zumal viele von ihnen ihre staatlichen Positionen verloren hatten.

Der Bürgerkrieg

Unter Schiiten und Sunniten wuchsen Wut und Verbitterung. Die US-Streitkräfte versuchten zu Beginn nicht, diesen innerirakischen Kleinkrieg zu stoppen. Sie profitierten davon, dass der aufkommende Bürgerkrieg die gegen die ausländischen Soldaten gerichtete Aufstandsbewegung ablenken würde. Mehr und mehr Anhänger des gestürzten Regimes waren durch die Kämpfe im Inneren gebunden, weil sie die zunehmende Monopolisierung der Macht durch schiitische Organisationen verhindern wollten.

Als sunnitische Milizen begannen, in ihren Vierteln Schiiten aus ihren Häusern zu vertreiben, und Schiiten ihren Einfluss in unterschiedlichsten Vierteln Bagdads systematisch ausbauten, begann der Krieg zwischen den beiden Religionsgruppen. Zehntausende wurden ermordet. Nachbarn erschossen sich gegenseitig, an Kontrollposten wurden Andersgläubige hingerichtet, und Milizen und Banden starteten Raubzüge. Allein von Januar bis Mai 2006 konnten 6000 Leichen in den Zentralkrankenhäusern von Bagdad nicht identifiziert werden. Ich habe einen Fischer getroffen, der aus Trauer über die Ermordung seines Sohnes den Beruf aufgegeben hatte, um unbekannte Tote zu bestatten. Er barg die Leichen an den Ufern des Tigris-Flusses, der Bagdad teilt. 2007 ebbte der Bürgerkrieg wieder ab. Die Quartiere von Sunniten und Schiiten wurden getrennt, und die US-Truppen und die Regierung errichteten auch in den Vororten von Bagdad ein Netz von Kontrollposten. Die Schiiten hatten ihren Einflussbereich ausgedehnt. Innerhalb eines Jahres wurden Sunniten aus zehn Stadtvierteln vertrieben.

Die Zahl der in Krieg und Bürgerkrieg getöteten Iraker wird von unterschiedlichen ausländischen Organisationen auf 150 000 bis eine Million geschätzt. (www.iraqibodycount.org, 2012) Die großen Unterschiede sind darauf zurückzuführen, dass verschiedene Methoden angewandt werden. So werden einmal nur die Opfer direkter Gewalt gezählt, bei anderen Aufstellungen sind zum Beispiel auch Menschen mitgezählt, die an Krankheiten oder Unterernährung als Folge des Krieges gestorben sind.

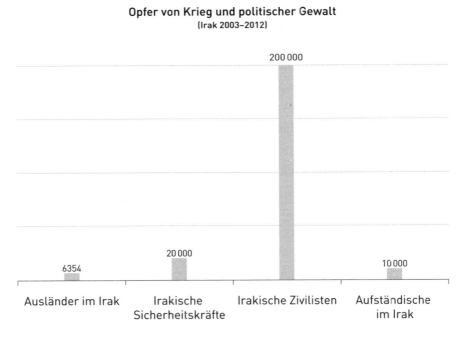

Opfer von Krieg und politischer Gewalt
(Irak 2003–2012)

Quellen: iCasualties.org; Watson Institute und andere

Der Krieg und seine Folgen haben die irakische Gesellschaft völlig verändert. Bedeutsam ist, dass der größte Teil der Zivilisten im Bürgerkrieg getötet wurde. Noch niemals in der Geschichte des Landes haben Schiiten und Sunniten gegeneinander Krieg geführt. Dabei existieren die Spannungen zwischen den beiden Religionsgruppen schon seit 1300 Jahren.

Wie stark die irakische Gesellschaft durch den Krieg erschüttert wurde, verdeutlicht die hohe Zahl der Flüchtlinge. Bis Ende 2007 wurden insgesamt 4,7 Millionen Menschen vertrieben. Davon lebten nach Angaben der Vereinten Nationen 2,7 Millionen im eigenen Land, und zwei Millionen flohen in die Nachbarstaaten (United Nations High Commissioner for Refugees UNHCR & Pagonis 2008). Ohne die Auflösung der irakischen Sicherheitskräfte wäre es zwischen 2005 und 2007 nicht zum Bürgerkrieg gekommen. Deshalb tragen die USA in den Augen der Iraker die entscheidende Verantwortung für ihr Leiden.

Aber Iraker beschuldigen auch die Nachbarstaaten Iran und Saudi-Arabien, den Kampf zwischen Schiiten und Sunniten angeheizt zu haben. In den Wüstenregionen nordwestlich von Bagdad Richtung Jordanien und Syrien sind die Menschen überzeugt, ihre Regierung werde vom Iran gesteuert. Der Irak laufe Gefahr, eine iranische Kolonie zu werden. Anders als vor dem Sturz Saddam Husseins hat der Iran Einfluss auf die irakische Politik. Erst bei Diskussionen mit Taxifahrern in einer kleinen Teestube am Ufer des Euphrats verstehe ich, wie tief die innenpolitischen Gräben im Irak weiterhin sind.

Männer, von denen mehrere am Krieg gegen den Iran (1980–1988) teilgenommen haben, sehen ihre Heimat aufs Höchste durch den Iran bedroht. Die Islamische Republik wolle, dass der Irak auch künftig gespalten bleibe und keine starken Streitkräfte zur Verteidigung des Landes aufbauen könne. Die Regierung in Bagdad arbeite den Iranern in die Hände und verrate nationale Interessen. Über kurz oder lang werde der Iran den geschwächten Irak angreifen.

Wenige Stunden später berichte ich zwei Schiiten im Bagdader Schiitenviertel Kadhamiya, was ich von den beiden Taxifahrern gehört habe. Die beiden fühlen sich vom Iran nicht bedroht. Die Vorwürfe seien nur ein Vorwand von sunnitischer Seite, um die Regierung stürzen und die alten Verhältnisse wiederherstellen zu können. Die Sunniten wollten die Macht im Staat um jeden Preis, und Saudi-Arabien unterstütze sie darin. Aber dieses Ziel würden sie niemals erreichen. »Die Schiiten werden die Macht nicht wieder hergeben.« Diese Aussagen vom Februar 2010 gelten bis heute, und sie werden weiter Gültigkeit behalten, weil die innenpolitische Situation festgefahren ist.

Mit dem Sturz Saddam Husseins haben die USA die Verdrängung der Sunniten aus der Staatsführung eingeleitet und den Schiiten den Aufstieg an die Schaltstellen der Macht ermöglicht. Für die USA war es nicht bedeutsam, eine nationale Versöhnung zu fördern und die Spannungen abzubauen. Je größer ihre Probleme wurden, desto mehr versuchten die US-Streitkräfte, den Konflikt zwischen Sunniten und Schiiten für sich zu nutzen. Militärisch lavierten sich die USA in eine Sackgasse.

Trotz des Ausbaus ihrer Stellungen starben jeden Monat 70 Soldaten, 400 wurden schwer verletzt. Den US-Truppen gelang es nicht, die Städte und Dörfer im Nordwesten Iraks zu kontrollieren, weil der größte Teil der Menschen die Aufständischen unterstützte. Verhaftungswellen blieben genauso erfolglos wie die Modernisierung der Ausrüstung.

Im April und im November 2004 eroberten Spezialeinheiten im Häuserkampf Falluja. Im April starben 600 Iraker und 80 US-Soldaten, im November wurden 2000 Iraker getötet, unter ihnen mindestens 700 Zivilisten. Dennoch blieb Falluja die Hochburg der Aufständischen. Weltweit gab es Kritik an den USA, weil die Streitkräfte im Kampf um Falluja auch Brandbomben eingesetzt hatten. Bis heute sind Teile des Zentrums der Wüstenstadt zerstört.

Beduinen gegen Al Kaida

Über Jahre verstärkten die Streitkräfte ihre Truppen im sogenannten Sunniten-Dreieck nördlich von Bagdad. Eine Beruhigung der Lage gab es erst, nachdem die amerikanischen Soldaten ihr Vorgehen änderten.[43] Es gelang ihnen, zunehmende Spannungen zwischen der Bevölkerung und den Al Kaida-Milizen zu nutzen. Mit ihrem selbstherrlichen Auftreten hatten Terroristen und auch Aufständische vor allem die Führer der Stämme und der einflussreichen Familien verärgert. Jahrzehnte waren die mächtigen Stämme an den Öleinnahmen Iraks beteiligt worden. Sie stellten einen Teil des irakischen Offizierskorps. In der von ihnen bewohnten Wüstenregion gab es Strom und es wurden Straßen, Schulen und Krankenhäuser gebaut.

Wegen des Kampfes gegen die US-Soldaten und die irakischen Streitkräfte blieben die traditionellen Verbindungen zum Zentrum der Staatsmacht in Bagdad unterbrochen. Während sich die Führer der Schiiten an den Öleinnahmen bereicherten, gingen die sunnitischen Stammesführer leer aus. Ihre Macht und ihr Einfluss – über Jahrhunderte aufgebaut – wurden geschwächt. Junge Männer des Stammes kämpften für die Aufständischen oder schlossen sich Terroristen an und wurden mit Geld bezahlt, das auch aus Überfällen und Entführungen stammte.

---

43 2003 hatte US-Zivilverwalter Bremer nach der Besetzung Bagdads durch US-Truppen den Sicherheitsapparat des alten Regimes aufgelöst. 2010 bildeten die US-Streitkräfte bei der Unterstützung des Aufbaus der neuen Sicherheitskräfte vor allem reaktivierte irakische Offiziere aus. Im Februar 2010 habe ich in einem Militärposten der US-Armee zum Abschluss eines Offizierslehrgangs die Auszeichnung irakischer Offiziere beobachtet. Zum Abschluss der Zeremonie wurde – wie bei vorherigen Lehrgängen üblich – nicht die neue, sondern die Nationalhymne aus der Ära Saddam Husseins gespielt. Die irakischen Offiziere waren zufrieden. Sie hielten das Abspielen der alten Hymne für eine Art Wiedergutmachung seitens der US-Soldaten. Als ich deren verantwortlichen Offizier auf die alte Hymne ansprach, sagte er nur: »Shit happens.«

In Ministerpräsident Maliki fanden die Stammesführer einen Politiker, der bereit war, die Sunniten wieder an den Öleinnahmen zu beteiligen. Einen der wichtigsten Stammesführer, Scheich Ali Hatam, habe ich mehrfach getroffen. Für ihn war es sehr wichtig, dass er das Geld für seine Stammeskrieger von der irakischen Regierung und nicht von den US-Streitkräften erhalten hatte. Die Beduinen in den Wüsten Nordiraks sehen es als ihr natürliches Recht, dass ihnen Teile der Öleinnahmen ausgezahlt werden. Zahlungen von US-Generälen wären jedoch Verrat.

Auch in den Reihen der US-Streitkräfte gab es ein Umdenken. Vor dem Hintergrund der Bemühungen der US-Regierung, den Iran international zu isolieren, machte es keinen Sinn, den Zermürbungskrieg gegen die Erzfeinde Irans in der nordirakischen Wüste fortzusetzen. Es dauerte etwa zwei Jahre, bis sich die Fronten in den Kampfgebieten Nordiraks verschoben. Die Front der Gegner der US-Streitkräfte im Nordirak zerbrach. Im Jahr 2005 wurden die ersten Stammesmilizen gegründet. Ein Jahr später begannen 100 000 Söhne des Iraks, wie sich die Beduinen nennen, ihren Krieg gegen Al Kaida. Innerhalb weniger Monate wurde die Organisation zerschlagen. 250 Dollar zahlten die Stammesführer monatlich an ihre Kämpfer. Diese sollten später, so das Versprechen der Regierung in Bagdad, von der irakischen Polizei und der Armee übernommen werden.

Für Scheich Ali Hatam, den Führer der Milizen, steht fest, dass seine Leute und nicht die US-Streitkräfte Al Kaida geschlagen haben: »Die Amerikaner haben die Regierungseinrichtungen aufgelöst. Für Al Kaida war das ein gefundenes Fressen. Der Irak war von den Amerikanern besetzt und die Ehre des Landes verletzt. Wir haben Al Kaida in 48 Tagen aus Anbar vertrieben. US-Soldaten wagten sich dort zwei Jahre trotz bester Ausrüstung nicht einmal in bestimmte Straßen.« Über diese erbitterten Kämpfe in den Dörfern und Städten in der

Wüste wurde außerhalb des Iraks kaum etwas berichtet. Nicht zuletzt, weil die US-Streitkräfte den Eindruck erwecken wollten, sie hätten den Kampf im Nordirak gewonnen.

Im Sommer 2011 habe ich in einem kleinen Dorf in der Nähe von Ramadi Scheich Sheikh Walid Al Arad getroffen. Er erklärte, wie alles begann. Sein Vater, der Führer des Stammes der Albo Ali Aljasem, war von Al Kaida-Kämpfern ermordet worden. Der Dreißigjährige erklärte mir im Garten seines Elternhauses, zusammen mit anderen Scheichs habe er daraufhin beschlossen, die Mörder zu bestrafen. Der Tod seines Vaters sei kein Einzelfall gewesen: »Weil Al Kaida Stammesführer ermordete, Frauen und Witwen etwas antat und die islamischen Grundlagen verletzte, haben die Menschen den Krieg gegen Al Kaida begonnen.« Und der Scheich fügt hinzu: »Wir haben sogar zusammen mit den Amerikanern gegen Al Kaida gekämpft.«[44]

Einer der Kommandeure der Milizen zeigt mir das Dorf Al Jazeera, in dem der Kampf begann. Hussein Abed Nusqef war zu Zeiten Saddam Husseins Offizier in einer der Eliteeinheiten der irakischen Armee. Zwei Jahre habe der Krieg gegen Al Kaida gedauert: »In unserem Dorf ist in jedem Haus mindestens einer im Kampf gegen Al Kaida getötet worden. Es waren die Söhne, die Väter oder die Brüder – in jeder Familie.« In Al Jazeera herrscht wieder Ruhe, aber nur wenige der jungen Männer haben feste Arbeit. Hussein Abed Nusqef zeigt

---

44 In dem Gebiet von Falluja und Ramadi hatten sich ganze Sippen Al Kaida angeschlossen. Es entwickelten sich erbitterte Kämpfe, die mit dem Ziel der Vernichtung der Gegenseite geführt wurden. Unter den Scheichs war Al Kaida sehr unbeliebt, weil die Organisation auch einzelne Mitglieder von Stämmen angeworben hatte, die dann in eine der im Untergrund operierenden Kampfgruppen aufgenommen wurden. Da dies ohne die Zustimmung des Führers der Sippe oder des Stammes erfolgte, wurde deren Autorität untergraben. Im Krieg gegen Al Kaida erfolgte auch eine blutige Abrechnung mit solchen Abtrünnigen. Wenn ihre Mitgliedschaft in Al Kaida bekannt war, wurden sie getötet.

noch den Friedhof. In einem besonderen Teil wurden die Toten der Kämpfe gegen Al Kaida begraben. 400 Mitglieder seines Stammes seien es allein in diesem Dorf.

Es war nur ein taktisches Bündnis zwischen den Beduinenstämmen und den US-Truppen. Die Niederlage von Al Kaida und der Zusammenbruch der Aufstandsbewegung ermöglichte den US-Truppen später einen Rückzug ohne Gesichtsverlust. Er wurde im Sommer 2008 zwischen dem Irak und den USA ausgehandelt und von US-Präsident Bush im Dezember 2008 angeordnet. Damit beendete der US-Präsident den von ihm begonnenen Krieg selbst und half seinem Nachfolger Obama, der vier Wochen zuvor gewählt worden war, sein Versprechen einzulösen, die Truppen bis Ende 2011 aus dem Irak abzuziehen.

Im Dezember 2011 verlässt der letzte US-Soldat das Land. Zwar bleibt eine überdimensionierte Botschaft mit 1100 Angestellten und insgesamt 16 000 Beschäftigten zurück, aber die US-Diplomaten dürfen nicht einmal die von der Armee zurückgelassenen schweren Militärfahrzeuge zur Sicherung ihrer Transporte nutzen. Wiederholt werden Mitarbeiter der zivilen Sicherheitsfirmen, die die Botschaft bewachen, bei Straßenkontrollen festgenommen. Selbst nach dem Abzug soll der amerikanische Einfluss zurückgedrängt werden. Nicht die USA, sondern der Iran hat vom Sturz Saddam Husseins am stärksten profitiert.

Auch Saudi-Arabien kann zufrieden sein. Es ist den USA nicht gelungen, den angekündigten Neuaufbau von Wirtschaft und Gesellschaft zu verwirklichen. Die saudischen Freiwilligen in den Reihen von Al Kaida haben ganze Arbeit geleistet. Auch die Millionen von US-Dollar für die sunnitische Aufstandsbewegung haben verhindert, dass Gefahr droht, das Virus der Demokratie könne sich über den Irak Richtung Saudi-Arabien ausbreiten.

Neue Diktatur?

Seit dem Abzug der US-Truppen haben sich die politischen, wirtschaftlichen und sozialen Verhältnisse des Landes wenig geändert. Ministerpräsident Maliki monopolisiert die Macht für die Schiiten und hat sein Versprechen, Sunniten das Verteidigungs- und das Innenministerium zu überlassen, nicht eingelöst. Versuche der Kurden und Sunniten, mit schiitischen Gegnern Malikis eine neue Koalition zu bilden, sind gescheitert. Die von Sunniten, Schiiten und Kurden bewohnten Teile Iraks driften immer mehr auseinander. In den Kurdenregionen Nordiraks sind weder irakische Soldaten noch Polizisten stationiert. Die Kurden haben eine eigene Regierung und haben mit den 17 Prozent der irakischen Öleinnahmen, die von der Regierung in Bagdad überwiesen werden, eine eigene Polizei und Truppenverbände aufgebaut.

Der Irak wird durch die Öleinnahmen und etwa fünf Millionen Staatsangestellte (darunter 700 000 Polizisten und Soldaten) zusammengehalten. Sie leben mit ihren Familien von den von der Regierung gezahlten Gehältern. Statt die Infrastruktur des Landes zu erneuern und den Aufbau der Industrie zu finanzieren, vergrößert Ministerpräsident Maliki den Staatsapparat und verschwendet damit die gewaltigen Öleinnahmen seines Landes.

Der Irak ist neben Venezuela und Saudi-Arabien das ölreichste Land der Welt. Die Einnahmen steigen stetig. An der Unzufriedenheit der Bevölkerung ändert sich jedoch wenig. Strom und Wasser gibt es in den Großstädten nur stundenweise. Acht Jahre nach dem Sturz Saddam Husseins ist immer noch gut die Hälfte der Industriebetriebe geschlossen. Das Gesundheitswesen siecht vor sich hin. Eine schnelle Verbesserung zeichnet sich wegen der gewaltigen Korruption und der Unfähigkeit der Ministerien nicht ab. In Bagdad und in den großen Städten des Südens wird der Ölreichtum des Landes sichtbar. Die Bazare sind mit importierten Gütern überschwemmt.

Durch die Verteilung der Ölgelder kann die Regierung ihren Einfluss auf einen großen Teil der Bevölkerung sichern. Staatsangestellten und Gefolgsleuten der an der Macht beteiligten Gruppen wird ein immer höherer Konsum ermöglicht.

Die Schätzungen der irakischen Ölreserven ergeben immer größere Vorräte. Der Irak besitzt die drittgrößten Reserven der Welt und verfügt nach Meinung von Experten über größere Vorkommen als der Iran. Vor allem die gewaltigen Lager im Süden des Landes sind leicht zu erschließen. Deshalb werden die irakischen Ölexporte in den kommenden Jahren weiter steigen. Genaue Prognosen sind nicht möglich, weil das Parlament in Bagdad auch neun Jahre nach dem Sturz keine Gesetze zur Ölpolitik erlassen hat. Die Regierung hat kein Interesse, genaue Zahlen zu veröffentlichen, weil damit ihre Einnahmen genau berechnet und die Ausgaben kontrolliert werden könnten.[45]

Die Ölfelder selbst werden von Sicherheitskräften der staatlichen Ölgesellschaft überwacht. Im Juli 2009 wurde mein Team am Rande eines Ölfeldes im Südirak verhaftet. Der Kameramann und der Produzent wollten kurz nach Sonnenaufgang geeignete Stellen für Aufnahmen suchen. Meine irakischen Mitarbeiter wurden festgenommen und von den Sicherheitskräften der Ölfirma geschlagen, um sie zu dem Geständnis zu erpressen, die Ölfelder gefilmt zu haben. Bei den Verhören wurde ihnen auch Spionage vorgeworfen. Vor einem Gericht in der Wüstenstadt Zubair fand die Gerichtsverhandlung statt, in der alle drei freigesprochen wurden. Von irakischen Kollegen erfuhr ich später, Genehmigungen für Filmaufnahmen von Ölfeldern

---

45 Geheimhaltung von Einzelheiten bei der Förderung und dem Verkauf von Öl kann auch für Betrug genutzt werden. So erzählte mir ein sunnitischer Politiker in Bagdad, ich solle mich über eine bestimmte Ölfirma in Kuwait informieren. Sie sei Eigentum eines bekannten schiitischen Politikers und verkaufe irakisches Öl auf private Rechnung.

würden grundsätzlich nicht erteilt. Vom Ölministerium in Bagdad und der südirakischen Ölgesellschaft wurden meine Anträge für Filmaufnahmen wochenlang nicht beantwortet.

Der Irak schloss Verträge über die Erschließung und Ausbeutung der Ölfelder mit Firmen aus der ganzen Welt. Für US-Konzerne gab es keine Sonderbedingungen. Unregelmäßigkeiten bei den Entscheidungen dürften auf Korruption zurückzuführen sein. Behauptungen, der Sturz Saddam Husseins und die Besetzung des Iraks seien erfolgt, um das irakische Öl für die USA zu sichern, haben sich bisher als haltlos erwiesen.[46]

Erst erhöhte irakische Ölexporte werden den USA Vorteile bringen. Wegen ihres hohen Verbrauchs benötigen sie auch auf lange Sicht knapp ein Viertel des weltweit geförderten Öls. Da die eigenen Vorkommen so gering sind, müssen die USA den größten Teil einführen.[47] Je mehr international produziert wird, desto weniger müssen

---

46 Auch im Jahr 2003, in den Monaten nach der Besetzung des Iraks, habe ich keine Anhaltspunkte gefunden, dass die USA versucht hätten, sich Iraks Öl zu sichern, oder dass US-Militärs oder die US-Zivilverwaltung versucht hätte, US-Firmen zu begünstigen. Ein Bruder von General Amer Al-Saadi, der als Abteilungsleiter im irakischen Ölministerium arbeitete, erzählte mir im Sommer 2002, dass Firmen aus der ganzen Welt versuchten, Verträge über die Förderung oder den Kauf von Öl abzuschließen. Konzerne aus den USA träten gar nicht auf. Er führte diese Zurückhaltung darauf zurück, dass amerikanische Firmen genau über die rechtliche Lage informiert waren. Absprachen oder Verträge im Ölbereich konnten Al-Saadi zufolge gar nicht geschlossen werden, weil es im Ölsektor weder Gesetze noch Regelungen über die Zusammenarbeit mit ausländischen Firmen gebe.

47 Die USA verfügten 2011 nur über 1,9 Prozent der Weltölreserven. Ihr Anteil hat sich gegenüber 1987 (3,8 Prozent) halbiert (BP, 2012). Im Jahr 2011 betrug der Verbrauch täglich 18,9 Millionen Barrel, von denen nur 7,8 Millionen im eigenen Land produziert wurden. Mit 11,1 Millionen Barrel entspricht der Importbedarf dem Export der beiden derzeit größten Ölstaaten Saudi-Arabien und Irak. Die USA beziehen ihr Öl vor allem aus Kanada und aus Zentral- oder Südamerika. Dennoch werden die Ölexporte aus der Region des Persischen Golfes langfristig entscheiden, welchen

die USA langfristig für ihre Ölimporte bezahlen. Erst eine deutliche Steigerung der Ölexporte wird den USA finanzielle Vorteile bringen. Doch die Kriegskosten waren viel zu hoch, um sie in absehbarer Zeit durch geringere Ausgaben für Öleinfuhren ausgleichen zu können.[48]

Möglicherweise hat Präsident Bush mit größeren Vorteilen durch den Krieg gerechnet. Zudem dürfte er die Ausgaben für die Besetzung des Iraks völlig unterschätzt haben. Es gibt Anzeichen, dass die USA 2003 die irakische Ölpolitik beeinflussen wollten. Bereits Stunden nach dem Sturz Saddam Husseins wurde das irakische Ölministerium in Bagdad durch US-Marines gesichert. Es dauerte auch nur Tage, bis die ersten ausländischen Berater im Ministerium eintrafen. Aber statt einer Steigerung gab es einen Rückgang der Exporte. Aufständische griffen Pipelines, Ölfelder und Raffinerien an, um eine US-Übernahme der Ölindustrie zu verhindern. Erst nach sechs Jahren hatte sich die irakische Ölindustrie vom Schock der Besetzung und vom Bürgerkrieg erholt. Seit 2009 steigen die Ölexporte des Iraks nahezu gleichmäßig. Das angestrebte Ziel, täglich fünf Millionen Barrel zu verkaufen, wird jedoch erst Jahre später erreicht werden, als dies geplant war. Bereits 2012 dämpfen die zusätzlichen Exporte des Iraks den Ölpreis und ersetzen die durch Sanktionen bedingt sinkenden Öllieferungen des Irans. Der Rückgang der Ölpreise wird aber

---

Betrag die USA für ihre Ölimporte zahlen müssen, da die Höhe der Exporte der Golfstaaten einen zentralen Einfluss auf die Preisbildung ausübt.

48 So halte ich die Parole »Kein Krieg für Öl«, die 2002 und 2003 von der Friedensbewegung genutzt wurde, für falsch. Mit ihr wurde an der berechtigten Kritik am Vorgehen internationaler Ölkonzerne angeknüpft, um gegen den Krieg gegen den Irak zu mobilisieren. Tatsächlich erfolgte der Angriff auf den Irak aus unterschiedlichsten – vor allem politischen – Interessen. Es ging den USA nicht darum, sich das irakische Öl mit militärischen Mitteln anzueignen, wie durch die Parole suggeriert wird.

vor allem durch das weltweit niedriger ausfallende Wirtschaftswachstum verursacht.

Für den Irak bringen die höheren Exporte trotz der rückläufigen Preise zusätzliche Einnahmen. Die Regierung nimmt jährlich etwa hundert Milliarden US-Dollar aus den Ölexporten ein. Welche Beträge dem Staat durch Korruption verloren gehen, bleibt ein Geheimnis der Verantwortlichen. In der Auflistung von Transparency International nimmt der Irak 2011 weltweit den siebtletzten Platz unter 183 aufgeführten Staaten ein und steht damit nur fünf Plätze vor Afghanistan (Transparency International, 2011). Erst die Öleinnahmen ermöglichen diese weltweit beispiellose Korruption, denn im Gegensatz zu den anderen Ländern, die unter großer Korruption leiden, ist der Irak sehr reich.

Die neue politische Klasse lebt in der von den US-Besatzungstruppen eingerichteten »Grünen Zone«. Das zehn Quadratkilometer große Gelände wird von Sondertruppen bewacht, die Ministerpräsident Maliki direkt unterstehen und nur mit den Republikanischen Garden Saddam Husseins vergleichbar sind.[49] Ähnlich wie einfache Bürger früher das riesige Palastgelände nicht einmal betreten durften, brauchen Besucher auch heute eine Sondergenehmigung, um das offiziell »Internationale Zone« genannte Gebiet betreten zu dürfen. Diplomaten von Botschaften, die sich in der Zone befinden, kennen das normale Bagdad oft nicht einmal vom Sehen. In der »Grünen

---

49 Maliki übt nicht nur zusätzlich das Amt des Innen- und des Verteidigungsministers aus und verfügt über eigene Sondereinheiten, der Ministerpräsident hat auch Sondergefängnisse einrichten lassen, die der Kontrolle durch die Justiz entzogen sind. (Parker, The Iraq We Left Behind – Welcome to the World´s Next Failed State, 2012) In mehreren Geheimgefängnissen in Bagdad wird gefoltert. »Wenn es so weitergeht, wird es schlimmer als unter Saddam Hussein«, erklärte mir ein Kurdenpolitiker im Frühjahr 2012 in Bagdad. Er hatte Jahrzehnte gegen das Regime von Saddam Hussein gekämpft.

Zone« befinden sich auch die Häuser der wichtigsten Beamten und Militärs und die Villen von Maliki und seinen engsten Mitarbeitern. Das Gebiet im Zentrum von Bagdad wird durch Mauern begrenzt und ist durch eine besondere Straße mit dem Flughafen verbunden.

Reichtum und Elend liegen in Bagdad eng beieinander. Wer nicht beim Staat arbeitet, hat Probleme, sich durchzuschlagen. Eine eigene Familie können viele nur ernähren, weil Verwandte helfen. Die sozialen Spannungen verstärken die politischen Konflikte. Die Zahl der Attentate steigt wieder. In den Regierungsmedien wird Al Kaida für die Anschläge verantwortlich gemacht. Doch in den Teehäusern und im Bazar wird die Meinung vertreten, es sei ein Krieg zwischen den Parteiführern, der mit Bomben ausgetragen werde.[50] Al Kaida kann sich neu organisieren, auch sunnitische Untergrundgruppen gewinnen wieder Mitglieder. Ehemalige Aufständische, die sich 2006 und 2007 den Söhnen Iraks angeschlossen und gegen Al Kaida gekämpft haben, kehren zu ihren alten Gruppen zurück.

Hoffnungen auf einen demokratischen Aufbruch und politische Reformen zerbrachen am 25. Februar 2011. Zehntausende sammelten sich in Bagdad und in anderen Städten des Landes. Unterschiedliche

---

50 Für die Geschichte des Iraks sind schnelle Parteiwechsel normal. Über Änderungen entscheiden das Familienoberhaupt und der Führer der Sippe oder des Stammes. Gleichzeitig tragen diese aber auch die Verantwortung für ihre Leute und deren Versorgung. Macht hat nicht das Individuum, sondern die Gruppe. Deshalb kann ein einzelnes Familien- oder Stammesmitglied auch nicht entscheiden. In der Wüste oder in Wüstenregionen besitzen diese Regeln absolute Gültigkeit. Ich war bei einem Treffen von Stammesführern dabei, bei dem die Teilnehmer Hefte vorzeigten und sich registrieren ließen. In diesen Schulheften waren die Männer registriert, die den einzelnen Scheichs unterstanden. Jeder von ihnen hatte mit einem Daumenabdruck seine Zustimmung bestätigt. So wird festgelegt, wie viele Männer jeder Scheich vertritt und welcher Betrag ihm bei der Verteilung von Geldern zusteht. In Zeiten der Armut und von Krisen können Scheichs durch Parteiwechsel höhere Einkünfte erzielen. In diesem Sinne gilt in weiten Teilen des Iraks bis heute der Grundsatz: »Einen Stamm kann man nur mieten, aber niemals kaufen.«

Gruppen und Intellektuelle hatten im Internet und mit SMS zu einem »Tag des Zorns« und zu Protesten gegen die Regierung aufgerufen. Vor allem junge Menschen – Schiiten, Sunniten und Christen – zogen in Bagdad zum Freiheitsplatz und riefen Parolen gegen Korruption und für Arbeit. Bereits im Vorfeld der Demonstration hatte die Regierung für Bagdad ein Fahrverbot erteilt und die Menschen aufgefordert, zu Hause zu bleiben.

Mit Knüppeln und Tränengas überfielen Polizisten die Demonstranten und trieben sie auseinander. In einigen Straßen wurde auf die Kritiker der Regierung geschossen. Selbst Hubschrauber waren im Einsatz. Allein in Bagdad nahmen die Einsatzkommandos der Regierung 300 Demonstranten fest. Viele von ihnen wurden geschlagen und gefoltert. Am »Tag des Zorns« starben im ganzen Irak mindestens 25 Demonstranten. Die Regierung unterdrückte Versuche, eine alle Religions- und Volksgruppen einschließende Oppositionsbewegung zu bilden.

Viele Anzeichen sprechen dafür, dass es sich bei der Monopolisierung der Macht durch Ministerpräsident Maliki um den Beginn einer neuen Diktatur handelt. Es muss sich zeigen, ob die nach dem Sturz Saddam Husseins gelegten Fundamente einer Demokratie stabil genug sind, um einen Machtwechsel zu ermöglichen. Nach der irakischen Verfassung kann das Parlament einen neuen Ministerpräsidenten wählen. Auch könnten die Parlamentswahlen 2014 zu neuen Machtkonstellationen führen. Sollte es in den kommenden Jahren aber keinen Regierungswechsel geben, werden im Irak auch künftig politische Änderungen – wie in der Vergangenheit – wieder gewaltsam erfolgen.

Libyen

Wie schwer es wird, Diktatoren zu stürzen, die ihre Macht mit dem Einsatz der Streitkräfte gegen die Bevölkerung verteidigen, zeigt der Sturz Gaddafis in Libyen 2011. Acht Monate dauerte der bewaffnete Aufstand bis zum Zusammenbruch des alten Regimes. Dieser Zeitraum bildet einen Wendepunkt für die demokratischen Bewegungen in der arabischen Welt. Anders als bei den Massenprotesten in Tunesien und Ägypten wurde die Entwicklung in Libyen durch das Eingreifen anderer Staaten entscheidend beeinflusst und gesteuert. Mit Bomben- und Raketenangriffen unterstützte die NATO die Aufständischen. Sie erhielten auch Hilfe von den arabischen Golfstaaten. Diese förderten nicht nur den zivilen Protest, sondern versorgten vorrangig die Milizen der Aufständischen mit Geld, Waffen und Ausbildern. (Kamrava, 2011)

Während sich die Golfstaaten vor allem am Boden einmischten, beschränkten sich die NATO-Staaten offiziell auf den Einsatz von Flugzeugen, Bomben und Raketen. Damit zeigen sich Grundzüge eines neuen militärischen Vorgehens. Bodenkriege werden von den Staaten des Westens delegiert. Eine Entwicklung, die sich in Syrien wiederholt hat. Zwischen den Staaten des Westens und den Herrschern der arabischen Golfstaaten entsteht eine neue Allianz, die aus dem Hintergrund agiert – ein Schulterschluss gegen unliebsame Diktatoren wie Gaddafi oder Assad. In Libyen bleibt der Einfluss der NATO und der arabischen Golfstaaten relativ begrenzt, weil die Opposition Zugang zu einigen der gesperrten Auslandskonten des Regimes erhält. Mit diesen Devisenreserven und den Einnahmen aus den Ölexporten kann auch der Neuanfang nach dem Sturz Gaddafis bezahlt werden.

Ohnmacht der Opposition

Bereits Tage nach Beginn der Proteste gegen Gaddafi verlor der Diktator die Kontrolle über östliche Teile des Landes. Sogar in diesem noch von Stammesstrukturen geprägten Wüstenstaat standen in den ersten Tagen junge Menschen im Zentrum des Aufbegehrens. Sie hatten die Gruppe »Revolte des 17. Februars 2011« gegründet. Auch in Libyen hatten Aufrufe über das Internet die Proteste entfacht und zu einem Flächenbrand werden lassen. Es waren nicht die alten Politaktivisten der in den Untergrund gedrängten islamischen Oppositionsgruppen: Eine weltoffene, religiös und ideologisch nicht uniforme Gruppe Oppositioneller mobilisierte zum Sturz Gaddafis.

Im Osten des Landes, in der Kyrenaika mit der Millionenstadt Bengasi, bewaffneten sich die Gegner des Diktators. Sie kündigten an, für seinen Sturz zu kämpfen. Stammes- und Regionalinteressen gewannen immer mehr an Bedeutung. Gaddafi versuchte, die innere Opposition zu diskreditieren. Er nannte sie Kriminelle, die vom Ausland gesteuert würden oder im Drogenrausch handelten. Der Diktator wollte mit diesen Beschuldigungen den Einsatz der Sicherheitskräfte rechtfertigen und kündigte am 22. Februar 2011 eine militärische Offensive gegen die Opposition an.[51] Den gegen ihn gerichteten Aufstand stellte er als einen Versuch von Al Kaida dar, die Macht in Libyen zu ergreifen.

Die zu Anfang zögerliche Solidarität des Auslandes mit der Opposition deutete Gaddafi möglicherweise als Angst europäischer Politiker vor einer Unterbrechung von Öllieferungen und als Furcht vor einer neuen Zunahme von Flüchtlingen aus Libyen nach Europa. In mehre-

---

51 Vielleicht glaubte der Diktator, die internationale Gemeinschaft werde den Einsatz seiner Spezialtruppen gegen Aufständische hinnehmen. Zu dieser Fehleinschätzung könnte auch beigetragen haben, dass in der Woche vor Gaddafis Ankündigung in Bahrain Sicherheitskräfte gegen die Opposition eingesetzt wurden.

ren Abkommen hatten europäische Staaten mit Gaddafi vereinbart, dass Flüchtlinge an den Grenzen des Landes abgefangen und interniert würden. Dabei war bekannt, dass libysche Sicherheitskräfte bei ihrem Vorgehen gegen Flüchtlinge Menschenrechte verletzten.

Doch Gaddafi verlor die letzte Unterstützung, als sich seine Spezialeinheiten Mitte März Bengasi näherten und die Arabische Liga eine Flugverbotszone über dem Lande forderte, damit Gaddafi nicht auch noch seine Luftwaffe gegen die Aufständischen einsetzen konnte. In dieser Situation beschloss die US-Regierung, die Aufständischen militärisch zu unterstützen. Präsident Obama sprach sich für einen Krieg aus, obwohl weder die Sicherheit noch die Interessen der USA durch den Bürgerkrieg in Libyen betroffen waren.[52] Doch Obama machte das militärische Eingreifen der USA von zwei Bedingungen abhängig. Zum einen durften keine Bodentruppen eingesetzt werden, und zum zweiten musste der Militäreinsatz der USA begrenzt bleiben. (Sanger, 2012)

Luftkrieg gegen Gaddafi

Mit der Resolution 1973 des Weltsicherheitsrates vom 17. März 2011 erhielt die US-Regierung den notwendigen Rahmen für einen Einsatz ausländischer Streitkräfte. Zwei Tage später verhängten die USA, Großbritannien und Frankreich eine See- und Luftblockade über Libyen und griffen die libyschen Streitkräfte an. Der Militäreinsatz stand zwölf Tage unter US-Kommando. Am 31. März 2011 erfolgte die Übergabe der Befehlsgewalt an die NATO. Obama hatte, wie

---

52 Verteidigungsminister Robert M. Gates hatte im Vorfeld des Militäreinsatzes einen Bodenkrieg abgelehnt und auch vor den Risiken der Errichtung einer Flugverbotszone gewarnt. Zu ihrer Durchsetzung müssten die libyschen Luftabwehrsysteme zerstört werden. (Sanger & Shanker, 2011)

angekündigt, den Einsatz beschränkt und auch keine Bodentruppen eingesetzt. Die NATO konnte erfolgreich in den Bürgerkrieg eingreifen, weil die Gaddafi-Gegner von Beginn an zusammenhängende Teile Libyens kontrollierten und damit klare Frontlinien existierten.[53] Wie viele zivile Opfer es bei den insgesamt 9500 Luftangriffen gegeben hat, ist unbekannt.[54] Nach Schätzungen der neuen libyschen Verwaltung sollen zwischen 30 000 und 50 000 Menschen getötet worden sein. Hilfsorganisationen gehen von einer geringeren Zahl aus.

Der Präsident entschied, dass US-Agenten in Libyen die Aufständischen unterstützen sollten. Es gab keine Details über ihre Aufgaben und die Ausrüstung, mit der sie die Aufständischen aufrüsten sollten. Ihre Aufgabe bestand darin, Ziele für die Luftangriffe auszuspähen. Präsident Obama wies bereits vor Beginn des Luftkrieges die CIA an, die Aufständischen unter anderem mit Waffen auszurüsten. (Mazetti & Schmitt, 2011) Im syrischen Bürgerkrieg lautete die offizielle Position des Weißen Hauses zu Beginn, man wolle keinen Beitrag zur weiteren Eskalation der Gewalt leisten. Zur Begründung erklärte der Stabschef der US-Streitkräfte Martin Dempsey, dass die Kräfteverhältnisse in den Reihen der Aufständischen Waffenlieferungen nicht zuließen. Es gäbe Zeichen für eine Beteiligung von Al Kaida in der Aufstandsbewegung (Levine, 2012). Bereits Wochen später mehrten sich Berichte, dass die USA die Aufständischen mit Kommunikationsgeräten und Waffen unterstützten. Die USA ließen sich die Waffen von

---

53 In Syrien versucht das Regime seit Beginn des Bürgerkrieges, von der Opposition kontrollierte Gebiete so schnell wie möglich zurückzuerobern. Dadurch soll verhindert werden, dass die Opposition im Lande Stützpunkte errichtet, die von ausländischen Soldaten verteidigt und dann von den Aufständischen als Nachschubbasen genutzt werden.

54 Ähnlich wie bei den Kriegen im Irak und in Afghanistan veröffentlichen die ausländischen Truppen die genaue Zahl der bei Angriffen oder Kämpfen getöteten Libyer nicht.

Katar, Saudi-Arabien oder der Türkei bezahlen. Die CIA-Agenten arbeiteten mit der syrischen Moslembrüderschaft zusammen, entschieden aber, wer aufgerüstet wurde. (Schmitt, 2012)

Diese neue Art der Kriegsführung knüpft an Erfahrungen aus dem Krieg der Mujaheddin gegen die Sowjettruppen in Afghanistan an. Auch in den achtziger Jahren des vergangenen Jahrhunderts waren die afghanischen Widerstandskämpfer so erfolgreich, weil sie von ausländischen Geheimdiensten finanziell und logistisch unterstützt wurden. Nach den Misserfolgen im Irak und in Afghanistan wollen die USA diese Form der indirekten Kriegsführung verstärkt anwenden. Viele Hinweise sprechen dafür, dass sich die USA mit ihren Agenten an den Bürgerkriegen in Libyen und in Syrien beteiligt haben.

Ähnlich wie im Irak wurde das militärische Eingreifen in Libyen durch die großen Rohstoffvorkommen des Landes erleichtert. Die Staaten des Westens sind die Hauptabnehmer des libyschen Öls. Im Irak haben die USA die Erfahrung gemacht, dass eine militärische Intervention in einem Land mit Öleinnahmen weniger risikoreich ist. In Libyen lassen sich neue Strukturen leichter aufbauen, weil das Land über eigene Devisen verfügt und die freigegebenen Auslandsguthaben des Gaddafi-Regimes genutzt werden können. Weltweit sollen 2011 etwa 160 Milliarden US-Dollar libyscher Guthaben auf ausländischen Konten eingefroren worden sein. Von diesen Geldern hat der Übergangsrat drei Monate nach dem Tod des Diktators allein aus den USA gut zwanzig Milliarden US-Dollar erhalten. (CNN, 2011)

Neuanfang mit Petrodollar
Politische Probleme können mit dem Einsatz von Geld verringert werden. Ein Beispiel ist die Sicherheitssituation in Libyen nach dem

Sturz Gaddafis. Dem Nationalen Übergangsrat gelingt es nicht, die Milizen zu entmachten und zu entwaffnen. Mit einem großen Abfindungsprogramm soll die Lage beruhigt werden. Kämpfer aus den Tagen des Aufstands erhalten eine Zahlung von 3000 US-Dollar, wenn sie ihre Waffen niederlegen. Bezeichnend für die libyschen Verhältnisse ist, dass das Programm im April 2012 ausgesetzt werden musste, weil sich zu viele Betrüger eine Abstandszahlung erschlichen hatten.

300 000 Männer hatten sich während des Bürgerkrieges den Milizen angeschlossen und in 350 Brigaden gekämpft. Auch Monate nach dem Machtwechsel gelang es dem Übergangsrat nicht, alle Brigaden zu kontrollieren. Immer wieder kommt es in abgelegenen Provinzen und sogar in Tripolis zu Schießereien zwischen den Sicherheitskräften der Regierung und vagabundierenden Kämpfern oder Brigaden, die eigene Machtansprüche erheben. Noch auf längere Zeit dürfte die Gefahr bestehen, dass Kommandeure der Brigaden als Kriegsfürsten handeln und sich staatlicher Kontrolle entziehen. (Wehrey, 2012)

Die Devisenreserven und die hohen Öleinnahmen bilden auch den Nährboden für Korruption und Vetternwirtschaft. Ehemalige Gefangene erhalten Zahlungen von bis zu mehreren hunderttausend US-Dollar. Gleichzeitig werden die Schäden des Krieges nur sehr langsam beseitigt. Ein Jahr nach der Eroberung von Tripolis und dem Sturz von Muammar al-Gaddafi ist die Sicherheit noch nicht im ganzen Land hergestellt.

Auch die politische Situation ist verworren. Anders als in Tunesien und Ägypten verloren die islamischen Parteien bei den Wahlen zur Nationalversammlung im Juli 2012. Sieger wurde ein Bündnis eher weltlich orientierter liberaler Gruppen. Doch das neue Parlament bleibt schwach, weil es nicht gelingt, die unterschiedlichen islamischen Kräfte einzubinden. Offiziere in den neu aufgebauten Sicherheitskräften stehen im Verdacht, Mitglieder islamischer Gruppen zu sein. Auffällig ist, dass die Polizei radikale Islamisten nicht stoppt, wenn diese Andersdenkende bedrängen und einschüchtern.

Doch wie im Irak achten Politiker aller Schattierungen darauf, dass die Ölexporte wieder anlaufen. Bereits ein Jahr nach dem Sturz des alten Regimes liegt der Export bei gut einer Million Barrel pro Tag.[55] Damit wird Libyen jährlich etwa 60 Milliarden Dollar einnehmen. Geliefert wird, wie in den Jahren der Herrschaft Gaddafis, vor allem nach Westeuropa. Bereits während des Aufstandes soll die Opposition Frankreich Sonderbedingungen für künftige Ölverträge in Aussicht gestellt haben.

Machtverschiebungen

Noch vor zwanzig Jahren konnte man mit den Ölexporten der Golfregion die Politik im Orient erklären. Heute hilft das nicht mehr viel weiter. Wichtiger zur Erklärung der Politik sind die Geldströme, die in die Region fließen. Jahrzehnte bewegten sich Ölexporte und -preise auf einem in etwa einheitlichen Niveau. Doch dann kam die Explosion der Ölpreise, die alles änderte. Die Zeiten, zu denen ein US-Präsident den König Saudi-Arabiens am Telefon bitten konnte, die Ölexporte zu steigern, um den Ölpreis auf dem Weltmarkt zu senken, sind lange vorbei. Die USA haben die Macht verloren, den Ölpreis nach ihren Interessen gestalten zu können.

---

55 Während des Bürgerkrieges waren die Ölexporte zusammengebrochen. Experten waren davon ausgegangen, dass es mehrere Jahre dauern werde, um die alte Menge von täglich 1,8 Millionen Barrel Rohöl verkaufen zu können.

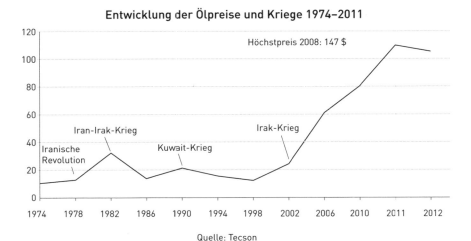

Auch sind die Zeiten vorbei, in denen Stürme im Golf von Mexiko oder Kriege im Orient den Preis des Öls nach oben schnellen lassen konnten. Zum Motor für den gigantischen Preisanstieg in den vergangenen zehn Jahren wurde die Weltwirtschaft. Um 500 Prozent ist der Preis des Öls in den vergangenen zehn Jahren gestiegen. Nicht der Irak-Krieg im März 2003 trieb den Preis nach oben, sondern der Heizölbedarf. Nicht die politischen Krisen am Golf entscheiden heute über ein Steigen oder Fallen der Ölpreise; größere Preissprünge können bereits durch Prognosen über die Entwicklung der Weltwirtschaft ausgelöst werden. Wenn die Wirtschaft in China und den USA brummt, klingelt es in der Kasse der Königsfamilie in Saudi-Arabien; kommt eine wirtschaftliche Flaute, können sich die Prinzen bei weniger Firmen in Europa oder anderen Teilen der Welt einkaufen.

Und noch ein zweiter Trend hat die Kräfteverhältnisse im Orient verschoben. Bestimmten vor fünfzig Jahren Nationalisten und Sozialisten die politische Entwicklung vieler Länder des Orients, so sind es heute islamische Politiker und Parteien. Die Islamische Revolution im Iran steht für diese Trendwende. Sozialisten haben abgewirtschaftet und Nationalisten ihre Chance nicht genutzt. Die religiösen Strömungen profitieren von deren Niedergang, aber auch die königliche Familie in Saudi-Arabien. Mit Milliarden von Petrodollar haben Sponsoren aus Saudi-Arabien religiöse Stiftungen und Schulen gefördert, die Taliban in Afghanistan unterstützt und ein weltweites Netz von Salafisten auf- und ausgebaut. Zum Kreis der Attentäter des 11. Septembers 2001 zählte kein Afghane, dafür aber ein Dutzend saudische Staatsbürger.

Und Saudis zahlten an Al Kaida, um sich im Irak zu Selbstmordattentätern ausbilden zu lassen und dort Anschläge zu verüben. Der klassische Konflikt des Orients zwischen Israelis und Palästinensern wurde in den Hintergrund gedrängt. Nicht mehr die Krisen des Nahen Ostens beeinflussen die Weltpolitik, sondern die Entscheidungen der politischen Führer Saudi-Arabiens oder des Irans beeinflussen die Konflikte in der Region und die Weltpolitik. Spätestens seit der Islamischen Revolution und dem iranisch-irakischen Krieg – also seit Beginn der achtziger Jahre des vorigen Jahrhunderts – ist der klassische Nahost-Konflikt nicht mehr das wichtigste Problem der Region. Immer mehr Beobachter sehen heute in der Golfregion den eigentlichen Krisenherd des Mittleren Ostens.

Diese Machtverschiebungen haben finanzielle und auch religiöse Hintergründe. Der Aufstieg Saudi-Arabiens und des Irans ist jedoch auf das Scheitern der USA und der Staaten des Westens in der Region zurückzuführen. Der Iran und Saudi-Arabien nutzen das Vakuum, das die USA bei ihrem Eingreifen im Mittleren Osten hinterlassen, um ihre Macht auszubauen und ihren Einfluss in der Region zu vergrößern. Je länger die Sanktionen gegen den Iran anhalten, desto leichter wird Saudi-Arabien seinen Einfluss ausdehnen können.

Auszug der Christen

Der Auszug der Christen zeigt die dramatischen Änderungen in der Region. Jahrhundertelang haben die Christen weitgehend unbehelligt im Vorderen Orient gelebt: in Syrien, im Irak, in Jordanien, Israel, Palästina oder in Ägypten. Seit der Ausbreitung der Herrschaft des Islams in der Region lebten Christen 1300 Jahre meist ungestört neben den Muslimen.[56] Der Einfall der Kreuzritter ins Morgenland änderte daran kaum etwas. Mal waren die Christen geduldet, dann wieder erwünscht. Sie lebten in unterschiedlichen Gruppen – Kopten, Armenier oder Katholiken. (Anschütz & Harb, 1985)

Jahrhundertelang waren sie Mittler zwischen Morgen- und Abendland. Diese Aufgabe verkümmerte mit dem direkten Auftreten der europäischen Staaten in der Region. Anfang des 20. Jahrhunderts begann der Auszug der Christen aus dem Morgenland. Fünfzig Jahre später wurde die Tendenz durch die Entwicklung des palästinensisch-israelischen Konfliktes und seine Ausstrahlungen verstärkt. Mit Beginn des 21. Jahrhunderts wird die Auswanderung dramatisch. Heute werden die Christen nicht mehr als Mittler zwischen den Kulturen in Ost und West, sondern vermehrt als Agenten des Westens gesehen.[57]

---

56 In der jordanischen Gemeinde Smakiyeh südlich von Karak habe ich 1993 erlebt, wie Armut und Arbeitslosigkeit vor allem die Männer erst in die Städte und dann ins Ausland treiben. Auf dem Arbeitsmarkt sind sie Konkurrenten der Muslime. Auch weil sie leichter in die Staaten der westlichen Welt ausreisen können, schlägt ihnen in der Heimat immer größeres Misstrauen entgegen.

57 Die Verdrängung der Christen aus dem Irak begann bereits während der Sanktionen ab 1990. Mir haben Frauen erzählt, dass sie aus Schlangen vor Bäckereien vertrieben wurden und sie sich nachsagen lassen mussten, für die Staaten des Westens zu arbeiten.

Im Irak verübte Al Kaida seit 2003 Serien von Anschlägen auf Christen.[58] Deren Zahl hat sich in zehn Jahren halbiert, noch lebt etwa eine halbe Million im Land. In Syrien zeichnet sich ein ähnlicher Rückgang ab. Dort werden die Christen Opfer des Bürgerkrieges. Zurzeit haben sie einen Anteil von etwa zehn Prozent an der Bevölkerung. Doch ihnen dürfte es ähnlich ergehen wie den Christen im Irak. Bereits heute ist der Anteil syrischer Christen unter den Flüchtlingen im Libanon besonders groß.

Auch aus dem Iran wandern die Christen ab. Oft sind es nicht Schikanen von muslimischen Nachbarn oder die Diskriminierung bei der Arbeit, die dazu führen. Mit ihrer Auswanderung reagieren die Christen vielmehr auf die zunehmenden Mühen des Alltagslebens wie Arbeitslosigkeit und Schikanen der Behörden. Nur in Saudi-Arabien gibt es seit nahezu 800 Jahren keine Christen mehr. Auch dies ist ein Zeichen für die Intoleranz in diesem Wüstenstaat, dessen Prediger für einen christenfreien Orient werben.

Saudi-Arabiens neue Rolle

Während die US-Streitkräfte im Mittleren Osten weniger eingesetzt werden und der politische Einfluss der USA zurückgeht, wächst die Bedeutung der ölreichen arabischen Golfstaaten stetig. Als stärkste Macht im Golf-Kooperationsrat (GCC) hat Saudi-Arabien auch mit Hilfe des Rates seine Stellung in der arabischen Welt systematisch ausgebaut. Die Protestwelle des Arabischen Frühlings wurde gestoppt,

---

58 Der Terror reicht von der Ermordung Einzelner, die in Werkstätten der Provinz unter Muslimen arbeiten, bis zu Anschlägen auf Gottesdienste oder kirchliche Einrichtungen. Die Terroristen wollen – genau wie mit ihren Anschlägen gegen die Schiiten – Chaos und Panik verbreiten, um die Atmosphäre für einen Bürgerkrieg zu schaffen und diesen zu verstärken.

und sunnitische Aufstandsbewegungen wurden finanziert,[59] um langfristig den eigenen Einfluss in der Region zu sichern. Gleichzeitig geht es Saudi-Arabien aber auch darum, den Einfluss der Islamischen Republik Iran, des stärksten Konkurrenten in der Region, zurückzudrängen. Seit 2003 versucht Saudi-Arabien diese aktive Politik zu betreiben, um den eigenen Einfluss auszuweiten.

Noch in den achtziger Jahren des vergangenen Jahrhunderts bestand Saudi-Arabiens Bedeutung vor allem darin, globale Interessen der USA durchzusetzen. Damals waren die Vereinigten Staaten zum Beispiel an niedrigeren Ölpreisen interessiert, um die Einnahmen der Sowjetunion aus Ölexporten zu verringern. CIA-Direktor William Casey setzte eine schnelle Erhöhung der saudischen Ölexporte durch. Auch bei der Unterstützung des Widerstandes gegen die sowjetischen Besatzungstruppen in Afghanistan wurde Saudi-Arabien eingespannt. Die meisten arabischen Freiwilligen in Afghanistan kamen aus Ägypten und Saudi-Arabien. Osama Bin Laden war ein Koordinator dieser sogenannten arabischen Afghanen, die von der CIA in Pakistan für den Kampf gegen die Sowjettruppen ausgebildet und mit Waffen ausgerüstet wurden, die sie später gegen die USA einsetzten. (Dreyfuss, 2006)

---

59 Seit fünfzig Jahren haben die reichen Golfstaaten Zahlungen an politische Organisationen (PLO und Al Kaida) und nationalistische Staaten (Irak, Syrien, Ägypten) geleistet. Mit diesem Geld wollte man sich Ruhe erkaufen. PLO-Chef Yasser Arafat war ein Meister darin, für seine Organisation diese Zuwendungen abzupressen. Als Gegenleistung zettelten die Organisationen in den Golfstaaten keine Verschwörungen an. Ein Geschäftsmann in Dubai hat mir berichtet, dass Al Kaida mehrfach Bombenattrappen in Flugzeuge der Gesellschaft Emirates geschmuggelt habe, um zu beweisen, dass die Organisation in der Lage sei, in den Vereinigten Arabischen Emiraten Terroranschläge auszuführen. Welche Gegenleistungen erfolgten, um Al Kaida davon abzubringen, wollte mir der Gesprächspartner nicht mitteilen.

Kooperationsrat der Arabischen Staaten des Golfes

Steigende Öleinnahmen

Allein der Verkauf von Rohöl wird dem saudischen König 2012 Einnahmen von knapp 300 Milliarden US-Dollar bringen. Das Königreich ist vor Russland der weltweit größte Öllieferant. Weil die geförderte Menge vieler Quellen zurückgeht, hat Saudi-Arabien nicht mehr dieselben Möglichkeiten wie noch vor zwanzig Jahren, die Exportmenge schnell zu steigern. Wegen der langfristigen Zunahme der irakischen und libyschen Exporte kommt Saudi-Arabien auch nicht mehr diese große Bedeutung zu, durch Erhöhung oder Drosselung der Exporte (swing capacity) Marktschwankungen auszugleichen.

Welt-Ölexport (Mio. Barrel täglich)
insgesamt 38,6 Mio. Barrel (2011)

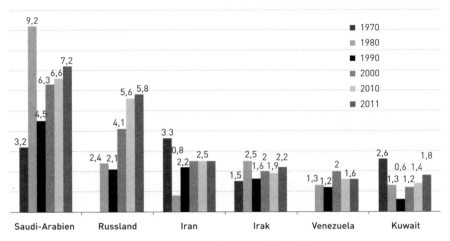

Quelle: Opec Annual Statistical Bulletin 2011

Welt-Erdölreserven

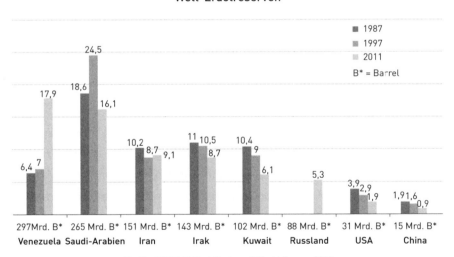

Quelle: BP Statistical Review of World Energy 2012

Das Land verfügt nach Venezuela über die weltweit größten Reserven und wird noch über Jahre enorme Einnahmen aus dem Ölverkauf erzielen. Auch wenn Angebot und Nachfrage auf dem Weltölmarkt seit 2010 meist ausgeglichen sind, werden die Ölpreise auf absehbare Zeit nicht mehr unter hundert US-Dollar fallen.

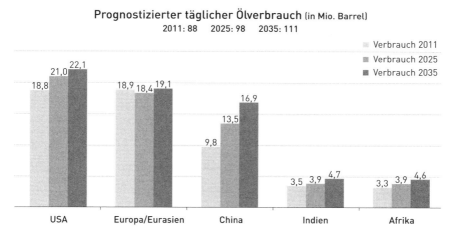

Quelle: US Energy Information Administration - Independent Statistics and Analysis

Bereits ein mäßiges Wachstum der Weltwirtschaft wird den Bedarf steigen lassen. Die Produktion kann nicht so schnell der zusätzlichen Nachfrage angepasst werden. Neben den USA ist China langfristig auf gewaltige Öleinfuhren angewiesen. In beiden Ländern gehen die Reserven dramatisch zurück. Die USA verfügen als größter Verbraucher über nur 1,9 Prozent der Weltölvorräte, China nur über 0,9 Prozent. (BP, 2012)

Ölgelder sichern Monarchie

Mit den Aussichten auf anhaltend hohe Öleinnahmen kann das Königshaus seine Herrschaft im Inneren des Landes sichern. Vor fünfzig Jahren verschlangen die Privatausgaben der königlichen Familie bei den damals niedrigen Ölpreisen nach Schätzungen des damaligen US-Botschafters mindestens die Hälfte der Öleinnahmen. (Berg, 2012). Während der König und die Prinzen im Luxus lebten, verarmten die Untertanen. Mit der Verbreitung eines ultrakonservativen Islams wurden bis heute alle Versuche einer Modernisierung abgeblockt. Im Königreich existiert kein Parlament, Frauen dürfen nicht Auto fahren, und Todesurteile werden auf öffentlichen Plätzen durch Enthauptung vollstreckt (seit 1980 mindestens 2000 Fälle).[60]

Unter dem Eindruck der Proteste in der arabischen Welt hat König Abdullah Ende Februar 2011 seinen Untertanen weitere Beamtenstellen und Sozialprogramme in Höhe von 130 Milliarden US-Dollar versprochen. Staatsangestellte erhielten zwei zusätzliche Monatsgehälter. Religiösen Stiftungen und der Religionspolizei schenkte der König 200 Millionen US-Dollar. Mit Sonderzahlungen für Beamte und Mitglieder der Sicherheitskräfte reagierten auch die Herrscher von Katar (acht Milliarden US-Dollar) und Kuwait (siebzig Milliarden US-Dollar) auf den Arabischen Frühling. Für die Beamten im kleinen Katar bedeutet dies eine Verdoppelung ihres Einkommens.

Wirklich reich sind in Saudi-Arabien nur einige tausend Prinzen der königlichen Familie, hohe Beamte, Geschäftsleute und Unternehmer. Von 21 Millionen Saudis profitiert die übergroße Mehrheit von einer guten Infrastruktur und umfangreichen Sozialleistungen. Zwar beträgt die Arbeitslosigkeit bei unter 25-Jährigen etwa 25 Prozent, doch im Gegensatz zu den Staaten Nordafrikas finden Universitätsab-

---

60 Im Dezember 2011 wurde Amina Salem Nasser wegen »Hexerei und Quacksalberei« zum Tode verurteilt und enthauptet. Sie soll Menschen die Heilung versprochen und dafür Geld genommen haben. Das saudische Innenministerium veröffentlichte keine Einzelheiten der Anklage. (Jazeera, 2012)

solventen leichter eine Anstellung, da sie Positionen der 5,5 Millionen in Saudi-Arabien lebenden Ausländer übernehmen können. Rückt ein Saudi an deren Stelle, verlieren diese ihre Arbeits- und Aufenthaltsgenehmigung und müssen das Land verlassen.

Eine Politik der eisernen Faust wird nicht nur gegenüber Ausländern praktiziert. Kritiker und Gegner werden inhaftiert. In der Ölprovinz al-Qatif im Osten des Landes sind seit Mitte 2012 bei Unruhen wiederholt schiitische Demonstranten getötet worden. Zehn Prozent der Saudis gehören der schiitischen Glaubensrichtung an. Sie leben vor allem im ölreichen Osten des Landes und sind diskriminiert, da sie nach den herrschenden Glaubensvorstellungen als Ketzer gelten. Zudem werden die Aktivisten der schiitischen Protestbewegung von den Sicherheitsbehörden als Agenten des Irans betrachtet.

Das fehlende Wahlrecht, die fehlende Gleichberechtigung der Frauen oder die fehlende Gleichbehandlung aller Staatsbürger[61] werden langfristig die Macht des Königshauses aushöhlen. Saudi-Arabiens Öffnung zum Westen hat zu einer Polarisierung der Gesellschaft geführt. Einer gläubigen konservativen Mehrheit, die eine Beeinflussung durch westliche Kultur oder gar deren Übernahme streng ablehnt, steht eine auf Modernisierung drängende Gruppe meist junger Saudis gegenüber. Zu dieser Gruppe zählen Mitglieder der Oberschicht mit einem Auslandsstudium genauso wie diejenigen, die durch eine intensive Nutzung des Internets ein offenes Weltbild entwickelt haben. Sie leben in einer Art Gespaltenheit, weil sie sich im Ausland oder in den eige-

---

61 Wie ungleich die Staatsbürger behandelt werden, zeigen die Gefängnisse. Es gibt ein Spezialgefängnis für Prinzen. Auch Anhänger oder Mitglieder von Al Kaida sind unterschiedlich inhaftiert. Angehörige einflussreicher Familien kommen nicht ins Gefängnis, sondern leben unter Hausarrest in einer besonderen Siedlung, die sie nicht verlassen dürfen und die mit großem Aufwand elektronisch abgeschirmt ist, um die Kommunikation mit Mobiltelefonen zu blockieren.

nen vier Wänden völlig anders verhalten als in der Öffentlichkeit ihrer Heimat.

Diese Polarisierung der Gesellschaft durchzieht nahezu alle Familien des Landes, selbst das Königshaus. Ob sich Modernisten oder Konservative durchsetzen oder ob sich die beiden Pole wieder annähern, bleibt abzuwarten. Der Ausgang dieses Richtungskampfes wird die künftige politische Orientierung Saudi-Arabiens entscheidend beeinflussen. Kronprinz Salman bin Abdulaziz al-Saud hat gute Beziehungen sowohl zur konservativen Geistlichkeit als auch zu Intellektuellen, die sich für eine Reform der erstarrten Monarchie einsetzen. Doch mit seinen 76 Jahren gehört er der alten Prinzengarde an, die Saudi-Arabien zwar zu äußerer Stärke entwickelt hat, jedoch ohne es zu modernisieren. Sollte Prinz Salman König werden, dürfte sich also nur wenig ändern.

Mögliche Bedrohung Israels

Durch den schnellen Aufbau der Streitkräfte wurde Saudi-Arabien neben dem Iran zur bedeutendsten militärischen Macht der Region. Auch der innere Sicherheitsapparat ist aufgebläht. Seit dem Irak-Krieg 2003 hat sich der Verteidigungshaushalt des Landes verdreifacht. In den kommenden Jahren erhalten die Streitkräfte allein Waffensysteme im Wert von etwa achtzig Milliarden US-Dollar mit dem dazu gehörenden Training.

Wegen seines Reichtums und der militärischen Stärke ist Saudi-Arabien die Führungsmacht im Golf-Kooperationsrat. Der Einsatz der Truppen gegen Oppositionelle im Nachbarstaat Bahrain im März 2011 wurde international wenig beachtet. Dabei symbolisiert die Entsendung der Truppen, dass das Königreich nicht mehr bereit ist, sein Vorgehen mit den USA abzusprechen oder Ratschläge der Regierung in Washington zu befolgen.

Die Spannungen im Verhältnis zwischen Saudi-Arabien und den USA werden so wenig beachtet, weil die Saudis im Konflikt mit dem Iran als Bündnispartner der USA gelten. Doch dieses stille Bündnis gegen die Islamische Republik wird überschätzt. Das Königreich möchte keinen Krieg, weil sich die Konsequenzen für das Land nicht absehen lassen. Saudi-Arabien baut seinen Einfluss vorsichtig aus. Damit zeichnet sich eine mögliche Frontstellung gegen Israel ab. Schon heute ist das Königreich einer der wichtigsten Sponsoren der Hamas. Die Saudis haben die palästinensische Organisation mit großzügigen Finanzhilfen aus der iranischen Umklammerung gelöst.

Für mich bleibt deshalb unverständlich, dass bei den gewaltigen Waffenlieferungen an Saudi-Arabien nicht bedacht wird, dass diese hochmodernen Systeme auch gegen Israel eingesetzt werden können. Seit 1948 befinden sich die beiden Länder im Kriegszustand. Am Golf von Aqaba ist die Entfernung zwischen ihnen an einer Stelle so kurz, dass man hinüberschwimmen kann. Auch wenn König Abdullah Israel aus Rücksicht gegenüber den USA nur zurückhaltend kritisiert: Die saudische Politik könnte sich nach einem Regimewechsel entscheidend ändern.

Dann würde auch die saudische Atompolitik in einem anderen Licht erscheinen. Seit April 2010 entwickelt das Königreich in Zusammenarbeit mit französischen Firmen ein eigenes Atomprogramm. Dessen Umstellung auf eine militärische Nutzung wäre jederzeit möglich. Da Saudi-Arabien die Hälfte der Kosten des Baus der pakistanischen Atombombe bezahlt hat, kann das Land bei der Entwicklung eigener Atomwaffen sogar mit pakistanischer Hilfe rechnen.

Wie schnell eine politische Neuorientierung erfolgen kann, zeigt das Beispiel des Irans. Während der Herrschaft des Schahs unterhielt das Land gute Beziehungen zu Israel, nach dessen Sturz erfolgte 1979 ein dramatischer außenpolitischer Kurswechsel. Auch der Iran wurde vor dem Sturz des Schahs von den USA aufgerüstet und bei der Entwicklung des Atomprogramms von westlichen Staaten und Firmen unterstützt.

Iran gestärkt

Der Aufstieg Saudi-Arabiens zu einer regionalen Großmacht erfolgte über Jahre und ist noch nicht abgeschlossen. Der Iran hat sich dagegen in nicht einmal zehn Jahren zur stärksten Macht im Mittleren Osten entwickelt. Ohne die Kriege der USA in Afghanistan und im Irak hätte der Iran diese Bedeutung nicht erlangen können. Der Islamischen Republik gelang es nicht nur, ihren politischen Einflussbereich auszudehnen. Sie profitiert auch wirtschaftlich vom Handel mit den beiden Nachbarstaaten.

Seitdem versucht Saudi-Arabien, den Einfluss des Irans zurückzudrängen. Im Irak werden anti-iranische Kräfte unterstützt, und im Bürgerkrieg in Syrien wird mit dem Assad-Regime der engste Verbündete des Irans in der arabischen Welt gestürzt. Diese Auseinandersetzungen einzig als Kampf zwischen unterschiedlichen Glaubensrichtungen zu erklären, führt in die Irre. Saudi-Arabien versteht sich zwar als Schutzmacht der Sunniten, und der schiitische Iran versucht, im Mittleren Osten eine schiitische Front aufzubauen. Aber es handelt sich auch um eine Auseinandersetzung zwischen Arabern und Iranern, zwischen einer Monarchie und einer Republik und zwischen einem pro-westlichen und einem anti-westlichen System.

US-Kriege nützen Iran

Mit dem Sturz der Taliban-Regierung wurde die Isolierung des Irans im Osten aufgehoben. Im Krieg gegen den Irak beseitigten die USA mit Saddam Hussein sogar den Erzfeind des Landes. Sowohl im Afghanistan- wie auch im Irak-Krieg hat der Iran den Einmarsch der US-Truppen aktiv unterstützt. 2001 habe ich an der afghanischen Grenze erlebt, wie die iranischen Revolutionswächter Gegner der Taliban in den Kampf geschickt haben.[62] Es waren Milizen des Kriegsfürsten Ismael Khan, der mit seinen Leuten von der iranischen Grenze aus Richtung Herat marschierte und die Stadt eine Woche später einnehmen konnte. Auch 2003 im Irak-Krieg kämpften im Iran aufgebaute schiitische Brigaden gegen Saddam Hussein. Während die US-Truppen nach Bagdad vorstießen, gelang es diesen Milizen, Teile des Südiraks zu kontrollieren.

Für den Iran bedeutete der Sturz der beiden feindlichen Regime nicht nur eine wichtige politische Entlastung, er brachte auch eine schnelle Ausweitung der Handelsbeziehungen zu den beiden Staaten. Vor allem kleinere Unternehmen konnten Nahrungsmittel und einfache Konsumgüter liefern. Vor den Grenzübergängen stauen sich seither die Lastwagen. Noch zehn Jahre nach den Kriegen gehört der Iran zu den wichtigsten Handelspartnern Afghanistans und des Iraks. Beim Wiederaufbau der Infrastruktur dieser Länder haben iranische Firmen Großaufträge erhalten. Die Islamische Republik liefert nahezu alles – von Tomaten bis zu Strom. Der Irak hat sich zu einem wichtigen Abnehmer selbst von im Iran gebauten Kraftfahrzeugen entwickelt. Auf den Straßen Bagdads sind mehr und mehr Wagen des Typs Samand oder im Iran gebaute Peugeots zu sehen.

---

62 Mit Geländefahrzeugen und Mannschaftstransportern der Revolutionswächter wurden die afghanischen Kämpfer von der ostiranischen Stadt Mashhad an die Grenze transportiert und etwa fünf Kilometer nördlich des Grenzübergangs Islam Qala abgesetzt. Ob einzelne Revolutionswächter am Marsch der Afghanen auf Herat teilgenommen haben, weiß ich nicht, da ausländische Journalisten die Kämpfer nicht begleiten durften.

In den Wochen nach dem Krieg gegen die Taliban hielten sich in Teheran sogar Hoffnungen, dass die stille Koalition im Afghanistan-Krieg genutzt werden könne, um die Probleme zwischen dem Iran und den USA zu lösen. Der damalige iranische Staatspräsident Khatami war betroffen, als US-Präsident Bush im Januar 2002 die Islamische Republik zur Achse des Bösen zählte. Fortan nutzte der Iran den in Afghanistan gewonnenen Einfluss, um die eigenen Positionen auszubauen und die der USA zu schwächen. Während des Irak-Krieges achteten die Revolutionswächter von Beginn an darauf, dass die von ihnen aufgebauten Schiitenmilizen unabhängig von den US-Truppen operierten. Etwa 30 000 Kämpfer waren im Iran auf ihren Einsatz vorbereitet worden.

Vor allem im Irak war es einfach, die USA zu schwächen, weil auch andere Nachbarstaaten wie Saudi-Arabien und Syrien ein Interesse daran hatten, einen Erfolg der USA zu verhindern.[63] Der Irak wurde erst während des Bürgerkrieges ab 2006 zu einem Schauplatz iranisch-saudischer Auseinandersetzungen. Erst als deutlich wurde, dass der politische Einfluss des Irans auf die Regierung in Bagdad von Dauer sein würde, mobilisierte Saudi-Arabien die Sunniten im Irak gegen die Regierung in Bagdad und unterstützte alle antiiranischen Regungen.

---

63 Noch 2004 haben Schiiten in Bagdad Kleidung und Lebensmittel für die Bewohner der Sunnitenstadt Falluja (westlich von Bagdad) gespendet. Wenige Tage später schickten Sunniten Medikamente und Nahrungsmittel nach Najaf (südlich von Bagdad), um Schiiten-Milizen zu unterstützen, die dort gegen US-Truppen kämpften. Die irakische Bevölkerung war in ein pro- und ein antiamerikanisches Lager gespalten.

Spannungen mit Saudi-Arabien

Die Front zwischen der arabischen Welt und dem Iran verläuft nicht mehr an der iranisch-irakischen Grenze, sondern seit dem Bürgerkrieg 2006 durch den Irak an der Trennungslinie zwischen Sunniten und Schiiten. Saddam Hussein war in seinem Krieg gegen den Iran (1980–1988) von den arabischen Golfstaaten finanziell unterstützt worden, um das Land zu schwächen. Zwanzig Jahre später musste der saudische König erkennen, wie stark das Scheitern der USA im Irak dem Iran geholfen hatte, sein Einflussgebiet zu vergrößern. Dies war besonders schmerzlich, weil Saudi-Arabien auch in Afghanistan nach der Vertreibung der Taliban an Einfluss verloren hatte.

Als dann in Bahrain Schiiten gegen das sunnitische Königshaus revoltierten, wurde es für den saudischen König immer wichtiger, den iranischen Einfluss zurückzudrängen. Da die westlichen Staaten mit ihren Wirtschaftssanktionen dazu entscheidend beitragen, werden die Maßnahmen von Saudi-Arabien unterstützt. Immer wieder warnen Mitglieder der Königsfamilie vor der iranischen Gefahr. Nur darf man derartige Aussagen nicht überbewerten, da sie möglicherweise nur zur Taktik gehören, die Schwächung des Irans voranzutreiben.

Auf der Sonderkonferenz der Organisation für Islamische Zusammenarbeit (OIC) zu Syrien erhielt Irans Präsident Ahmadinejad im August 2012 demonstrativ einen Platz an der Seite des Königs. Der scheut eine direkte Auseinandersetzung mit dem Iran. Die saudischen Herrscher haben gelernt, die Schwächen anderer zu ihrem eigenen Vorteil zu nutzen. Sie können ihre Politik mit vorsichtigen Schritten ungestört durchsetzen, solange die konservative Geistlichkeit im Land dies unterstützt.

Pakistans Doppeltaktik

Pakistan agiert vor allem aus dem Hintergrund und unterstützt radikale islamische Gruppen verdeckt. Durch geschicktes Taktieren hat das Land an der Unterstützung von Aufständischen sogar noch verdient. Gegenüber den USA trieb die pakistanische Regierung dreißig Jahre lang ein Doppelspiel (Rashid, 2008), um Milliarden US-Dollar an Militärhilfe zu erhalten. Allein seit 2001 waren es zehn Milliarden. Dabei hat der pakistanische militärische Geheimdienst ISI den Taliban geholfen, sich nach der Niederlage 2001 neu aufzubauen (Rashid, 2010). Nach Einschätzungen von US-Offizieren war der Geheimdienst an mehreren Anschlägen in der afghanischen Hauptstadt Kabul direkt beteiligt.

Während Präsident Bush in Afghanistan seinen »Krieg gegen den Terror« führte, bot Pakistan führenden Taliban Zuflucht. Gleichzeitig erhielt die Regierung in Islamabad weitere US-Militärhilfe. Aus der Rückschau lässt sich erkennen, dass der pakistanische Geheimdienst die Taliban unterstützt und die Sicherheitskräfte die Terroristen nicht ernsthaft bekämpft haben – auch, um die Gründe für künftige Zahlungen nicht zu beseitigen.[64]

Drohnenkrieg

Wegen der fehlenden Bemühungen Pakistans, die Taliban und Al Kaida zu bekämpfen, haben die USA 2004 einen geheimen Luftkrieg begonnen. Die Regierung in Washington schweigt zu den Angriffen,

---

64 Die Militärhilfe an Pakistan ist ein Beispiel, wie mit Zahlungen das Gegenteil der beabsichtigten Wirkung erzielt werden kann. Auch im Rahmen der Entwicklungshilfe werden immer wieder Missstände nicht beseitigt, sondern verlängert, weil die Empfänger des Geldes wissen, dass sie bei einer erfolgreichen Arbeit künftig keine Zahlungen mehr erhalten.

weil damit Ziele in einem Land mit Raketen beschossen werden, mit dem sich die USA nicht im Krieg befinden. Die Drohneneinsätze werden vom Geheimdienst CIA organisiert. Angeblich werden die unbemannten Flugzeuge sogar aus der CIA-Zentrale in Langley bei Washington gesteuert. Die Beschaffung der Informationen in Pakistan erfolgt durch Aufklärung aus dem Luftraum und durch Agenten am Boden. Berichte, dass Mitarbeiter privater Geheimdienste dafür im Einsatz sind, wurden weder bestätigt noch dementiert. Bekannt ist nur, dass die Drohnen, wenn sie von Stützpunkten der US-Luftwaffe in Afghanistan starten, von Mitarbeitern ziviler Sicherheitsdienste betankt und mit Raketen bestückt werden.

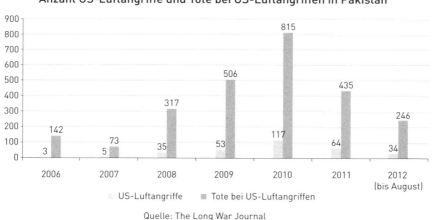

Anzahl US-Luftangriffe und Tote bei US-Luftangriffen in Pakistan

Quelle: The Long War Journal

Vor dem Amtsantritt Obamas hatte es in Pakistan bereits 44 Angriffe mit mindestens 500 Toten gegeben. Nach Berichten der pakistanischen Medien werden vor allem Mitglieder afghanischer Oppositionsgruppen getötet, von denen einige mit Al Kaida zusammenarbeiten. Doch etwa ein Drittel der Opfer waren Zivilisten. Nach dem Amtsantritt von Präsident Obama haben die USA die Zahl der Angriffe erhöht. Bei 117 Einsätzen starben im Jahr 2010 die meisten

Menschen – 815 Tote wurden gezählt. Die wenigsten von ihnen standen auf den offiziellen Fahndungslisten der USA.

Obama hat Ende Januar 2012 erstmals die bis dahin geheim gehaltenen Drohnenangriffe bestätigt und verteidigt (AFP, 2012). Sie erfolgten nicht wahllos, sondern würden sehr genau kontrolliert, erklärte er während eine Chats im Internet. Tage zuvor hatten hunderttausend Menschen in der pakistanischen Hauptstadt Karachi gegen die Drohnenangriffe demonstriert.

Pakistans Geheimdienst laviert

Die pakistanische Regierung hat die USA wiederholt aufgefordert, die Angriffe zu beenden. Gleichzeitig wird aber auch in den pakistanischen Medien über eine stille Duldung des US-Drohnenkrieges durch die Regierung spekuliert. Einerseits hat der pakistanische Geheimdienst den USA den Aufenthalt von Taliban-Führern verraten, andererseits wurden aber auch Taliban-Kommandeure vor geplanten Angriffen gewarnt. Dieses Lavieren ist typisch für die pakistanische Politik. Die Regierung will sich alle Möglichkeiten offenhalten.

Strittig ist, ob das pakistanische Militär oder der militärische Geheimdienst direkt mit Al Kaida zusammengearbeitet hat. Dass Bin Laden mehrere Jahre in der Militärstadt Abbottabad wohnte, deutet zumindest auf eine Art stillschweigende Akzeptanz durch die Behörden hin. Der Al Kaida-Führer soll dort sogar regelmäßigen Kontakt zu hohen pakistanischen Offizieren unterhalten haben.

Nach seinem Tod während der Kommandoaktionen der US-Truppen am 2. Mai 2011 stellten die USA ihre Militärhilfe ein. Dass Pakistan den Al Kaida-Chef offensichtlich gedeckt hatte, nutzten die Kritiker des Landes in der US-Regierung, um die Hilfe zu sperren. Erneut erpresste Pakistan die USA: Monatelang wurden die Grenzübergänge für Versorgungstransporte der ausländischen Truppen in Afghanistan gesperrt. Erst als die USA wieder zahlten, ließ die pakistanische Regierung die Lastwagen durch.[65] Mit der Wiederaufnahme der Zahlungen deutet sich an, dass es US-Präsident Obama nicht gelingen dürfte, die von Vorgänger Bush während seines »Kriegs gegen den Terror« gegenüber Pakistan begonnene Politik zu korrigieren.[66] Eine Lösung der Probleme in Afghanistan und auch in Pakistan wird damit nicht erleichtert. Die USA dürften im Rahmen des Abkommens eine Zusicherung für die Duldung weiterer Drohnenangriffe im Grenzgebiet zu Afghanistan ausgehandelt haben.

Pakistans Atombomben spielen im Rahmen dieser erpresserischen Politik ebenfalls eine Rolle. Das Land, das Israel bis heute nicht anerkennt, besitzt etwa hundert Bomben,[67] die sogar in einem Erstschlag eingesetzt werden sollen. Die atomare Aufrüstung erfolgte mit der Begründung, sie sei notwendig, um gegenüber Indien ein militärisches Gleichgewicht herzustellen.

---

65 Offiziell wurde die Sperrung der Nachschubwege mit der Tötung von pakistanischen Soldaten bei einem NATO-Angriff auf einen pakistanischen Grenzposten begründet. Es gehört zum Spiel beim Erschleichen von Hilfsleistungen, dass die eigentlichen Zusammenhänge nicht angesprochen werden und Empfänger, aber auch Geber, die Öffentlichkeit mit falschen Darstellungen irreführen.

66 Während die Hilfszahlungen an Pakistan im August 2012 wieder anliefen, häuften sich in den USA Spekulationen, dass die Regierung Obama die Öffentlichkeit über den Ablauf der Kommandoaktion gegen Bin Laden falsch informiert hatte.

67 Der Bundessicherheitsrat erteilte 2006 eine Vorgenehmigung für die Lieferung von drei U-Booten an Pakistan. Sie können genau wie die an Israel gelieferten U-Boote nach Umbauten für den Abschuss von Atomraketen genutzt werden.

Neue Bedrohungen

Bodenkriege wie in Afghanistan oder im Irak wollen die USA künftig nicht mehr führen. Dafür fehlen die Soldaten und das Geld. Auch der verstärkte Einsatz ziviler Sicherheitsfirmen und Auftragsfirmen für die Arbeiten im Transportwesen und die Versorgung der Truppen ist keine Lösung, wie sich im Irak gezeigt hat. In diesen beiden Ländern wurden Soldaten des Landes ausgebildet, damit sie die Kämpfe fortsetzen. Während des Libyen-Krieges haben die USA die Hauptlast der Angriffe der NATO übertragen. Die USA beschränkten sich auf eine eher planende und steuernde Rolle. Dafür wird die Zusammenarbeit mit den Streitkräften anderer Länder weiter verbessert.

Die US-Militärstrategie basiert auf der Aufrechterhaltung der eigenen militärischen Überlegenheit sowie dem Aufbau von Verbänden, die schnell eingreifen können. Sollten US-Truppen in Kriege geschickt werden, wollen die USA verstärkt Spezialeinheiten einsetzen. Um diese Ziele zu erreichen, hat Präsident Obama in den beiden ersten Jahren seiner Amtszeit die Streitkräfte weiter reformiert.[68] Kleine Einheiten mit höherer Kampfkraft sollen neue Waffensysteme erhalten. Zu den Planungen gehört auch, dass zunehmend automatisierte Systeme oder sogar Roboter eingesetzt und der Drohnen- und der Cyberkrieg ausgeweitet werden.

Die rechtlichen Normen sind den neuen Formen der Militäreinsätze seit Jahrzehnten nicht mehr angepasst worden. Bisher sind weder

---

68 Bereits 2001 hatte der ehemalige Verteidigungsminister Donald Rumsfeld mit der Umstrukturierung der Streitkräfte begonnen. Er stellte weitere schnell reagierende Einheiten auf und verstärkte die Entwicklung und Modernisierung der Waffensysteme. Gegen den Widerstand von Teilen der Generalität bestand Rumsfeld auf seinem Plan, dass nur zwei Divisionen im Irak-Krieg für die Eroberung Bagdads eingesetzt wurden. Die Lehre dieses Krieges besteht deshalb auch darin, dass ein Land von weniger Soldaten erobert werden kann als später zur Aufrechterhaltung von Ruhe und Ordnung notwendig sind.

die Genfer Konventionen noch das Völkerrecht modifiziert. Die internationale Gemeinschaft hat weder mit internationalen Vereinbarungen auf die moderne Kriegsführung und die zunehmende Asymmetrie reagiert noch Konventionen oder Rechtsnormen den neuen Bedingungen angepasst.

Militärische Entwicklungen

Selbst als Gast wird mir sofort klar, welche Probleme die US-Streitkräfte in Afghanistan und im Irak haben. Die Soldaten leben in ihrem eigenen System – einer abgeschlossenen Welt, die nur wenig mit der Realität außerhalb der US-Stützpunkte zu tun hat. Ein Beispiel: Für eine Strecke von 150 Kilometern zwischen Bagdad und dem nordwestlich davon gelegenen US-Camp in Ramadi durften der Kameramann, der Producer und ich nicht einfach eineinhalb Stunden mit dem Auto fahren. Das wäre ohne Weiteres möglich gewesen, und normalerweise tun wir dies auch. Als bei den US-Streitkräften eingebettete Journalisten mussten wir dagegen – wie die Soldaten – von Bagdad aus Militärbusse, Transporthubschrauber und gepanzerte Fahrzeuge nutzen und zwischendurch sogar übernachten. Für fünf Stunden Dreharbeiten waren wir fünf Tage unterwegs und verursachten einen gewaltigen Aufwand für die US-Truppen.[69]

---

69 Allein unsere Verpflegung dürfte die Steuerzahler in den USA rund 1500 US-Dollar gekostet haben. Die Büffets für die 1500 Soldaten auf dem Stützpunkt in Ramadi entsprachen mit ihrem Angebot denen in einem Vier-Sterne-Hotel. Überall waren Mitarbeiter privater Firmen eingesetzt. Sie kochten, brachten die Speisen, bewachten das Kantinenzelt, reinigten alle vier Stunden Toiletten und Duschen, fuhren Busse und reparierten und werkelten in dieser abgeschotteten Welt. Auf einen Soldaten dürfte im Camp in Ramadi ein ziviler Mitarbeiter gekommen sein.

Es waren nicht nur die Toten im Kampf gegen Aufständische oder bei deren Anschlägen und nicht nur die Probleme im Umgang mit den fremden Kulturen, auf die die USA mit einer Reform ihres Militärwesens reagiert haben. Auch die Kosten zwangen zum Umdenken. Selbst die USA können sich solch einen Aufwand nicht mehr leisten. Die Kriege im Orient mit ihren Ausgaben gehen zu Lasten der US-Streitkräfte in allen Teilen der Welt. 1,5 Millionen Angehörige der Streitkräfte sind wie in einem Spinnennetz über den gesamten Erdball verteilt.

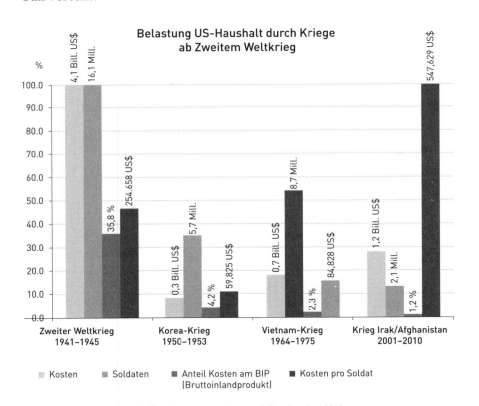

Quelle: Congressional Research Service, Juni 2010

Seit dem Korea-Krieg (1950–1953) haben sich die Ausgaben der US-Streitkräfte für den einzelnen Soldaten um das Zehnfache erhöht. Wie in der privaten Wirtschaft werden deshalb radikale Einsparungen geplant. Noch während der Amtszeit von Präsident Bush jun. (2001–2009) wurden den Streitkräften nahezu unbegrenzte Mittel zur Verfügung gestellt. Sie mussten nicht sparen.

Waren die Militärausgaben unter Präsident Bill Clinton (1993–2001) um fünfzehn Milliarden US-Dollar gestiegen (von 298 Milliarden auf 313 Milliarden), so hatten sie während der Amtszeit von Bush um 356 Milliarden US-Dollar zugenommen (von 313 Milliarden auf 669 Milliarden). (SIPRI, 2012) Hinzu kommen die Extraausgaben für die Kriege mit etwa 2000 Milliarden US-Dollar (siehe Seite 100). Nach diesen Erfahrungen werden die USA alles daran setzen, um künftig lange Bodeneinsätze zu vermeiden und automatisierte Waffensysteme einzusetzen.

Privatisierung

Im Irak bin ich den Spezialisten in Sachen Sicherheit zum ersten Mal begegnet. Es waren tätowierte Muskelmänner, die betont lässig die Empfangshallen verschiedener Hotels bevölkerten. Sie tauchten immer häufiger auf. Die meisten hatten in den US-Streitkräften gedient und arbeiteten für die Halliburton-Tochterfirma Kollegg, Brown and Root oder für Blackwater Security Consulting (heute: Academi). Doch als ihre Zahl in Bagdad auf 20 000 anstieg, waren auch Südafrikaner, Ex-Jugoslawen und mehr und mehr Südamerikaner im Einsatz.

Die neue private Sicherheitskultur wurde zum Riesengeschäft. Die US-Regierung vergab in den ersten zwei Jahren nach dem Sturz Saddam Husseins Aufträge für elf Milliarden US-Dollar. Allein die britische Firma Erinys International, die vor allem für das irakische Ölministerium arbeitete, beschäftigte 14 000 Iraker. Wer ein Unternehmen im Sicherheitsbereich gründete, konnte innerhalb weniger Monate Millionär werden.[70]

Das Machtvakuum nach dem Sturz Saddam Husseins im Irak wurde unter anderem durch diese privaten Firmen gefüllt. Sie kassierten gewaltige Summen, die Sicherheitssituation verbesserte sich jedoch nicht. Dennoch haben derartige Firmen seither weltweit Konjunktur. Sie übernehmen auch Aufgaben, die Regierungssoldaten nicht ausführen dürfen und wozu sogar Foltern oder Töten in Drittstaaten gehört. Diese Leute werden oft mit falschem Namen in den Einsatz geschickt, um Spuren zu verwischen. Im Falle ihres Todes (zum Beispiel bei einem Anschlag) wird den engsten Familienangehörigen oft nicht einmal der wahre Grund mitgeteilt. Es heißt dann etwa, der Mann sei bei einem Unfall ums Leben gekommen.

Tote US-Streitkräfte und private Firmen
(Irak 2003–2010 in %)

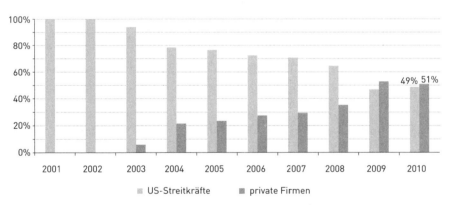

Quelle: Professional Services Council, Service Contractor/September 2010

---

70 Der Producer eines nichtarabischen Fernsehsenders sattelte um, fuhr nach wenigen Wochen einen großen Mercedes und kaufte kurze Zeit später seiner Familie eine Villa für mehrere hunderttausend US-Dollar.

An der steigenden Zahl der getöteten Mitarbeiter von Sicherheitsfirmen zeigt sich das Scheitern der US-Armee im Irak. Der Einsatz dieser Söldner wurde notwendig, nachdem die US-Streitkräfte es nicht geschafft hatten, die Lage zu beruhigen. Weil die privaten Unternehmen an Investitionen in die Sicherheit ihrer Männer sparen, können diese um den Preis erhöhter Lebensgefahr billiger in Rechnung gestellt werden. Auch wegen der niedrigeren Kosten werden Söldner in Kriegssituationen immer stärker beschäftigt.

Tote US-Streitkräfte und private Firmen
(Afghanistan 2001–2010 in %)

Quelle: Professional Services Council, Service Contractor/September 2010

In Afghanistan wurden Mitarbeiter privater Sicherheitsdienste ebenfalls erst ab 2003 in größerer Zahl eingesetzt.[71] Auch daran zeigt sich, wie sehr sich das militärische Auftreten der USA in diesen beiden

---

71 Beeindruckend ist die Darstellung von Jeremy Scahill über den Aufstieg der Firma Blackwater (ab 2009 Xe Services LLC, ab 2011 Academi) zur mächtigsten Privatarmee der Welt. Er beschreibt auch, wie der »internationale Söldnermarkt durch die von den USA geführten Kriege im Irak und in Afghanistan explosionsartig anwuchs« und wie es »in Lateinamerika zu einer Serie von Enthüllungen über geheime Trainingslager und Aktivitäten« kam. (Scahill, 2010, S. 224)

Ländern gleicht. 2010 starben in Afghanistan und im Irak mehr Mitarbeiter privater Sicherheitsdienste als ausländische Soldaten. Die schnelle Zunahme der eingesetzten Söldner erfolgte auch aus politischen Gründen. Präsident Georg W. Bush wollte und konnte die Zahl der Soldaten im Irak nicht so schnell erhöhen, da sich immer weniger junge Menschen für den Dienst in den Streitkräften meldeten und der Präsident die Entsendung von Zehntausenden weiterer Soldaten aus politischen Gründen nicht wagte. Privatfirmen füllten den Bedarf vor Ort und sendeten ihre Leute. (Westenfelder, 2011) Der Charakter von Hilfstruppen der Besatzer, den diese Milizen haben, zeigt sich auch darin, dass nach dem Erlass Nr. 17 der US-Zivilverwaltung (Holmqvist, 2005) die Mitarbeiter von Sicherheitsfirmen eine Art Immunität erhalten.[72] Damit können sie im Irak nicht angeklagt werden, wenn sie Straftaten begehen.

Die wachsende Bedeutung der Sicherheitsdienste wird deutlich, wenn man das Verhältnis zwischen Milizen und regulären US-Soldaten im Kuwait-Krieg (1991) und im Irak-Krieg (2003) vergleicht. Ihr Anteil hat sich von zwei auf zehn Prozent verfünffacht. Zu den Mitarbeitern privater Sicherheitsdienste kamen im Irak und in Afghanistan etwa 208 000 Zivilisten[73] hinzu, die bei Vertragsfirmen der US-Streitkräfte beschäftigt waren.[74] Sie arbeiteten zum Beispiel im Bereich des Nachschubs, im Kantinenwesen oder als Reinigungskräfte. Ihre Zahl lag

---

72 Am 16. September 2007 töteten Mitarbeiter von Blackwater nach der Explosion einer Autobombe auf einem Platz in Bagdad vierzehn irakische Zivilisten. Zwei Jahre später wies ein Bezirksgericht in Washington eine Anklage gegen die Todesschützen ab.

73 Etwa vierzig Prozent stammten aus Ländern Afrikas, des Indischen Subkontinents oder Südostasiens. Sie wurden von Vertragsfirmen der Streitkräfte oder sogar von deren Unterfirmen beschäftigt. Oft mussten sie unter schlechtesten Bedingungen und zu Niedriglöhnen arbeiten. Der Einsatz der Zivilisten trägt aber wie die gute Verpflegung dazu bei, die Stimmung der Soldaten zu heben.

74 2010 beschäftigten die Firmen im Rahmen von Verträgen mit dem US-Verteidigungsministerium, dem US-Außenministerium und der US-Hilfsagentur (USAID) 260 000

2010 um neunzehn Prozent über der der Soldaten (175 000). Durch die Einschaltung von Subunternehmern spart das US-Verteidigungsministerium zwar an Löhnen. Gleichzeitig treibt die große Zahl der Beschäftigten die Kosten aber auch in die Höhe. Da nur etwa zwanzig Prozent dieser Beschäftigten Iraker oder Afghanen sind, steigert ihre Anwesenheit die Ablehnung der ausländischen Truppen durch die Bevölkerung.

Fremde Streitkräfte

Im Irak haben die USA versucht, ihren Rückzug durch den Aufbau und das Training der irakischen Sicherheitskräfte zu sichern. In Afghanistan wird der Rückzug auf die gleiche Weise vorbereitet. Aber während im Irak beim Abzug der US-Truppen nicht mehr gekämpft wurde, zeichnet sich in Afghanistan kein Ende der Kämpfe bis 2014 ab. Die afghanischen Streitkräfte müssen einen von den US-Truppen ausgelösten Krieg weiterführen.

Präsident Obama hat nicht nur versucht, einen Abzug der US-Truppen aus den Kriegen durchzusetzen, für ihn war es auch wichtig, neue Großeinsätze der US-Streitkräfte zu verhindern. Deshalb wurde vermehrt die Zusammenarbeit mit anderen Staaten gesucht, um deren Streit- oder Sicherheitskräfte auszubilden. Am Beispiel Somalias wird dieses Vorgehen deutlich. Dort führen von der Afrikanischen Union (AU) entsandte Einheiten Krieg gegen die Schabab-Milizen. Den Einheiten der afrikanischen Staaten ist es gelungen, die mit Al Kaida sympathisierenden Aufständischen zurückzudrängen.

Bei ihrem Einsatz (1992–1994) hatten die US-Truppen dieses Ziel nicht erreicht. Seit dem Abzug der Soldaten versuchen die USA, die

---

Personen in Afghanistan und im Irak (Commission on Wartime Contracting in Iraq and Afghanistan, 2011, S. 2).

Kämpfe in Somalia zu beeinflussen. Für die Steuerung der militärischen Einsätze ist das Africom zuständig, eines der sechs weltweit verteilten Regionalkommandos der US-Streitkräfte mit Sitz in Stuttgart. Militäreinheiten von afrikanischen Verbündeten der USA werden nicht nur finanziert, ausgerüstet und trainiert, sondern erhalten auch von der US-Luftaufklärung gewonnene Erkenntnisse.[75] In die Kämpfe in Somalia greifen die USA mit Drohneneinsätzen immer wieder direkt ein. Neben Aufklärungsflügen werden auch Kampfeinsätze geflogen, um Aufständische mit Raketen zu töten. In Afrika haben die USA die Kriegsführung gegen Al Kaida-nahe Organisationen am weitesten entwickelt. In verschiedenen Staaten wurden geheime Stützpunkte eingerichtet. Über Aktionen von Spezialeinheiten wird nur in Ausnahmefällen etwas bekannt.

An der Planung der Politik sind Soldaten, Entwicklungshelfer und Diplomaten beteiligt. Damit entsprechen die Einsätze den Vorstellungen von Außenministerin Clinton über »smart power«. Zuallererst werde Zusammenarbeit angestrebt. Alleingänge dürfe es nur geben, wenn keine anderen Optionen bestünden (Clinton, 2012). Die Grenze zwischen militärischen und zivilen Operationen dürfte künftig weiter verschwimmen.[76] Ob das Pentagon sich noch an den früher

---

75 In Jordanien werden Einheiten des Landes für den Einsatz in Syrien vorbereitet. An einem großen Manöver an der syrischen Grenze waren im Juni auch Truppen der USA beteiligt. Gleichzeitig verteilten US-Geheimdienstmitarbeiter Waffen an syrische Aufständische. Ein Anhänger der syrischen Opposition berichtete mir über die Verunsicherung durch die USA. Sie wüssten nicht, ob die USA entschlossen seien, die Gegner Assads in ihrem Kampf zu unterstützen, oder ob sie einen Kompromiss mit Russland für eine politische Lösung des Bürgerkrieges in Syrien anstrebten.

76 In Deutschland treibt vor allem der Bundesminister für wirtschaftliche Zusammenarbeit und Entwicklung, Dirk Niebel, die Verzahnung von militärischem Vorgehen und Einsatz der Entwicklungspolitik voran, indem nahezu nur noch Projekte im Umfeld der deutschen Soldaten im Norden Afghanistans begonnen oder gefördert werden.

geltenden Grundsatz hält, nicht mit privaten Geheimdiensten zusammenzuarbeiten, ist seit dem Beginn des Drohnenkrieges in Pakistan nicht mehr sicher.

Neue Formen des Krieges

Das Netzwerk geheimer Stützpunkte für Drohnen existiert weltweit, nicht nur in afrikanischen Ländern wie Djibuti und Äthiopien. Obama hat im Jahr 2009 angeordnet, den Drohnenkrieg auf den Jemen auszuweiten. Seither erfolgen dort – nach Pakistan – die meisten der Angriffe. Die höchste Zahl von Toten gab es jedoch beim Einschlag einer von einem US-Kriegsschiff abgefeuerten Rakete.[77] Es war der schwerste Angriff gegen ein Land, gegen das die USA keinen Krieg führen.

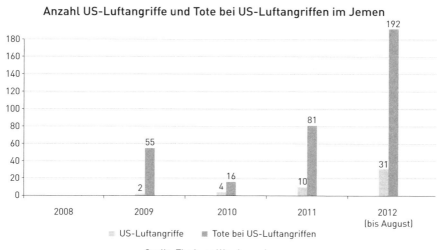

Anzahl US-Luftangriffe und Tote bei US-Luftangriffen im Jemen

Quelle: The Long War Journal

---

77 Am 17. Dezember 2009 wurden nach Informationen aus dem Jemen beim Einschlag einer von einem Schiff abgefeuerten Rakete (cruise missile) 44 Zivilisten, darunter 23 Kinder, getötet. Der Angriff galt Saleh Mohammed al-Anbouri, einem führenden Mitglied von Al Kaida auf der Arabischen Halbinsel.

Das US-Verteidigungsministerium und der Geheimdienst CIA führen unterschiedliche Listen mit den Namen von Personen, die getötet werden sollen. In einer Sitzung im Weißen Haus muss jeweils begründet werden, warum diese Person für einen Angriff ausgewählt wurde. In einigen Fällen mussten Begründungen nachgeliefert werden, bevor es zum Beschluss kam. Bei der Auswertung nach den Angriffen ist es üblich, alle getöteten Männer im wehrfähigen Alter als Terroristen oder Aufständische einzustufen. Diese Praxis könnte erklären, weshalb Obamas Antiterrorberater John Brennan behaupten konnte, 2011 seien bei den Drohnenangriffen in Pakistan keine Zivilisten getötet worden.

2012 erweiterte Obama sogar noch den Spielraum von CIA und den Militärs bei der Auswahl der Menschen im Jemen, die auf die Liste kommen sollen. Danach dürfen Raketen auch auf Personen oder Gruppen abgefeuert werden, die den Verantwortlichen verdächtig erscheinen, selbst wenn sie den US-Streitkräften oder dem US-Geheimdienst namentlich nicht bekannt sind. Damit werden praktisch Todesurteile verhängt und später ausgeführt, weil Menschen verdächtigt werden, mit Terroristen zusammenzuarbeiten. Das Tragen von Waffen oder das Hantieren mit Sprengstoff im Umfeld von Al Kaida-Unterkünften kann ausreichen, um zum Ziel zu werden. In den Stammesgebieten des Jemens oder im pakistanischen Waziristan ist es allerdings Brauch, dass Männer Waffen besitzen und tragen. Es gehört zum Alltag.

Bis heute steuern Geheimdienstmitarbeiter oder Soldaten mit einem Computer von den USA aus den Anflug der Drohnen auf diese Ziele. Sie lösen tausende von Kilometern entfernt den Raketenabschuss an der Drohne aus. Planer im Verteidigungsministerium entwickeln bereits Systeme, bei denen Computer die Angriffe auslösen. In zwanzig Jahren soll die Drohne MQ-1000 Entscheidungen über Angriffe selbstständig treffen und dann sofort ausführen. Auch Drohnenschwärme werden zu Ähnlichem in der Lage sein.

2012 wurden in den US-Streitkräften bereits mehr Piloten für Drohnen als für althergebrachte Flugzeuge ausgebildet. Drohnen haben unterschiedlichste Größen. Aufklärungsdrohnen können wenig größer als Hornissen sein. Aber auch Großraumflugzeuge lassen sich fernsteuern. Im Pentagon entscheidet ein Planungsstab, welche Flugzeuge als unbemannte Versionen gebaut werden sollen. Verfügte das Pentagon im Jahre 2000 gerade über neunzig Drohnen, so waren es zu Beginn des Jahres 2012 bereits gut 7000 und deren Zahl wächst weiter schnell an (The Guardian, 2012). Allein die US-Streitkräfte stellen für die Anschaffung unbemannter Systeme jährlich knapp sieben Milliarden US-Dollar bereit. (Department of Defense, 2010) Die Umstellung auf fahrerlose Fahrzeuge und Schiffe wird Schritt für Schritt erfolgen. Die Umstellung von Soldaten auf Roboter dauert wesentlich länger.

Wenn Piloten, Fahrer oder Schiffsführer eingespart werden, müssen Flugzeuge, Fahrzeuge oder Schiffe ferngesteuert werden. Damit wird das Risiko, dass eigene Soldaten getötet oder verwundet werden, verringert. Aufklärungsdrohnen haben auf Grund ihres geringen Gewichts und ihrer geringen Geschwindigkeit genau wie Ballons den Vorteil, dass sie über große Zeiträume eingesetzt werden können und die Auswertung der Aufzeichnungen weitgehend automatisch erfolgt. Dies bringt bedeutende Einsparungen.[78] Für die US-Streitkräfte stehen die Entwicklung und die Umrüstung auf unbemannte Waffensysteme deshalb im Vordergrund. Schon in wenigen Jahren wird ein

---

78 In Kabul habe ich stundenlang Drohnen kreisen hören. In den ersten Nächten habe ich sie mit herkömmlichen Flugzeugen verwechselt und geglaubt, der Lärm werde durch nächtliche Transportflüge erzeugt. Erst afghanische Bekannte wiesen mich darauf hin, dass mir Drohnen die Nachtruhe rauben würden. Genau wie Aufklärungsballons können auch unbemannte Flugzeuge über einen längeren Zeitraum ohne zusätzliche menschliche Arbeitsleistung eingesetzt werden. 2012 wurden Drohnen erprobt, die Dutzende von Stunden und in größeren Höhen sogar gut hundert Stunden in der Luft bleiben können.

immer größerer Anteil der Flugzeuge, Fahrzeuge und Schiffe ferngesteuert oder automatisch, also ohne Personal, betrieben werden.

Die Umrüstung auf Roboter wird länger dauern. Ihre Entwicklung ist anspruchsvoller, denn sie müssen ähnlich wendig wie Soldaten sein und zudem innerhalb kürzester Zeit Entscheidungen fällen, ob und wie Waffen eingesetzt werden. Hierbei entstehen völlig neue Probleme. Roboter müssen so programmiert werden, dass sie in Grenzsituationen Entscheidungen wie Menschen fällen, da sie gegen Menschen kämpfen. Im Gegensatz zu Menschen werden sie für ihre Taten jedoch nicht verantwortlich gemacht werden können. Roboter werden die Kriegsführung nachhaltig verändern, weil sie selbstständig handeln müssen. Darin unterscheiden sie sich von ferngesteuerten Transport-, Aufklärungs- oder Waffensystemen.

Auch der Cyberkrieg unterscheidet sich von den bisherigen Formen der militärischen Auseinandersetzung. Die Waffen kommen aus dem Bereich der Informatik. Durch die Nutzung des Internets können die Möglichkeiten des Gegners erheblich beeinträchtigt werden. In bisherigen Kriegen oder Konflikten waren es Kommandoeinheiten, die über die Frontlinien oder Grenzen vorrückten und einem Feind vergleichbare Schäden zufügten. Diese Art der verdeckten Kriegsführung, über die schon so viele Filme gedreht worden sind, erscheint mir am ehesten mit dem Einsatz von Virenprogrammen vergleichbar. Wenn im Iran in einem Ölverladehafen Tanker nicht mehr beladen werden können, weil die Steuerungen der Pumpeinrichtungen oder die Zählwerke gestört werden, entsteht ein großer Schaden, ohne dass der Urheber eines solchen Anschlags sofort erkennbar ist. Diese Art von Anschlägen enthält eine neue Dimension, weil sich die Viren verselbstständigen können und dann nicht mehr kontrollierbar sind. Das Stuxnet-Virus hat nicht nur iranische Zentrifugen zur Urananreicherung zerstört, sondern ist auch an anderen Stellen der Welt in Computer eingedrungen, die zum Beispiel Kraftwerke steuern. Das genaue Ausmaß der durch Stuxnet verursachten Schäden wurde nicht ermittelt.

Aushöhlung des Rechts

Ex-US-Präsident und Friedensnobelpreisträger Jimmy Carter sieht in den Drohneneinsätzen »beunruhigende Beweise dafür, wie weit die Menschenrechtsverletzungen unserer Nation fortgeschritten sind« (»disturbing proof of how far our nation's violation of human rights has extended« (Carter, 2012). Die weltgrößte Militärmacht schafft Fakten und verletzt Menschenrechte in einem immer größeren Ausmaß. Die Drohnenangriffe der USA werden genauso wenig untersucht wie der Tod von Hunderten von Afghanen bei nächtlichen Angriffen von Kommandotrupps der US-Armee. Während über das Gefangenenlager in Guantanamo weltweit debattiert wurde und Obama als Wahlkämpfer 2008 dessen Schließung für den Fall seines Sieges angekündigt hatte, wurde das Schicksal der Menschen, die von den US-Streitkräften in Afghanistan interniert wurden, nicht mehr beachtet. 2002 traf Präsident Bush die Entscheidung, den Kämpfern der Taliban den Kombattantenstatus zu verweigern. Zehn Jahr später wird von »Krieg in Afghanistan« gesprochen oder, je nach nationaler Lage, mit Begriffen jongliert. Aber die Krieg führenden Staaten wenden das Kriegsvölkerrecht nicht uneingeschränkt an.

Die internationale Gemeinschaft hat sich mit der Aushöhlung des humanitären Völkerrechtes weitgehend abgefunden. Zwar strengen Verwandte von pakistanischen Staatsbürgern, die bei Drohnenangriffen getötet wurden, Gerichtsverfahren gegen US-Politiker an, doch die großen nationalen und internationalen Organisationen schweigen. Mit dem Einsatz der neuen Waffensysteme wird das Recht ausgehöhlt. Für dessen Einsatz fehlen eindeutige internationale Vereinbarungen.

Genauso schwer wiegt, dass bereits ein Cyberkrieg geführt wird und die möglichen Auswirkungen einer Ausweitung nicht ernsthaft analysiert werden. Viren, die von Staaten über das Internet verbreitet werden, werden behandelt, als ob es sich um Science-Fiction handeln würde. Dabei wird bereits seit Jahren vor Internetanschlägen von Terroristen gewarnt. Der Entwicklung von Viren, mit denen der Zusammenbruch der Versorgungssysteme ganzer Staaten ausgelöst werden kann, wird kein Einhalt geboten.

Rechtsfreie Räume

Im April 2003 habe ich in Bagdad die Plünderungswelle erlebt. Nach dem Sturz Saddam Husseins und der Auflösung der Polizei waren Tausende auf den Straßen. Sie brachen Büro- und Verwaltungsgebäude auf und schleppten davon, was sie tragen konnten. Selbst die großen Vorratslager für Mehl, Zucker und Tee auf dem Gelände der Messe von Bagdad wurden leergeräumt.[79] Bis auf das von US-Soldaten gesicherte Ölministerium wurden alle Ministerien geplündert und zerstört. In meinen Augen begingen die US-Truppen einen schweren Fehler, als sie die Plünderer gewähren ließen. Damals verteidigte US-Zivilverwalter Jay Garner die Untätigkeit der Soldaten.

Heute weiß ich, dass die USA gegen Artikel 43 der Haager Landfriedensordnung von 1907 verstießen. Als Besatzungsmacht waren

---

79 Einen ganzen Tag lang wurden die Reserven des Landes geplündert. Als ich US-Soldaten, die in einem Jeep vorbeifuhren, fragte, warum sie nicht eingriffen, erhielt ich keine Antwort. Wenige hundert Meter entfernt hatte zwei Tage zuvor eine US-Einheit Stellung bezogen. Zwei Panzer hätten gereicht, um die Plünderer zu stoppen.

sie verpflichtet, für Ruhe und Ordnung zu sorgen. Sie hätten unter Anwendung der Landesgesetze alle Maßnahmen ergreifen müssen, um die Lage zu beruhigen. Stattdessen ließen sie es zu, dass im Irak rechtsfreie Räume entstanden. Sie waren sogar verpflichtet, die Zivilbevölkerung zu schützen, und hätten verhindern müssen, dass die medizinischen Geräte aus den Krankenhäusern geraubt wurden. Damals kam die USA ihren völkerrechtlichen Verpflichtungen nicht nach.

Im weiteren Verlauf der Kriege im Irak und in Afghanistan und bei Angriffen auf Ziele in Ländern, mit denen sich die USA nicht im Kriegszustand befinden, zeigt sich, dass die Regierung in Washington internationales Recht außer Acht lässt und internationale Konventionen nicht zur Grundlage ihres militärischen Auftretens macht.

Das humanitäre Völkerrecht entstammt der Zeit der Gründung der Nationalstaaten. Es ist geprägt durch zwischenstaatliche Auseinandersetzungen. Möglicherweise wird es von der Regierung in Washington nicht beachtet, weil sie der Auffassung ist, keinen zwischenstaatlichen Krieg zu führen. Die Regierung sieht sich im Kampf gegen das Böse, nämlich die Terroristen.[80] Eine Unterscheidung zwischen Terroristen und Aufständischen wird in den meisten Fällen gar nicht vorgenommen. Bei den Drohnenangriffen und auch bei den nächtlichen Kommandoaktionen werden sowohl Terroristen als auch Aufständische gezielt getötet. In einem Bericht des Menschenrechtsrates der Vereinten Nationen werden verschiedene Bedingungen als Voraussetzung für gezieltes Töten gestellt. Der Bericht enthält auch Beden-

---

80 Das gezielte Töten von Personen, wenn es sich um Terrorverdächtige handelt, wird von US-Behörden als rechtens erachtet. Bei einer solchen Sichtweise besteht gar kein Bedarf an der Entwicklung von Rechtsnormen, denen sich alle zu unterwerfen haben.

ken gegen dieses Vorgehen. Die USA werden jedoch nicht genannt. (Human Rights Council, 2010)

In Afghanistan und im Irak werden Aufständische nicht nur getötet, sondern auch interniert. In der Regel werden sie ohne gerichtliches Verfahren in Lagern gefangen gehalten. Im ersten Amtsjahr von Obama wurden in Afghanistan Lagerinsassen auch gefoltert. Über die Lage der Gefangenen und ihre genaue Zahl gibt es keine veröffentlichten Berichte internationaler Organisationen.[81] So ist nicht einmal bekannt, ob die Akten der Internierten regelmäßig bearbeitet werden. Allein im Lager des US-Stützpunktes Bagram wurden 2010 etwa tausend Afghanen festgehalten.

Der Status von Gefangenen oder Internierten und das gezielte Töten sind so unklar und umstritten, weil es keine Regularien gibt, die für asymmetrische Kriege oder den Kampf gegen Terroristen entwickelt wurden. So werden veraltete Regelungen zum eigenen Vorteil interpretiert oder je nach Bedarf abgelehnt. Für den Cyberkrieg fehlen bisher Konventionen und jegliche legale Begrenzung.

Die Kriege in Afghanistan und im Irak, die Ausbreitung des Drohnenkrieges und der Beginn des Cyberkrieges zeigen, wie überfällig neue Regelwerke und Konventionen sind. Sie wären ein wichtiger Beitrag, damit das humanitäre Völkerrecht und die Menschenrechte beachtet und Verstöße geahndet werden. Weder die Vereinten Natio-

---

81 In Kandahar habe ich auf dem Gelände der IKRK-Subdelegation Familien interviewt, die mit einem ihrer Angehörigen telefoniert hatten, der von den US-Soldaten in Bagram interniert war. In keinem Fall erklärten Angehörige, der Internierte sei ein Aufständischer. Alle beteuerten, ihr Sohn, Ehemann, Bruder oder gar Vater habe nichts mit den Taliban zu tun. Die Frage nach dem jeweiligen Vorwurf beantworteten die Afghanen nicht und erklärten, sie hätten darüber keine Informationen. Die Internierten wurden weder anwaltlich vertreten, noch konnten sie Besuche empfangen. Delegierte des IKRK haben mit den Afghanen gesprochen. Die Schweizer Rot-Kreuz-Mitarbeiter waren aber nicht bereit, über die Situation der Internierten zu sprechen.

nen noch das IKRK haben bisher die notwendigen Initiativen ergriffen. Von den Staaten des Westens, die traditionell für sich in Anspruch nehmen, für die Wahrung der Menschenrechte einzutreten, sind derartige Initiativen nicht zu erwarten, weil diese Länder mit ihrer Politik und ihrem militärischen Vorgehen dazu beitragen, das humanitäre Völkerrecht und die Menschenrechte auszuhöhlen.

Nachwort

Das Buch lässt die Frage, ob es in absehbarer Zeit zu einem Krieg mit dem Iran kommt, unbeantwortet. Natürlich besteht die Möglichkeit, dass Israels Ministerpräsident Netanyahu doch einen Angriff auf die iranischen Atomanlagen befiehlt. Dennoch gehe ich davon aus, dass Netanyahu diesen Schritt nicht wagt, weil er weiß, welche unabsehbaren Folgen der Beginn eines Krieges für die ganze Region haben wird. Relativ sicher bin ich mir, dass selbst ein US-Präsident Romney den Iran nicht angreift. Nach ihren Erfahrungen im Irak und in Afghanistan werden die USA weiterhin versuchen, den Iran mit Sanktionen zum Einlenken zu zwingen. Doch die Rechnung, dass die iranische Führung das Atomprogramm einstellt oder das Regime unter der Last der Sanktionen zusammenbricht, wird nicht aufgehen.

Wahrscheinlicher ist, dass sich Irans Staatsführer Khamenei am Beispiel Nordkoreas orientiert und den Bau der Bombe anordnet, wenn er darin eine Chance sieht, sein islamisches System zu retten. Dies wäre ein Rückschlag für die Entwicklung des gesamten Mittleren Ostens. Einen Krieg würde es zwar nicht geben, aber demokratische Auf- oder Umbrüche werden dann auf absehbare Zeit nicht mehr möglich sein. Wettrüsten und Unterdrückung der inneren Opposition würden die Zukunft Saudi-Arabiens, des Irans und der anderen Staaten in der Region prägen. Befürworter von harten Sanktionen gegen den Iran müssen die Frage beantworten, ob sie eine solche Entwicklung ausschließen können. Krieg und mit militärischem Druck verbundene Sanktionen sind ungeeignete Mittel, die Probleme im Orient zu lösen. Das sollten die Lehren aus den Ereignissen im Irak und in Afghanistan sein.

Wer sich dieser Einsicht verweigert, darf sich später nicht wundern, wenn der demokratische Wandel im Mittleren Osten für Jahre blockiert wird. Mit »hard power« im Stil von Präsident Bush jun. lässt sich genauso wenig erreichen wie mit der »smart power«, die Obama anwendet. Wenn sich der Westen nicht durchringen kann, auf den Iran zuzugehen, wird es keinen Kompromiss in der Atomfrage geben. Die Berichte der Internationalen Atomenergie-Organisation (IAEO, 2012) machen deutlich, dass das Land mit einem militärischen Atomprogramm liebäugelt. Auch wenn die Wiener Behörde unter dem Druck westlicher Staaten die Möglichkeit einer militärischen Atomrüstung des Irans übertreibt, so ist die Islamische Republik doch eine atomare Schwellenmacht. Auf die Möglichkeit, eine Bombe zu bauen, wird die Führung in Teheran nicht mehr verzichten.

Es sei denn, die Angebote der Staaten des Westens sind so umfassend, dass die Führung des Landes auf sie eingehen muss, um eine Revolte im Inneren zu vermeiden. Denn die übergroße Mehrheit der Iraner will den Ausgleich mit dem Westen. In diesem Ziel gleichen sich die unterschiedlichsten Gruppen der iranischen Gesellschaft. Doch dieser Wandel zu einer Politik der »soft power« (Nye, 2004, 1990) zeichnet sich bisher nicht ab. Obama hat gezeigt, wie schwer es ist, einen grundsätzlichen Wandel in der Politik durchzusetzen. Im Fall des Irans ist dies in Europa und in den USA besonders schwer, weil sich ein großer Teil der Menschen durch die Islamische Republik bedroht fühlt.

Am Streben der USA, die Welt militärisch zu dominieren, wird sich auf absehbare Zeit wenig ändern. Deshalb ist es meiner Meinung nach umso wichtiger, dass die internationale Gemeinschaft existierende Vereinbarungen über den Einsatz von Waffen erweitert und völkerrechtliche Regelungen gegen den Cyberkrieg entwickelt. Natürlich kennen das IKRK und andere Organisationen und Institutionen das Problem. Aber die Versuche, neue Regelungen zu schaffen, sind zu zaghaft. Die USA, aber auch andere Staaten wie Russland und China oder militärisch starke Länder in Europa sind nicht daran interessiert und behindern Initiativen. Deutsche Militärs möchten zum Beispiel gern Kampfdrohnen in den USA bestellen. Piloten der deutschen Luftwaffe werden in Israel geschult, um Drohnen fernsteuern zu können. Aber gerade deshalb müssen Politiker gedrängt werden, Initiativen zu ergreifen und die Mittel bereitzustellen, um neue Regelwerke für die modernste Kriegsführung zu schaffen.

Die Krise der Politik erweist sich auch als Krise der Medien. Statt die Probleme und mögliche Lösungen aufzuzeigen, bedienen die Medien bereitwillig Vorurteile. Historische, seit dem Mittelalter bestehende Ängste vor dem Islam wurden geschürt, wenn Boulevardzeitungen den iranischen Präsidenten auf ihren Frontseiten als den Irren von Teheran bezeichneten. Damit wurden bereits im Vorfeld Möglichkeiten für eine diplomatische Lösung der Konflikte blockiert. Sicherlich ist es mühseliger und nicht so auflagenträchtig, die Vielfalt der islamischen Bewegung zu zeigen (Amirpur & Amman, 2006). Doch daran führt langfristig kein Weg vorbei.

Auf Europa entfällt ein großer Teil der Verantwortung, dabei zu helfen, die Probleme im Mittleren Osten zu lösen. Im Arabischen Frühling bot sich eine realistische Chance der Annäherung an den Orient. Denn die Revolte der jungen Generation gegen die alternden Tyrannen war auch eine Absage an die Terrorgruppen und Anhänger Bin Ladens, deren Stunde erst wieder mit dem Krieg in Libyen und dem Bürgerkrieg in Syrien kam. Die Jugend der Großstädte in den arabischen Staaten Nordafrikas glaubt nicht, dass Al Kaida-Kommandos mit ihren Terroraktionen eine Wende zum Besseren einleiten können. Aber die Unterstützung des Westens blieb zu halbherzig. Die Touristen, die zuvor in Scharen die Strände Tunesiens oder Ägyptens bevölkert hatten, blieben aus und steuerten andere Ziele an. Dabei hätte der Arabische Frühling größtmögliche Unterstützung verdient.

Die Herrscher des Orients setzen auf ein Scheitern der Aufstände. Wie Al Kaida können sie bei einer Demokratisierung und Modernisierung der arabischen Welt nur verlieren. Junge Araber, die an den Protesten auf den zentralen Plätzen der Hauptstädte ihrer Heimatländer teilnehmen, werden sich nicht für eine Ausbildung zum Selbstmordattentäter melden. Wer also die Oppositionsbewegungen gegen Despoten aus Angst vor einem Machtzuwachs islamischer Organisationen nicht unterstützt, erreicht nur das Gegenteil seiner Absichten. Es ist schockierend, dass westliche Regierungen zur Finanzierung der Kriege im Irak und in Afghanistan insgesamt Billionen US-Dollar ausgeben. Beschämend wird es, wenn die gleichen Regierungen nicht bereit sind, die notwenigen Millionen für Reformprogramme an Ägypten oder an Tunesien zu zahlen.

Der Arabische Frühling ist einem Herbst gewichen – darüber dürfen auch Jubelszenen in den Städten Syriens nach dem Sturz Assads nicht hinwegtäuschen. Syrien hat unter dem Bürgerkrieg so stark gelitten, dass es noch Jahre dauern wird, bis die Zerrüttung überwunden sein wird. Schon jetzt zeichnet sich ab, dass die Unzufriedenheit in der arabischen Welt wieder wachsen und in neue Poteststürme münden wird. Möglicherweise werden diese dann auch die ölreichen Staaten der Arabischen Halbinsel erfassen. Deshalb bleibt bei der Zusammenarbeit mit den Despoten der Golfregion Vorsicht geboten.

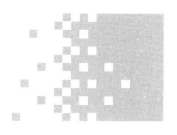

Anhang

Danksagung

Ohne die Mitarbeit meiner Frau Elisabeth Stimming hätte ich das Buch nicht schreiben können. Sie hat seit Jahren die Auswirkungen der Kriege in Afghanistan und im Irak auf die US-Militärpolitik recherchiert und mich mit Hintergrundberichten versorgt. Und dann hat sie noch mein in Schüben geschriebenes Manuskript bearbeitet und mehr als nur Ecken und Kanten beseitigt.

Für inhaltliche Anregungen und Differenzierungen möchte ich Kurt R. Spillmann danken. Insbesondere hat er mich darauf hingewiesen, dass US-Präsident Barack Obama sehr bewusst nicht von »Krieg gegen den Terror« gesprochen hat und dass in der politischen Debatte neben »hard« und »smart« auch der Begriff »soft power« existiert. Er war bereit, den zeitlichen Stress auf sich zu nehmen, den meine manchmal unrealistischen Planungen verursachen.

Dank auch an Madlaina Bundi, die es wagte, den Titel ins Verlagsprogramm aufzunehmen, und die dafür sorgte, dass er in kurzer Zeit in solch guter Qualität erscheinen konnte. Sie leistete Schweizer Wertarbeit.

Sylke Jürgensen hat unverzagt Unstimmigkeiten in den Texten aufgespürt und die Diagramme erarbeitet, die oft mehr zeigen, als Worte erklären können. Dafür gilt ihr Dank.

Neben diesen direkt Beteiligten bin ich Mitarbeitern und Gesprächspartnern im Orient dankbar. Nennen möchte ich Islam Assadi und den ehemaligen Delegationsleiter des IKRK in Afghanistan, Reto Stocker, sowie seinen früheren Stellvertreter Markus Cott. Andere müssen ungenannt bleiben.

Voraussetzung für meine Arbeit und damit auch für dieses Buch waren die Gastfreundschaft, die Hilfsbereitschaft und die Geduld von Menschen, denen ich in den vergangenen Jahren im Orient begegnet bin. Anders als vielfach vermutet und von den Medien berichtet, existieren dort auch Toleranz und der große Wille, demokratische Verhältnisse zu schaffen. Von all dem habe ich persönlich stark profitiert.

Literatur

AFP (31. Januar 2012). *Obama bestätigt öffentlich Drohnenangriffe in Pakistan.* Abgerufen am 5. September 2012 von: http://de.nachrichten.yahoo.com/obama-best%C3%A4tigt-%C3%B6ffentlich-drohnenangriffe-pakistan-132617492.html

Al Jazeera (13. Dezember 2012). *Saudi Arabia Beheads Woman for »Sorcery«.* Abgerufen am 21. Dezember 2012 von: http://www.aljazeera.com/news/middleeast/2011/12/2011121302059182183.html

Alper, A. (8. Juni 2012). *U.S. Attorney General Names Prosecutors to Probe Leaks.* Abgerufen am 9. Juni 2012 von: http://www.reuters.com/article/2012/06/09/us-usa-obama-leaks-idUSBRE8570V920120609

Amirpur, K. & Amman, L. (2006). *Der Islam am Wendepunkt.* Freiburg: Herder.

Amnesty International (2005). *Syria: Kurds In the Syrian Arab Republic One Year After the March 2004 Events.* London: Amnesty International (International Secretariat).

Anschütz, H. & Harb, P. C. (1985). *Christen im Vorderen Orient: Kirchen, Ursprünge, Verbreitung. Eine Dokumentation.* Hamburg: Deutsches Orient-Institut.

Auswärtiges Amt (Februar 2012). *Länderinfos Iran.* Abgerufen am 15. August 2012 von: http://www.auswaertiges-amt.de/DE/Aussenpolitik/Laender/Laenderinfos/Iran/Bilateral_node.html

Auswärtiges Amt, Bundesministerium des Inneren (März 2012). *Deutsches Engagement beim Polizeiaufbau in Afghanistan.* Abgerufen am 4. Juli 2012 von: https://www.auswaertiges-amt.de/cae/servlet/contentblob/535550/publicationFile/109597/AFG-Polizeiaufbau.pdf

Bakri, N. (1. Dezember 2011). *United Nations Says Unrest in Syria Amounts to Civil War.* Abgerufen am 2. Dezember 2011 von: http://www.nytimes.

com/2011/12/02/world/middleeast/united-nations-says-syrian-unrest-amounts-to-civil-war.html?ref=middleeast

Bank, A. & Mohns, E. (2012). *Die syrische Revolte: Protestdynamik, Regimerepression und Internationalisierung.* In: A. Jünemann & A. Zorob (Hg.). Arabisches Erwachen – Zur Vielfalt von Protest und Revolte im Nahen Osten und Nordafrika. Wiesbaden: VS Verlag für Sozialwissenschaften.

Baradei, M. el- (19. September 2008). *Implementation of the NPT Safeguards Agreement and Relevant Provisions of Security Council Resolutions 1737 (2006), 1747 (2007) and 1803 (2008) in the Islamic Republic of Iran.* Abgerufen am 12. August 2012 von: http://www.iaea.org/Publications/Documents/Board/2008/gov2008-38.pdf

Berg, M. (2012, Nr. 19). *Ziemlich beste Freunde.* Die Zeit, Seite 18.

Bergmann, C. (2012). *Tausendundeine Revolution – Ägypten im Umbruch.* Basel: Lenos.

Berr, C. M. (1. Februar 2011). *»Es gab nur einen einzigen Informanten« (Interview mit Kabul-Korrespondent Christoph Reuter).* Abgerufen am 1. Februar 2011 von: http://www.sueddeutsche.de/muenchen/kabul-korrespondent-christoph-reuter-es-gab-nur-einen-einzigen-informanten-1.1053301

Blome, N. & Meyer, J. (13. November 2009). *»Ich verstehe jeden, der sagt, in Afghanistan ist Krieg« (1. Interview mit Verteidigungsminister Guttenberg).* Abgerufen am 24. Juli 2012 von: http://www.bild.de/politik/2009/interview/interview-mit-minister-guttenberg-10319932.bild.html#

Böge, F. (24. Januar 2010). *Gratis-Bauplan für den Taliban-Kommandeur.* Abgerufen am 25. Januar 2010 von: http://www.faz.net/s/Rub0C CA23BC3D3C4C78914F85BED3B53F3C/Doc~EB0DC009763514598AB1 31AFD0E8AA138~ATpl~Ecommon~Scontent.html

Bowley, G. (26. Juni 2012). *Lucrative Afghan Oil Deal Was Awarded Properly, Karzai Says.* Abgerufen am 27. Juni 2012 von: http://www.nytimes.com/2012/06/25/world/asia/lucrative-afghan-oil-deal-was-awarded-fairly-karzai-says.html?_r=1&partner=rssnyt&emc=rss

BP (Juni 2012). *BP Statistical Review of World Energy, June 2012.* Abgerufen am 20. Juni 2012 von: http://www.bp.com/assets/bp_internet/globalbp/globalbp_uk_english/reports_and_publications/statistical_energy_review _2011/STAGING/local_assets/pdf/statistical_review_of_world_energy_ full_report_2012.pdf

Brisard, J.-C. (2005). *Zarqawi: The New Face of Al-Qaeda.* New York: Other Press.

Brück, T., de Groot, O. & Schneider, F. (26. Mai 2010). *Eine erste Schätzung der wirtschaftlichen Kosten der deutschen Beteiligung am Krieg in Afghanistan (Wochenbericht des DIW Berlin Nr. 21/2010)*. Abgerufen am 8. Juli 2012 von: http://www.diw.de/documents/publikationen/73/diw_01.c.356890.de/10-21-1.pdf

Bumiller, E. & Rudoren, J. (1. August 2012). *U.S. and Israel Intensify Talks on Iran Options*. Abgerufen am 2. August 2012 von: http://www.nytimes.com/2012/08/02/world/middleeast/in-israel-panetta-warns-iran-on-nuclear-program.html?ref=middleeast

Bush, G. W. (29. Januar 2002). *State of the Union Address*. Abgerufen am 26. Juli 2012 von: http://georgewbush-whitehouse.archives.gov/news/releases/2002/01/20020129-11.html

Carter, J. (24. Juni 2012). *A Cruel and Unusual Record*. Abgerufen am 5. August 2012 von: http://www.nytimes.com/2012/06/25/opinion/americas-shameful-human-rights-record.html

Christ, D. (2012). *The Twilight War*. London: Penguin Press.

Clinton, H. R. (23. Mai 2012). *Remarks at the Special Operations Command Gala Dinner*. Abgerufen am 3. Juli 2012 von: http://www.state.gov/secretary/rm/2012/05/190805.htm

CNN (20. Oktober 2011). *Libya Set to Get Back $37 Billion from U.S.* Abgerufen am 20. August 2012 von: http://money.cnn.com/2011/10/20/news/economy/Libyan_assets/index.htm

CNN (21. Mai 2006). *Israel: Iran »Months« From Making Nukes*. Abgerufen am 4. August 2012 von: http://articles.cnn.com/2006-05-21/world/iran.nuclear_1_nuclear-weapon-eu-3-nuclear-program?_s=PM:WORLD

Coats, A. D., Robb, C., Carter, A. B., Johnson, G., Keys, R., Morse, E. et al. (19. September 2008). *Meeting the Challenge: U.S. Policy Toward Iranian Nuclear Development*. Abgerufen am 8. Juli 2012 von: http://bipartisanpolicy.org/sites/default/files/us%20policy%20toward%20iranian%20nuclear%20development.pdf

Coker, M. (8. Juli 2012). *Libya's Liberals Seem to Have Edge Over Islamists in Vote*. Abgerufen am 11. Juli 2012 von: online.wsj.com/article/SB10001424052702303292204577514842797430140.html?KEYWORDS=lIBYA

Colvin, M. (11. März 2007). *Former Iraq Minister Denies Theft of Millions*. Abgerufen am 14. Juli 2012 von: http://www.theaustralian.com.au/news/world/former-iraq-minister-denies-theft-of-millions/story-e6frg6so-1111113134564

Commission on Wartime Contracting in Iraq and Afghanistan (August 2011). *Transforming Wartime Contracting: Controlling Costs, Reducing Risks.* Abgerufen am 2. November 2011 von: http://www.wartimecontracting. gov/docs/CWC_FinalReport-lowres.pdf

Cooper, H. & Landler, M. (31. Juli 2010). *Targeted Killing Is New U.S. Focus in Afghanistan.* Abgerufen am 1. August 2010 von: http://www.nytimes.com/ 2010/08/01/world/asia/01afghan.html?_r=1&hp

Cordesman, A. H. & Wilner, A. (6. März 2012). *U.S. and Iranian Strategic Competition: The Conventional and Asymmetric Dimensions.* Abgerufen am 15. August 2012 von: http://csis.org/files/publication/120221_Iran_Gulf_ MilBal_ConvAsym.pdf

Council on Foreign Relations (8. August 2012). *U.S. Policy Towards Yemen – Speaker John O. Brennan.* Abgerufen am 20. August 2012 von: http://www. cfr.org/united-states/us-policy-toward-yemen/p28794

Dao, J. (30. Dezember 2009). *Army History Finds Early Missteps in Afghanistan.* Abgerufen am 31. Dezember 2009 von: http://www.nytimes.com/ 2009/12/31/world/asia/31history.html

Davis, D. L. (27. Januar 2012). *Dereliction of Duty II: Senior Military Leaders' Loss of Integrity Wounds Afghan War Efforts.* Abgerufen am 5. Juli 2012 von: http://www1.rollingstone.com/extras/RS_REPORT.pdf

Department of Defense, United States of America (27. April 2012). *Report on Progress Toward Security and Stability in Afghanistan.* Abgerufen am 2. August 2012 von: http://www.defense.gov/pubs/pdfs/Report_Final_ SecDef_04_27_12.pdf

Department of Defense (September 2010). *Unmanned Systems Integrated Road Map FY 2011–2036.* Abgerufen am 20. August 2012 von: http://www.defenseinnovationmarketplace.mil/resources/Unmanned SystemsIntegratedRoadmapFY2011.pdf

Deputy Director of National Intelligence (8. Februar 2005). *Unclassified Report to Congress on the Acquisition of Technology Relating to Weapons of Mass Destruction and Advanced Conventional Munitions.* Abgerufen am 2. März 2009 von: http://www.dni.gov/files/documents/Newsroom/Reports%20 and%20Pubs/2004_unclass_report_to_NIC_DO_16Nov04.pdf

Deputy Directorate for Joint and Coalition Warfighting (21. Mai 2012). *Decade of War: Enduring Lessons from the Past Decade of Operations (Volume One Report).* Suffolk, Virginia 23435-2697.

Director of National Intelligence (3. Dezember 2007). *National Intelligence Estimate Iran: Nuclear Intentions and Capabilities.* Abgerufen am 4. März

2009 von: http://www.dni.gov/files/documents/Newsroom/Reports%20 and%20Pubs/20071203_release.pdf

Director of National Intelligence (6. Februar 2012). *Unclassified Report to Congress on the Acquisition of Technology Relating to Weapons of Mass Destruction and Advanced Conventional Munitions.* Abgerufen am 9. August 2012 von: http://www.dni.gov/files/documents/Newsroom/Reports%20 and%20Pubs/2011_report_to_congress_wmd.pdf

Dreyfuss, R. (2006). *Devil's Game.* New York: Owl Books.

Eisenhower Study Group (Juni 2011). *The Costs of War.* Abgerufen am 18. Juni 2012 von: http://costsofwar.org

Felter, J. & Fishman, B. (2. Januar 2007). *Al-Kaida's Foreign Fighters in Iraq: A First Look at the Sinjar Records.* Abgerufen am 16. April 2009 von: http://www.ctc.usma.edu/wp-content/uploads/2010/06/aqs-foreign-fighters-in-iraq.pdf

Filkins, D. & Gall, C. (22. November 2010). *Taliban Leader in Secret Talks Was an Impostor.* Abgerufen am 22. November 2010 von: http://www.nytimes.com/2010/11/23/world/asia/23kabul.html?_r=1&ref=world&pagewanted=print

Forsberg, C. (April 2010). *Politics and Power in Kandahar (Afghanistan Report 5).* Washington, DC: Institute for the Study of War. Abgerufen am 24. November 2010 von: http://www.understandingwar.org/sites/default/files/Politics_and_Power_in_Kandahar.pdf

Frank, J. & Schlüter, C. (18. Februar 2011). *FR-Interview mit Navid Kermani: Zärtlichkeit der Massen.* Abgerufen am 24. Februar 2011 von: http://www.fr-online.de/politik/spezials/aufruhr-in-arabien/zaertlichkeit-der-massen/-/7151782/7204918.html

Fuhrmann, M. (26. Juli 2012). *America's Role in Helping Iran Develop Its Nuclear Program.* Abgerufen am 27. Juli 2012 von: http://www.theatlantic.com/international/archive/2012/07/americas-role-in-helping-iran-develop-its-nuclear-program/260334/

Gall, C. (24. März 2010). *Insurgent Faction Presents Afghan Peace Plan.* Abgerufen am 24. März 2010 von: http://www.nytimes.com/2010/03/24/world/asia/24afghan.html?ref=world

Gebauer, M. (18. November 2009). *Korruptionsvorwürfe – Afghanische Justiz will fünf Top-Politiker anklagen.* Abgerufen am 19. November 2009 von: http://www.spiegel.de/politik/ausland/korruptionsvorwuerfe-afghanische-justiz-will-fuenf-top-politiker-anklagen-a-662012.html

Ghani, A. & Lockhart, C. (2008). *Fixing Failed States*. New York: Oxford University Press.
Goldberg, J. (2. März 2012). *Obama to Iran and Israel: »As President of the United States, I Don't Bluff«*. Abgerufen am 8. April 2012 von: http://www.theatlantic.com/international/archive/2012/03/obama-to-iran-and-israel-as-president-of-the-united-states-i-dont-bluff/253875
Graham, R. (1979). *Iran*. Frankfurt am Main: Ullstein.
Guardian (2. Juni 2012). *Drone Wars and State Secrecy – How Barack Obama Became a Hardliner*. Abgerufen am 5. September 2012 von www.guardian.co.uk: http://www.guardian.co.uk/world/2012/jun/02/drone-wars-secrecy-barack-obama <http://www.guardian.co.uk/world/2012/jun/02/drone-wars-secrecy-barack-obama>
Holbrooke, R. (23. Januar 2008). *Still Wrong in Afghanistan*. Abgerufen am 6. Juli 2012 von: http://www.washingtonpost.com/wp-dyn/content/article/2008/01/22/AR2008012202617.html
Holmqvist, C. (2005). *Private Security Companies the Case for Regulation*. Stockholm: Stockholm International Peace Research Institute (SIPRI).
Human Rights Council (28. Mai 2010). *Study on Targeted Killings*. Abgerufen am 15. August 2012 von: http://www2.ohchr.org/english/bodies/hrcouncil/docs/14session/A.HRC.14.24.Add6.pdf
Internationale Atomenergie-Organisation (IAEO) (30. August 2012). *Implementation of the NPT Safeguards Agreement and Relevant Provisions of Security Council Resolutions in the Islamic Republic of Iran*. Abgerufen am 31. August 2012 von: http://isis-online.org/uploads/isis-reports/documents/Iran_report_--_August_30_2012.pdf
Iraq Coalition Casualty Count (Juli 2012). *Iraq Coalition Military Fatalities By Year; Afghanistan Coalition Military Fatalities By Year*. Abgerufen am 25. Juli 2012 von: www.icasualties.org/: http://www.icasualties.org
Isikoff, M. (3. Februar 2009). *War on Words – Why Obama May Be Abandoning Bush's Favorite Phrase*. Abgerufen am 15. August 2012 von: http://www.thedailybeast.com/newsweek/2009/02/03/war-on-words.html
ISNA-Bericht (3. August 2012). *Kommandeur der Revolutionswächter: Wir sind mit dem größten sanften Krieg konfrontiert*. Abgerufen am 5. August 2012 von: http://www.tabnak.ir/fa/news/262716
Kamrava, M. (2012). *The Arab Spring and the Saudi-Led Counterrevolution*. Orbis 56.1, S. 96–104.
Khamenei, A. A. (18. April 2010). *Supreme Leader's Message to International Conference on Nuclear Disarmament*. Abgerufen am 4. August 2012 von:

http://english.khamenei.ir//index.php?option=com_content&task=view&id=1287&Itemid=16

Kamrava, M. (2011). *The Arab Spring and the Saudi-Led Counterrevolution (Published By Elsevier Limited on Behalf of Foreign Policy Research Institute)*. Abgerufen am 19. Mai 2012 von: http://georgetown.academia.edu/MehranKamrava/Papers/1241952/_The_Arab_Spring_and_the_Saudi-Led_Counterrevolution_

Krueger, A. B. & Malecková, J. (Herbst 2003, Nr.4). *Education, Poverty and Terrorism: Is There a Causal Connection?* Journal of Economic Perspectives, S. 119–144.

Küng, H. (2012). *Handbuch Weltethos*. München: Piper.

Lamb, C. (5. Oktober 2008). *War on Taliban Cannot Be Won, Says Army Chief (Sunday Times)*. Abgerufen am 13. Juli 2012 von: http://www.ag-friedensforschung.de/regionen/Afghanistan/siegen2.html#orig

Leverett, H. M. & Leverett, F. (19. Juni 2012). *The Obama Administration Is Stalling Its Way to War With Iran*. Abgerufen am 23. Juni 2012 von: http://www.thenation.com/article/168476/obama-administration-stalling-its-way-war-iran

Levine, A. (22. Februar 2012). *U.S. Officials Mull Possibility of Arming Syrian Rebels*. Abgerufen am 5. August 2012 von: http://security.blogs.cnn.com/2012/02/22/u-s-officials-mull-possibility-of-arming-syrian-rebels/

Leyendecker, H. (8. August 2009). *Halbseidener Halbbruder*. Abgerufen am 13. August 2009 von: http://www.sueddeutsche.de/politik/drogenfund-bei-ahmad-wali-karsai-halbseidener-halbbruder-1.154252

Linschoten, A. S. & Kuehn, F. (2012). *An Enemy We Created*. London: Hurst.

Maass, C. D. (März 2011). *Afghanistan's Drug Career*. Berlin: Stiftung Wissenschaft und Politik (SWP) & Afghanistan Analysts Network (ANN). Abgerufen am 16. April 2011 von: http://www.swp-berlin.org/fileadmin/contents/products/research_papers/2011_RP04_mss_ks.pdf

Mazetti, M. & Schmitt, E. (30. März 2011). *CIA Agents in Libya Aid Airstrikes and Meet Rebels*. Abgerufen am 6. August 2012 von: http://www.nytimes.com/2011/03/31/world/africa/31intel.html?_r=1

McChrystal, S. A. (30. August 2009). *Commander's Initial Assessment*. Abgerufen am 24. August 2012 von: http://media.washingtonpost.com/wp-srv/politics/documents/Assessment_Redacted_092109.pdf?sid=ST2009092003140

Mettelsiefen, M. & Reuter, C. (2010). *Kunduz, 4. September 2009: Eine Spurensuche*. Berlin: Rogner & Bernhard bei Zweitausendeins.

National Iranian Oil Company (14. Juli 2012). *Brief an Royal Dutch Shell.* M. A. 166908. Teheran, Iran.

National Iranian Oil Company (28. Juni 2012). *Brief an Royal Dutch Shell.* M. A. 145332. Teheran, Iran.

Nebehay, S. (8. Mai 2012). *Some Syria Violence Qualifies as Civil War – Red Cross.* Abgerufen am 8. Mai 2012 von: http://www.nytimes.com/reuters/2012/05/08/world/middleeast/08reuters-syria-redcross.html?ref=middleeast

New York Times (13. November 2011). *Blast Kills Commander at Iran Base.* Abgerufen am 15. November 2011 von: http://www.nytimes.com/2011/11/14/world/middleeast/iran-blast-kills-revolutionary-guards-commander-at-base.html?ref=middleeast

Nye, J. S. (Mai/Juni 2004). *The Decline of America's Soft Power.* Foreign Affairs (Band 83, Nr. 3), S. 16–20.

Nye, J. S. (Herbst 1990, Nr. 80). *Soft Power.* Foreign Policy, S. 153–171.

Obama, B. H. (20. Mai 2010). *Brief an Luiz Inácio Lula da Silva.* Abgerufen am 8. August 2012 von: http://www.indymedia.org.uk/en/2010/05/452238.html?c=on

Obama, B. H. (1. Dezember 2009). *Remarks By the President in Address to the Nation on the Way Forward in Afghanistan and Pakistan.* Abgerufen am 2. Dezember 2009 von: http://www.whitehouse.gov/the-press-office/remarks-president-address-nation-way-forward-afghanistan-and-pakistan

Obama, B. H. (4. Juni 2009). *Remarks By the President On A New Beginning.* Abgerufen am 09. Juni 2009 von: http://www.whitehouse.gov/the-press-office/remarks-president-cairo-university-6-04-09

Parker, N. (März/April 2012). *The Iraq We Left Behind – Welcome to the World's Next Failed State.* Abgerufen am 15. Juli 2012 von: http://www.foreignaffairs.com/articles/137103/ned-parker/the-iraq-we-left-behind

Petraeus, D. H., Amos, J. F. & Nagl, J. A. (2007). *Counterinsurgency Field Manual.* Chicago: University of Chicago Press.

Press TV (12. Juni 2012). *Iran Set to Build Nuclear-Powered Submarines: Commander.* Abgerufen am 6. August 2012 von: http://www.presstv.ir/detail/2012/06/12/245876/iran-to-build-nuclearfueled-submarines/#.UC0cQaO3P6N

Press TV (2. April 2012). Iran, China Seek to Increase Trade Ties to $50bn in 2012: Iran VP. Abgerufen am 15. August 2012 von: http://www.presstv.ir/detail/234169.html

Rashid, A. (2010). *Afghanistans Gotteskämpfer und der neue Krieg am Hindukusch*. München: C. H. Beck.

Rashid, A. (2008). *Descent Into Chaos*. London: Allen Lane.

Raviv, D. & Melman, Y. (2012). *Spies Against Armageddon Inside Israel's Secret Wars*. New York: Levant Books.

Reichelt, J. (21. Oktober 2010). *Deutsche Soldaten sind keine guten Kämpfer (Interview mit Hekmatyar-Sprecher Haroon Zarghoon)*. Abgerufen am 25. Januar 2012 von: http://www.bild.de/BILD/politik/2010/10/21/afghanistan-bundeswehr-exklusiv-interview-bild-spricht-mit/mit-dem-schlimmsten-feind-der-deutschen-keine-guten-kaempfer.html

Reuters (16. August 2012). *UPDATE 2 – Israels Peres Against Any Solo*. Abgerufen am 17. August 2012 von: http://in.reuters.com/article/2012/08/16/israel-iran-idINL6E8JGBTJ20120816

Rohani, H. (2005). *Peaceful Nuclear Activity and Our Constructive Interaction With the World*. National Interest – Journal of the Center for Strategic Research, Band 1, Nr. 1, S. 7.

Rosenberg, M. (25. Juni 2010). *Corruption Suspected in Airlift of Billions in Cash From Kabul*. Abgerufen am 1. Juli 2010 von: http://online.wsj.com/article/SB10001424052748704638504575318850772872776.html

Roston, A. (11. November 2009). *How the US Funds the Taliban*. Abgerufen am 17. Juni 2011 von: http://www.thenation.com/article/how-us-funds-taliban

Rubin, A. J. & Rosenberg, M. (26. Mai 2012). *U.S. Efforts Fail to Curtail Trade in Afghan Opium*. Abgerufen am 27. Mai 2012 von: http://www.nytimes.com/2012/05/27/world/asia/drug-traffic-remains-as-us-nears-afghanistan-exit.html?_r=1&partner=rss&emc=rss

Salehi, A. A. (8. August 2012). *Taking the Lead on Syria*. Abgerufen am 17. August 2012 von: http://www.washingtonpost.com/opinions/stepping-up-to-aid-syria/2012/08/08/e3f64588-e0bb-11e1-8fc5-a7dcf1fc161d_story.html

Sanger, D. E. (2012). *Confront and Conceal – Obama's Secret Wars and Surprising Use of American Power*. New York: Crown Publishers.

Sanger, D. & Shanker, T. (2. März 2011). *Gates Warns of Risks of a No-Flight Zone*. Abgerufen am 3. März 2012 von: http://www.nytimes.com/2011/03/03/world/africa/03military.html?_r=1&ref=world&pagewanted=print

Scahill, J. (2009). *Black Water: Der Aufstieg der mächtigsten Privatarmee der Welt*. Hamburg: Rowohlt.

Schmitt, E. (21. Juni 2012). *C.I.A. Said to Aid in Steering Arms to Syrian Opposition.* Abgerufen am 5. August 2012 von: http://www.nytimes.com/2012/06/21/world/middleeast/cia-said-to-aid-in-steering-arms-to-syrian-rebels.html?_r=3&ref=todayspaper&pagewanted=all

Schweizerische Eidgenossenschaft (19. Januar 2011). *Iran: Bundesrat will Rechtssicherheit und gegen mögliche Umgehungen vorsorgen.* Abgerufen am 20. August 2012 von: http://www.news.admin.ch/message/index.html?lang=de&msg-id=37283

Schweizerische Eidgenossenschaft (21. November 2007). *Die Schweizer Armee zieht sich aus Afghanistan zurück.* Abgerufen am 4. April 2009 von: http://www.news.admin.ch/message/index.html?lang=de&msg-id=15798

Semple, M. (11. Juli 2012). *A High-Ranking Operative From the Afghan Taliban Movement on Pakistan, al-Qaeda and the Future of Afghanistan.* Abgerufen am 12. Juli 2012 von: http://www.newstatesman.com/politics/politics/2012/07/preview-michael-semple-interviews-senior-member-taliban

Semple, M. (23. September 2011). *How the Haqqani Network Is Expanding From Waziristan.* Abgerufen am 12. Juli 2012 von: http://www.foreignaffairs.com/articles/68292/michael-semple/how-the-haqqani-network-is-expanding-from-waziristan

Semple, M. (2009). *Reconciliation in Afghanistan.* Washington: United States Institute of Peace Press.

Shadid, A. (4. Februar 2011). *Iraq's Last Patriot.* Abgerufen am 5. Februar 2011 von: http://www.nytimes.com/2011/02/06/magazine/06ALLAWI-t.html

Shane, S., Mazetti, M. & Filkins, D. (2. Dezember 2010). *Cables Depict Afghan Graft, Starting at Top.* Abgerufen am 4. Dezember 2010 von: http://www.nytimes.com/2010/12/03/world/asia/03wikileaks-corruption.html?ref=afghanistan&pagewanted=print

Spiegel online (5. Oktober 2008). *Britischer General gibt Afghanistan-Krieg verloren.* Abgerufen am 26. Oktober 2008 von: http://www.spiegel.de/politik/ausland/kampf-gegen-taliban-britischer-general-gibt-afghanistan-krieg-verloren-a-582266.html

Stockholm International Peace Research Institute (SIPRI) (2012). *Military Expenditure Database.* Abgerufen am 20. August 2012 von: http://milexdata.sipri.org

Süddeutsche Zeitung (2. Oktober 2010). *Gefährliches Schadprogramm Computer-Virus Stuxnet trifft deutsche Industrie.* Abgerufen am 6. August 2012 von: http://www.sueddeutsche.de/digital/2.220/gefaehrliches-schadprogramm-computer-virus-stuxnet-trifft-deutsche-industrie-1.1007379

Syrienkommission des UN-Menschenrechtsrates (15. August 2012). *Report of the Independent International Commission of Inquiry on the Syrian Arab Republic.* Abgerufen am 15. August 2012 von: http://www.ohchr.org/EN/HRBodies/HRC/Pages/HRCIndex.aspx

Tierney, J. F. (22. Juni 2010). *Warlord, Inc.* Abgerufen am 30. Juli 2011 von: http://www.cbsnews.com/htdocs/pdf/HNT_Report.pdf

Tilgner, U. (2006). *Zwischen Krieg und Terror: Der Zusammenprall von Islam und Westlicher Politik im Mittleren Osten.* München: Bertelsmann.

Tilgner, U. (2003). *Der inszenierte Krieg: Täuschung und Wahrheit beim Sturz Saddam Husseins.* Berlin: Rowohlt.

Tomlinson, H. (10. Februar 2012). *Saudis Told Obama Not To Humiliate Mubarak.* Abgerufen am 14. August 2012 von: http://www.thetimes.co.uk/tto/news/world/middleeast/article2905628.ece

Transparency International (2011). *Corruption Perceptions 2011.* Abgerufen am 6. Juli 2012 von: http://cpi.transparency.org/cpi2011/interactive/

United Nations Assistance Mission in Afghanistan (UNAMA), UN Office oft he High Commissioner for Human Rights (OHCHR) (Februar 2012). *Afghanistan Annual Report 2011: Protection of Civilians in Armed Conflicts.* Abgerufen am 4. Februar 2012 von: http://unama.unmissions.org/Portals/UNAMA/human%20rights/March%20PoC%20Annual%20Report%20Final.pdf

United Nations High Commissioner for Refugees (UNHCR) & Pagonis, J. (29. April 2008). *Iraq: Latest Return Survey Shows Few Intending to Go Home Soon.* Abgerufen am 20. Juni 2012 von: http://www.unhcr.org/4816ef534.html

United Nations Office on Drugs and Crime (UNODC) (12. Januar 2012). *Afghan Opium Prices Soar As Production Rises.* Abgerufen am 8. Juli 2012 von: http://www.unodc.org/unodc/en/frontpage/2012/January/afghan-opium-prices-soar-as-production-rises.html

United Nations Office on Drugs and Crime (UNODC) & Government of Afghanistan (April 2012). *Afghanistan – Opium Survey 2012.* Abgerufen am 8. Juli 2012 von: http://www.unodc.org/documents/crop-monitoring/Afghanistan/ORAS_report_2012.pdf

United Nations Office on Drugs and Crime (UNODC) & Islamic Republic of Afghanistan Ministry of Counter Narcotics (Oktober 2011). *Afghanistan Opium Survey 2011 – Summary Findings.* Abgerufen am 13. Oktober 2011 von: http://unama.unmissions.org/Portals/UNAMA/Documents/October11_UNODC_Opium_Survey_Full_Report_ENG.pdf

United Nations Office on Drugs and Crime (UNODC) (19. Januar 2010). *Corruption in Afghanistan.* Abgerufen am 2. Mai 2010 von: http://www.unodc.org/documents/data-and-analysis/Afghanistan/Afghanistan-corruption-survey2010-Eng.pdf

United Nations Office on Drugs and Crime (UNODC) (16. Oktober 2001). *Afghanistan – Annual Opium Poppy Survey 2001.* Abgerufen am 8. Juli 2012 von: http://www.unodc.org/pdf/publications/report_2001-10-16_1.pdf

Vuving, A. L. (3. September 2009). *How Soft Power Works.* Abgerufen am 15. August 2012 von: http://www.apcss.org/wp-content/uploads/2010/PDFs/Vuving%20How%20soft%20power%20works%20APSA%202009.pdf

Waltz, K. N. (Juli/August 2012). *Why Iran Should Get the Bomb – Nuclear Balancing Would Mean Stability.* Foreign Affairs, S. 2–6.

Wehrey, F. (15. Juli 2012). *Libya's Militia Menace – The Challenge After the Elections.* Abgerufen am 22. Juli 2012 von: http://www.foreignaffairs.com/articles/137776/frederic-wehrey/libyas-militia-menace

Westenfelder, F. (2011). *Eine kleine Geschichte der Söldner.* Sankt Augustin: adatia.

Wilder, A. (Juli 2007). *Cops or Robbers? The Struggle to Reform the Afghan National Police.* Abgerufen am 24. September 2007 von: http://www.areu.org.af/Uploads/EditionPdfs/717E-Cops%20or%20Robbers-IP-print.pdf

Wolfowitz, P. & Palmer, M. (5. Juli 2012). *Will Syria Be Kofi Annan's Tragedy Redux?* Abgerufen am 7. Juli 2012 von: http://www.washingtonpost.com/opinions/will-syria-be-kofi-annans-tragedy-redux/2012/07/04/gJQAvTs7NW_story.html

Woodward, B. (2011). *Obamas Kriege – Zerreißprobe einer Präsidentschaft.* München: DVA.

Wright, R. (20. Juni 2012). *Is Obama's Real Iran Policy Regime Change?* Abgerufen am 23. Juni 2012 von: http://www.theatlantic.com/international/archive/2012/06/is-obamas-real-iran-policy-regime-change/258788/

Personen-, Sach- und Ortsregister

Abbasi, Fereydoon *36*
Abbottabad *216*
Abdullah, Abdullah *116*
Abdulrahman, Jan *123*
Abendland *200*
Academi (ehemals Blackwater) *223*
Adel, Mohammed Ibrahim *133*
Afghanen, arabische *202*
Afghanistan *10, 13f., 16f., 20f., 39, 47, 53, 64, 72, 84f., 88, 94, 96f., 99f., 102–169, 172f., 188, 194f, 199, 202, 210–214, 216, 218f., 224–226, 233f., 236*
Afghanistanhilfe Schaffhausen *135*
Africom (Regionalkommando US-Streitkräfte) *226*
Afrikanische Union (AU) *225*
Aghundzadeh, Mullah Nassim *122*
Aghundzadeh, Mullah Shir Mohammad *122*
Ägypten *9, 22, 85–87, 89–94, 191, 196, 200, 202, 238f.*
Ahmadi, Daud *125–127*
Ahmadinejad, Mahmoud (Ministerpräsident Iran) *36, 52, 55, 59, 66, 69f., 213*
Akora Khattak *113*
Al Jazeera *181*
Al Kaida *81, 91f., 98, 101, 114, 116, 143, 147, 170, 172–174, 179, 181–183, 189, 192, 194, 199, 201, 207, 214–216, 225f., 228, 238*
Al Tuwaitha *25*
Alawiten *79–81*
Albo Ali Aljasem *181*

Algerien *90*
Alizadeh, Mohammad *24*
Allah, Mohammad *96*
Alliot-Marie, Michelle *87*
Almaty *55*
Aloko, Mohammad *140*
Al-Saadi, Amer *186*
Amir Dot, Mohammad Khan *123*
Amman *77*
Anbar *87*
Anbouri, Saleh Mohammad al- *227*
Araber *210*
Arabische Golfstaaten *101*
Arabische Halbinsel *227, 239*
Arabische Legion *173*
Arabische Liga *193*
Arabische Welt *213*
Arabischer Frühling *9, 22f., 72, 79, 85, 94, 101, 201, 206, 238f.*
Arad, Sheikh Walid Al *182*
Arbeitslosigkeit *201*
Armenier *200*
Asaluyeh *67*
Assad, Baschar al- *16, 77, 81–84, 92, 101, 191, 226, 239*
Assad, Hafez al- *77*
Assad, Rifaat al- *77*
Äthiopien *227*
Atomanlagen *16, 24, 27, 32f., 37, 49*
Atombehörde *36*
Atombombe (Bombe) *15, 26f., 35, 37f., 42f., 46–48, 52, 54f., 209, 217*
Atomforschung *44*
Atomindustrie *32, 42f., 45, 47, 52*
Atomkomplex *31f.*

Atomkonflikt *16, 23, 27, 41, 49, 75*
Atomkraftwerk *43, 45*
Atompolitik (Saudi-Arabien) *209*
Atomprogramm *15f., 26, 33–35, 37, 41, 43f., 46f., 49, 51–54, 56f., 210, 236*
Atomraketen *217*
Atomreaktor *35*
Atomtechnologie *41f., 45f, 49, 51f.*
Atom-U-Boot *35*
Atomwaffen *26, 46, 50, 54, 209*
Aufklärungsdrohnen *229*
Aufstandsbekämpfung (counter-insurgency) *150*
Aynak-Mine *132*
Aziz, Abdullah ibn Abd al- (König Abdullah von Saudi-Arabien) *85, 206, 209*

Badachschan *126*
Bagdad *25, 56, 77, 101, 171f., 174f., 177–180, 184f., 188–190, 212, 218f., 232*
Bagram *234*
Bahrain *22, 72, 91, 208, 213*
Bakschisch *137*
Balkan *126*
Barak, Ehud *25, 38*
Beduinen *90, 180f., 183*
Beirut *172*
Belutschistan *116*
Ben Ali, Zine el-Abidine (Präsident Tunesien) *85, 87*
Bengasi *78, 192f.*
Bidganeh *38*
Bin Laden, Osama *98, 114, 173, 202, 216f., 238*
Bischkek *117*

Blackwater Security Consulting *221, 223f.*
Bodenschätze *14, 103, 130–133*
Böge, Friederike *135*
Bourron, Paul *45*
Brasilien *56*
Bremer, Paul *171f., 180*
Brennan, John *92, 228*
Brown University, Watson Institutes *100*
Bruttoinlandprodukt *220*
Bundesrepublik Deutschland *15, 35, 40, 47f., 50, 56, 68, 90, 116, 144, 149, 157*
Bundessicherheitsrat *217*
Bundi, Madlaina *242*
Bürgerkrieg *22f., 71f, 76, 78f., 82–84, 101f., 104–107, 112, 129, 145,165f., 168, 170, 175–177*
  Afghanistan *104–107, 112, 129, 145, 165f., 168*
  Irak *170, 175–177*
  Libyen *101*
  Syrien *22f., 76, 78f., 82, 101, 226*
Burgos *38*
Buschehr *34, 45*
Bush, George (Präsident USA) *75*
Bush, George W. (Präsident USA) *9f., 17, 21, 27, 34, 47f., 57, 76, 101, 158, 170, 172, 182, 212, 214, 221, 224, 231, 237*

Caguck, Sangüli *172*
Cargill *64*
Carleton-Smith, Mark *120*
Carter, Ashton *31*
Carter, Jimmy (Präsident USA) *231*
Casey, William *202*

China *40, 49, 54, 59f., 62, 68f., 75, 118f., 130, 132f., 171, 198, 205*
Chinese National Petroleum Corporation *133*
Christen *80f., 190, 200f.*
CIA *14, 21, 99, 113, 116, 124, 173, 194, 195, 202, 215, 226, 228*
Clinton, Hillary *20, 30, 57, 99, 226*
Cohen, David S. *63*
Cott, Markus *243*
Cyberkrieg *10, 16, 21, 33–35, 37, 98, 218, 230, 232, 234*

Dadou, Amir *123*
Dagan, Meir *37*
Damaskus *16, 78, 81, 83*
Davis, Daniel L. *97*
Dempsey, Martin *194*
Deraa *79*
Deutsche Botschaft Kabul *155*
Deutsche Gesellschaft für Internationale Zusammenarbeit (GIZ) *136*
Deutsches Institut für Wirtschaftsforschung (DIW) *144*
Deutschland *15, 35, 47f., 50, 56, 68, 116, 144f., 149, 157, 226*
Dih Bala *160*
Djalili, Saeed *55*
Djibouti *227*
Dostum, Rashid *105*
Drogenanbau *121, 123, 128*
Drogenbarone *104, 122f., 126f.*
Drogenindustrie *121*
Drogenkartell *125*
Drogenlabor *126*
Drogenproduktion *125f.*
Drogenschmuggler *137*

Drogenwirtschaft *119, 125, 129, 131, 150*
Drohnen *229*
Drohnenangriffe *10, 21, 216f., 231, 233*
Drohneneinsätze *215, 226*
Drohnenkrieg *91f., 98, 214, 216, 218, 227, 234*
Dschafari, Mohammad Ali *39*
Dubai *23, 31, 59, 64, 117, 126, 133, 139, 141*
Duran-Linie *109*
DynCorps *150*

Entwicklungspolitik *226*
Erdogan, Recep Tayyip (Ministerpräsident Türkei) *84*
Erstschlag *217*
Eryns International *221*
Essigsäurehydrid *126*
Etemad, Akbar *43–45*
Euphrat *177*
Eurodif (European Gaseous Diffusion Uranium Enrichment) *45*
Europa *192*

Fahim, Mohammed *105*
Faizabad *106*
Falluja *178f., 182, 212*
Fardo *42*
Fillion, François *87*
Fischer, Joschka *48*
Flüchtlinge *100, 177*
Flugverbotszone *193*
Frankreich *47f., 50, 56, 87f., 193, 197*

Gaddafi, Muammar al- *14, 22, 70, 78, 191–193, 197*
Gaddafi-Regime *195*

Gaddafi-Gegner *194*
Garner, Jay *232*
Geheimdienst *14, 33, 36 f., 46, 52–54, 84, 101, 107, 113 f., 123–125, 142 f., 165, 173–175*
   MI6 *Großbritannien) 14*
   Mossad (Israel) *36*
   National Intelligence Council (USA) *46, 53 f.*
   National Security Agency (USA) *33*
   Pakistan (ISI) *124, 142, 214, 216*
   Private Geheimdienste *215, 226*
   Unit *8200 (Israel) 33*
Genf *55*
Genfer Konvention *99, 219*
Georgien *38*
Ghafar, Sayed Abdul *126*
Ghanikel *96*
Ghom *32*
Godard, Jean-Luc *45*
Golf von Aqaba *209*
Golf von Mexiko *198*
Golf-Kooperationsrat (GCC) *201, 208*
Golfregion *199*
Großbritannien *13, 47–50, 116, 119, 121, 128, 147 f., 193*
Grüne Zone (Internationale Zone) *188 f.*
Guantanamo *10, 231*
Gulab, Mangal *128*
Gurokoh *109, 159*
Guttenberg, Karl-Theodor zu *148*

Haager Landfriedensordnung *232*
Hadi, Rabbo Mansur *91 f.*
Haji, Lewani *109*
Halliburton *221*

Hama *77, 79*
Hamas *209*
Haqqani, Jalaluddin *142*
Heilige Krieger *173*
Hekmatyar, Gulbuddin *142, 166 f.*
Helmand *107 f., 120–122, 125, 128*
Herat *105, 211*
Heroin *119, 126*
Heroinproduktion *126*
Heroinschmuggel *123*
Hezbollah *83*
Hidschab, Riad *78*
Hilfsorganisationen *104, 109, 136, 145 f.*
Hilmend-Fluss *120*
Hindukusch *98*
Holbrooke, Richard *129*
Holder, Eric *36*
Hussein, Abed Nusqef *181 f.*
Hussein, Saddam *47 f., 53, 171–175, 177 f., 180–182, 184, 186, 188, 190, 211, 213, 222, 232*

IKRK (Internationales Komitee vom Roten Kreuz) *20, 78, 234 f.*
Indien *38, 59 f., 115 f., 217*
Internationale Atomenergie-Organisation, Wien (IAEO) *45 f., 49 f., 53–55, 237*
Irak *10, 16, 21 f., 25, 31, 39, 51–53, 64, 72, 74–76, 84, 88, 94, 97, 99 f., 131, 158, 169–190, 194 f., 197, 200, 201, 210–212, 213, 218 f., 224, 233 f., 236*
Iran *13–17, 21 f., 23–76, 82–84, 90, 98, 101 f., 110, 116 f., 129, 170, 177 f., 199, 200, 202, 207 f., 209–213, 236 f.*

ISAF (International Security and Assistance Force) *96f., 107, 112, 120, 142, 147f., 154, 156, 161, 163*
Isfahan *32, 43*
Islam *114f., 200, 206, 238*
Islamabad *109, 214*
Islamische Partei *134, 142, 166f.*
Islamische Revolution *199*
Israel *16f., 21, 23-26, 30-33, 37, 39, 41, 46, 84, 200, 208-209, 236*
Istanbul *56*

Jacobson, Carsten *154*
Jalalabad *119*
Jamia Hakkania *113-115*
Japan *116, 143*
Jemen *22, 87, 91, 98, 227f,*
Jordanien *22, 87, 90, 178, 200, 226*
Jundallah (Soldaten Gottes) *116*
Jürgensen, Sylke *242*

Kabul *13, 20, 96, 101-106, 110-112, 115-119, 124f,, 129-134, 136f,, 139-142, 144-148, 150f,, 155-157, 162f,, 165-168, 214, 229*
Kadhamiya *178*
Kairo *13, 85-88, 90*
Kanada *116, 132, 186*
Kandahar *20, 107, 119, 123, 128, 161, 234*
Karachi *216*
Kargha, Haroon *103*
Karzai, Ahmad Wali *123*
Karzai, Hamid (Präsident Afghanistan) *104f., 116f., 122f., 131, 133, 139-142, 156, 161, 166-168*
Kasachstan *132*
Kaspisches Meer *69*

Katar *67, 90, 168, 195, 206*
Katholiken *200*
Kermani, Navid *86*
Khamenei, Ayatollah Ali (Staatsführer Iran) *24, 29, 38, 44, 49, 51, 55, 65, 69f., 75, 236*
Khan, Ismael *105, 211*
Khatami, Mohammad *51f., 212*
Khomeini, Ayatollah Ruhollah *46, 74f.*
Kinderhilfe Afghanistan, *135*
Kirkuk *172*
Kollegg, Brown and Root *221*
Kopten *200*
Koran *164, 113*
Korruption *89f., 102, 112, 114, 117, 124, 128, 131, 133-135, 137, 140, 149, 166, 172, 186, 188, 190*
Kreuzritter *200*
Krieg
    Afghanistan-Krieg *211f., 220*
    Cyberkrieg *10, 16, 21, 33-35, 37, 98, 218, 230, 232, 234*
    Iran-Irak-Krieg *198f.*
    Irak-Krieg *198, 208, 211, 218, 220, 224*
    Korea-Krieg *220f.*
    Krieg gegen den Terror *214*
    Kuwait-Krieg *198, 224*
    Libyen-Krieg *218*
    Vietnam-Krieg *120, 220*
    Zweiter Weltkrieg *220*
Kriegskosten, Kriegsausgaben, Militärausgaben *40, 100, 158f.*
Kunduz *106f.*
Kurdistan, Kurden *81, 170, 172, 184*
Kuwait *30f., 75, 185, 206*
Kyrenaika *192*

Langley *215*
Lashkar Gah *120 f.*
Lemahieu, Jean-Luc *128*
Libanon *84, 201*
Libyen *14, 22, 49, 70, 77, 101 f., 173, 191–195, 197*

Madrassa *113 f.*
Maliki, Nouri al- *171, 184, 188, 190*
Manama *77*
Mangal, Gulab *128*
Mansour, Mullah Akhtar Muhammad *168*
Mazar-e-Sharif *106*
McCain, John *9*
McChrystal, Stanley *152 f.*
Mehmanparast, Ramin *55*
Mekka *160*
Menschenrechte *234*
Menschenrechtsrat der Vereinten Nationen *233*
Metallurgical Group Corporation *132*
Militärakademie West Point *153*
Militärtaktik *100, 152, 157*
Milizen
  Schabab-Milizen (Somalia) *225*
Minen *118, 162*
Mirwais-Krankenhaus *20*
Mirwali, Moalem *123*
Mittlerer Osten *199, 201, 210, 236–238*
Moghaddam, Hassan *38*
Mohnanbau *119, 121*
Mohnfelder *122*
Morgenland *200*
Mossadegh, Mohammad *14*
Moscheen *117, 174*
Moskau *56, 126*

Moslehi, Heydar *34*
Moslem *173, 200*
Moslembrüderschaft, syrische *195*
Mossad *36 f., 46*
Mossadegh, Mohammad *14*
MQ-*1000 (Drohne) 228*
Mubarak, Hosni *85, 87*
Mujaheddin *37, 102, 104, 109, 113 f., 123–125, 143, 165, 195*
Mullah Omar *114*

Nadjibullah, Mohammad *104*
Naher Osten *199*
Nangahar *96, 102*
Natanz *32–35, 55*
NATO *78, 101, 107, 126, 140, 142, 148, 155, 162, 191, 193, 194, 217 f.*
Netanyahu, Benjamin (Ministerpräsident Israel) *25 f., 38 f., 236*
Niebel, Dirk *226*
NIOC (National Iranian Oil Company) *64*
Nomaden *161*
Nordkorea *47, 140, 236*

Obama, Barack (Präsident USA) *9–12, 16 f., 26 f., 31, 33–36, 48, 56 f., 83 f., 86, 88, 92, 101, 151–153, 157 f., 162, 182, 193 f., 215–217, 225, 227 f., 234, 237*
Odierno, Raymond *169*
Öleinnahmen *17, 29, 59, 62, 66, 73, 101, 170, 180, 184, 188, 203*
Ölexporte *15, 30, 53, 59 f., 131, 185–188*
  Weltölexporte *204 f.*
Ölimporte *29, 60, 187*
Ölpreise *15, 29, 58, 187 f., 198, 205 f.*

Ölreserven *185f., 204*
Ölverbrauch *205*
Ölvorräte *205*
Omar, Mohammed *125, 168*
Operation dauerhafter Frieden (Operation Enduring Freedom OEF) *147f.*
Operation Freiheit Irak (Operation Iraqi Freedom) *170*
Opfer (Tote) *71, 76, 100, 102, 157–159, 161, 164f., 176*
Opium *119f., 122f., 126, 129*
Opiumanbau *129*
Opiumbericht *125*
Opiumhändler *122, 127*
Opiumproduktion *119, 121, 126*
Organisation für Islamische Zusammenarbeit (OIC) *213*
Orient *201, 243, 220*
Österreich *69*

Pakistan *21, 49, 90, 98, 100, 109f., 112–116, 129, 142f., 202, 214f., 217, 227*
Palästina *200*
Palästinenser *199*
Panetta, Leon *21, 26*
Papal-Brüder *133*
Paschtunen *108–112, 125, 141, 143f., 161, 168*
Paschtunwali *109*
Pentagon *31, 99, 131, 226, 229*
Peres, Shimon (Staatspräsident Israel) *25f.*
Persischer Golf *15, 28–31, 67, 186*
Peshawar *113*
Petersberger Afghanistan Konferenz *141*

Petraeus, David H. *21, 97, 131f.*
Peugeot *211*
Popalzai (Paschtunen-Clan) *161*
Provincial Reconstruction Team (PRT) *107*
Provinz al-Qatif (Saudi-Arabien) *207*

Qarafa *90*

Rabat *88*
Rabbani, Burhanuddin *126*
Rafsanjani, Ali Akbar Hashemi *51f.*
Ramadi *182, 219*
Regimewechsel (Iran) *209*
Republikanische Garden *188*
Reuter, Christoph *163*
Revolutionswächter (Iran) *212*
Rigi, Abdolmalek *116f.*
Roboter *218, 229f., 230*
Rohani, Hojatoleslam Hassan *49*
Romney, Mitt *27, 56, 236*
Rotes Meer *29*
Rumsfeld, Donald *218*
Russland *49, 54–56, 68f., 84, 116, 126, 132, 202*

Sahabi, Freedoun *45*
Sahbi, Abdul Ahad *140*
Salafisten *199*
Saleh, Ali Abdullah *22, 91*
Salehi, Ali Akbar *83*
Sanger, David *33, 36*
Sanktionen *16, 29, 51, 53, 56f., 60–65, 68, 74–76, 84*
Saud, Salman bin Abdulaziz al- (Kronprinz Salman von Saudi-Arabien) *208*

Saudi-Arabien *15, 22, 29–31, 68, 72, 77, 79, 82, 84f., 90, 92, 94, 101f., 113, 124, 173, 177f., 182–184, 186, 195, 197f., 199, 201f., 203, 206–210, 212–213, 236*
Scahill, Jeremy *223*
Schiiten *80f., 117, 170, 174f., 177–179, 184, 210,212f.*
Schutzgeld *103, 123, 134, 140*
Schweiz *15, 30, 40, 44, 58, 90, 107, 135*
Selbstmordattentäter *38f., 81, 114, 143, 174*
Seraj, Ali *108*
Shaalan, Hazim al- *172*
Shabanpoor, Aliakbar *67*
Shah, Wali Khan *110, 159*
Shahriari, Majid *36*
Sharaa, Farouk al- *78*
Shar-e-Nau *104*
Shell *64*
Sherpur *104*
Sicherheitsdienste *117, 136, 146, 155, 223f.*
Silva, Lula da *56*
SIPRI (Stockholm International Peace Research Institute) *40*
Smart Power *226*
Soft Power *237*
Söhne des Irak *189*
Söldner *101, 223f.*
Somalia *98, 140, 225*
South Pars/North Dome Feld *67*
Sowjetarmee *122, 124, 136*
Sowjettruppen *102, 104, 124, 143, 165, 173*
Sowjetunion *17, 43, 104, 130*
Spillmann, Kurt R. *242*

Sprengfallen *118, 143*
Stammesführer *106, 165f., 189*
State Department *99*
Stimming, Elisabeth, *242*
Stocker, Reto *20, 242*
Stoop, Laurent *146*
Stuttgart *226*
Stuxnet-Virus *34, 230*
Sudan *114*
Sulaimani , Ghassem *39*
Suliman, Ali Hatam Al-Ali *174, 181*
Sunniten *79f., 84, 170, 174–179, 184, 210, 212f.*
Swing Capacity *203*
Syrien *201, 210*
Syrien *14, 22, 25, 76–85, 92, 101f., 173, 177, 194f., 200f., 212f., 226, 238f.*
Syrische Aufständische *124*

Tadschiken *105*
Tag des Zorns *190*
Taliban *13, 96, 103–108, 110–115, 117f., 120–126, 129–131, 134, 137, 141f., 144, 146–149, 151, 153, 155, 157, 159–163, 167f., 199, 210–214, 216, 231, 234*
Tamil Tigers *143*
Teheran *13f., 16, 23f, 29, 35, 37–39, 42, 44f., 47f., 50f, 55, 59–62, 68–71, 75, 82f., 116, 212, 238*
Tigris *175*
Transparency International *140, 188*
Tripolis *196*
Tunesien *9, 22, 85–87, 89–93, 191, 196, 239*
Tunis *87, 93*
Türkei *56, 90, 126, 195*

Übergangsrat, Nationaler Libyscher 195f.
Ul Haq, Sami 115
Ul Haq, Zia 113
UN-Sicherheitsrat 142
UNICEF 96
United Nations Office on Drugs and Crime in Afghanistan (UNODC) 125, 128
United States Agency for International Development (USAID) 146, 224
Uran 118
Urananreicherung 230
US-Botschaft 137, 155
US-Kampftruppen (US-Truppen) 72, 76, 86, 129
USA 9–13, 16f., 20–31, 33–35, 38–41, 43–49, 51, 53–55, 58, 63–66, 70, 75, 82–84, 86, 88f., 91f., 94, 98–102, 114–119, 124, 128, 131, 133, 147–149, 150f., 157, 161, 167, 169–173, 177f., 181, 186f., 193–195, 197–199, 201f., 205, 208–210, 212f., 215, 216–217, 219f., 225–227, 231, 233f., 236
USAID 146, 224
US-Armee 223, 231
US-Haushalt 220
US-Kommando 193
US-Luftangriffe 215, 227
US-Luftwaffe 215
US-Marines 14, 120
US-Militärstrategie 218
US-Politik 20, 26, 53, 91, 154, 167
US-Regierung 25f., 31, 39, 57, 83, 85, 129, 193

US-Soldaten 17, 151, 162, 164, 171, 178f., 180-182, 232
US-Spezialeinheiten 98
US-Streitkräfte 10, 21, 28–31, 51, 97, 108, 110, 120, 123f., 131, 151, 160, 162, 167, 169–171, 173f., 178, 180f., 201, 216, 219, 221–225, 228
US-Truppen 151, 173, 175, 182, 184, 216, 218f., 225, 232
US-Verteidigungsministerium 228

Velayati, Ali Akbar 44
Venezuela 68, 184
Vereinigte Arabische Emirate 28–30, 59, 124
Vereinte Nationen (UN) 78, 177, 234
Vietnamkrieg 120, 220
Völkerrecht 99
Völkerrecht, humanitäres 231, 234
Vorderer Orient 200
Voser, Peter R. 64

Warlords 105f.
Washington 13, 22, 28, 39, 51, 75, 84, 91f., 99, 151, 157, 208, 224, 233
Water Group 133
Wazir Akbar Khan 104
Waziristan 142, 228
Weltsicherheitsrat 56, 193
WikiLeaks 137
Wolfowitz, Paul 83
Wood, William B. 128

Xe Services (ehem. Blackwater) 223

Zamini, Abbas 35
Zarghoon, Haroon 134
Zubair 185